정말
잘 지내고
있나요?

괜찮은 척, 아무렇지 않은 척,
스스로를 속이고 있는
당신에게

정말
잘 지내고
있나요?

제나 커처 지음
서은경 옮김

온워드

일러두기
1. 미주는 원서의 주이다.
2. 단행본은 『』, 잡지·신문은 《》, 그 외 드라마·노래 제목 등은 〈 〉로 표기했다.

우리 딸들에게:
항상 호기심을 품고 질문하며
솔직히 대답하고 충실한 삶을 누리길

차례

프롤로그
잠깐 얘기 좀 할까?

고백하겠다. 난 잡담(small talk)을 좋아하는 사람이 아니다.

(부탁인데, 만약 날 마주친다면 내가 사는 동네 날씨가 어떤지 묻지 말아 달라. 날씨를 알려 주는 앱은 여러 개 있다!) 그럴 바엔 차라리 이혼 서류에 도장 찍을 일이 임박한 당신의 고민, 떼쓰고 우는 어린아이 또는 꼭 병원에 가서 확인해 봐야 할 이상한 모양의 겨드랑이 점에 관해 이야기하겠다. 조금 전 알아낸 기발한 수납 정리 방법, 틱톡(TikTok)에서 입소문을 탄 카프레제 샐러드 영상에 대해 말하겠다. 잡담하고 있으면 힘이 쭉 빠진다. 기가 모두 빨려 나가는 느낌이다. 나는 수압이 높아 고막이 터질 듯한 깊은 물속으로 과감하게 잠수하고 싶은 스쿠버다이버 같은 사람이다. 물밖에서 벌어지는 일들은 엉덩이를 물 밖으로 불쑥 내놓고 수면

근처만 떠다니는 스노클러들에게 맡기자.

하지만 요즘은 잡담이 일상이 된 것 같다. 타깃(Target, 미국 대형 유통업체) 잡화점 계산원이든, 동네 이웃 또는 1년 이상 만나지 못한 친구든, 사람들 대부분에게 "잘 지내나요?"라고 질문하면 "잘 지내요", "바빠요" 말고 다른 대답은 듣기 어렵다. (그런데 대답을 들을 시간도 사실 충분치 않다.) 하지만 솔직히 말해 보자. 왜 많은 사람이 그 질문에 그런 대답밖에 할 수 없는지 이유를 쉽게 알 수 있다. 우리는 열린 창문 사이로 커피를 건네주는 스타벅스 드라이브스루(drive-through) 바리스타에게 무작정 족저근막염의 고통과 통증에 관해 대화하자고 하지는 않는다.

하지만 나머지 사람들과는 어떤가? 우리를 지지해 주는 절친한 사람들과의 대화는 어떤가? 우리는 그들과 좀 더 깊은 대화를 나누려는 노력을 적극적으로 해야 하고 또 원해야 한다. 가끔 우리 두뇌는 가장 쉽고 빠르게 반응하는 수준으로만 상황을 이해하는 습관에서 벗어나지 못한다. 우리는 때로 친한 친구에게 진실을 얘기하면 부담을 줄까 봐 두려워하거나, 날씨 혹은 동네 축구팀 또는 핀터레스트(Pinterest)에 올라온 수프 레시피에 관해 이야기할 때 우리의 숨겨진 면모를 보일까 봐 불안해한다.

차를 운전할 때 돌투성이 도로공사 현장을 우회하라는 스마트폰의 음성인식 명령 소프트웨어의 안내를 따르듯이 우리는 자신을 솔직히 노출하기보다는 이 불편한 대화에서 구해 줄 직통 경로를 택하는 경향이 있다. 대화하는 동안 우리는 구불구불한 커브 길, 움푹 파인 바닥, 우리 삶에 뿌옇게 피어오르는 먼지를 피한다. 그리고 더 큰 질문에 대답할 필요가 없도록 재빨리 안전 구역으로 경로를 변경하거나 가장 빨리 도달할 수 있는 출구를 택한다. 우리는 다른 사람들이 우리에게 관심을 가지길 바라지만, 그들이 진실하고 개인적인 내용에 관한 질문을 할 만큼 친하게 지내길 원하지 않는 것 같다. "말하자면 길어요"라고 대답하면 도대체 누가 듣고 싶어 하겠는가?

우리는 괜찮지 않은 일들에 솔직하지 못할 뿐 아니라 우리를 활기차게 만들어 주는 일들을 억누른다. 우리는 모두 커다란 꿈과 대담한 목표, 경계를 허무는 아이디어를 마음속으로만 품고, 이 상처투성이 지구에 대해 시끄럽게 수다만 떨면서 정작 그것들에 대해서는 한마디도 꺼내지 않는다. 계산 차례를 기다릴 때, 콘퍼런스 콜(conference call)을 할 때, 저녁 식사 자리에서, 우리는 자신의 가장 야성적인 부분을 숨긴 채 일주일 내내 살아간다.

하지만 불필요한 부분과 사소한 일들을 쳐내고 "정말 잘 지내고 있나요?"라는 질문만 받았을 때의 감정을 느껴 본 적이 있는가? '정말'이라는 그 소중한 단어 하나를 덧붙이면 쓸데없는 소리와 자질구레한 것들에서 벗어나 자신에게 솔직해진다. 그렇게 용감한 질문을 스스로에게 할 수 있다면 수면 위로 떠올라

다시 환한 빛을 보며 산소를 들이마시는 듯한 기분이 들 것이다. 그러니 할 수 있을 때마다 정말 잘 지내고 있냐고 물어보면 어떨까? 하지만 우리는 그렇게 하지 않는다. 우리는 어떤 것에서 도망치고 있을까? 무엇 때문에 아무런 소리도 들을 수 없을까? 무엇이 우리를 자물쇠로 채운 방에 가두었을까?

정답을 알려 주겠다.

사실 우리는 주변 사람들에게 솔직하게 그 질문을 하면 어떤 대답이 나올지 두려워한다. 그 중요한 질문을 자신에게 할 때에도 어떤 대답이 들릴지 두려워한다. "아직 더 남아 있을까?", "이게 다일까?", "나는 정말 행복할까?", "이제 뭘 해야 하지?", "다음에는 뭐지?", "뭐가 잘못되었지?"

이런 질문들이 수면 위로 떠오르면 우리 대부분은 그것들을 다시 수면 아래로 힘껏 밀어 넣은 뒤 스무디 한 잔을 들고 문밖으로 달려 나간다. 그리고 그 대답으로부터 벗어나려고 끊임없이 바쁘게 살아가며 일상생활을 계속한다. 하지만 그 심각한 질문에 대한 대답은 어떻게든 우리 삶으로 찾아온다. 그 대답은 한밤중에도, 또는 하기 싫은 일을 어쩔 수 없이 해야 해서 차를 몰고 갈 때에도 다시 생각난다. 아장아장 걷는 아이가 과자를 바닥에 전부 쏟거나 10대 자녀가 당신에게 하루 동안 벌써 열일곱 번이나 눈을 사납게 치켜뜰 때 생각나기도 한다.

그런데도 우리는 훈련받은 듯이 계속 나아가고, 앞으로 밀어 대는데도 미소를 잃지 않는다. 그리고 운이 좋고 축복받았으니 감사해야 한다고 강조한다. 흔히 듣는 노래의 별로 영양가 없는 가사 같다. 우리보다 형편이 훨씬 좋지 않은 사람이 많다며 자신을 위로한다. 아니면 만족스럽지 않거나 행복하지 않다는 생각이 드는 원인은 아마 우리에게 있을 테니, 커피 머그잔과 물통에 쓰인 문구처럼 '즐거움을 선택'해야 한다고 말한다.

내 말을 잘 들어 보자. 모든 감정은 우리가 선택하여 느끼는 것이 아니다. 인생이란 메뉴판에서 맛있는 요리를 선택하듯 선택만 하면 되는 게 아니다! 마치 지구는 불볕더위에 시달리지 않으며 해수면 높이도 상승하지 않는다고 주장하듯이! 다른 사람들도 다 고통을 겪고 있으니 우리의 고통도 감수해야 한다는 듯이! 슬픔, 불만 또는 허무감 같은 더 어렵고 복잡한 감정을 느끼는 건 우리가 이 모든 걸 잘못하고 있기 때문이라는 듯이! (내 말을 잘 들어 달라. 절대 그렇지 않다.) 살아가면서 기쁨을 느낄 수 없는 순간이 분명 있을 테고, 그럴 때의 목표는 단순히 기쁨을 선택하는 일이 아니다. 우리가 진짜 해야 하는 선택은 우리 자신에게 가장 최근 기쁨을 느낀 때가 언제였는지 묻고, 그 대답을 듣기 위해 우리 내면 깊이 열심히 파고 들어가는 일이다.

하지만 (우린 많은 걸 가지고 있다고 생각하고) 적절하게 반응하지 않거나, 어떤 상황에서 사회적으로 허용되는 반응을 보이지 않는다고 우리 자신을 부끄러워한다면 주의가 산만해져서 진짜 해야 할 일들을 처리하지 못한다. 우린 그러한 갈등에서 벗어나려 애쓰고, 원하는 걸 잊으려 하며, 깊이 뿌리박힌 모든 의심과 더 깊은 꿈을 잠재우려 노력한다. 또는 가라앉힐 수 없는 감정을 마비시킬 수만 있다면 어떤 수단과 방법이든 가리지 않는다. 답을 찾는 일은 때로는 너무 고통스럽기 때문이다. 우리는 행복하지 않다는 걸 사실상 인정할 때, 인생이 생각대로 풀리지 않았다는 걸 인정할 때, 어두운 그림자 속에 숨어 누구의 방해도 받지 않고 그 질문을 해야겠다고 생각할 때 특히 고통스럽다.

이렇게 인정받지 못한 수백 가지의 대답이 머릿속에서 시끄럽게 울리는 바람에 우리는 몇 번이나 새벽 세 시에 잠에서 깼는가? 그건 문자를 보냈는데 전송 에러가 나는 경우, 그리고 요즘 마법의 구름에 우릴 태우고 다니던 마법사가 우릴 다시 지구로 보내 버리는 순간과 같다. "메시지를 보내지 못했습니다." 그건 우리에게 필요한 것을 요구하지 않은 순간이었다. 할 수 있고 없고의 경계에 대해 솔직하지 못한 순간이었다. 고통스럽지 않은 척한 순간이었다. 계속 고통스러워 부끄러워한 순간이었다. 사과하지 않은 순간이었다(사과한 순간도 있었지만, 그건 사과할 필요가 전혀 없는 일이었다). 우리가 성취한 일들을 하찮게 여긴 순간이었다. 배신감을 느꼈을 때도 "걱정하지 마!"라고 큰소리를 떵떵 친 순간이었다. 의사에게 "아무것도 아닐 거예요, 하지만……"이라고 말한 순간이었다.

우리는 이렇게 보내지 못한 메시지와, 대답을 듣지 못한 질문으로 넘친다. 우리 몸과 인생은 그 질문들을 쌓아 가지만, 지구상에는 그것들을 백업할 수 있는 휴대전화 5G 요금제가 없다. 우리는 느껴지지 않은 이 모든 감정과 표현되지 않은 단어, 탐색되지 않은 꿈을 밤이고 낮이고 매일같이 가지고 다닌다.

그리고 잠에서 깨면 왜 그렇게 피곤한지 알고 싶어 한다. 뼛속까지 피곤이 가시지 않는다. 잠깐 낮잠을 잔다고 풀릴 수준이 아니다. 남들의 기대에 맞추려고 애쓰느라 지쳐 버렸다. 개인의 삶보다 일을 중시하는 문화에서 살아남느라 피곤이 쌓였다. 일부러 시간을 내서 운동하고 영양을 공급하는데도 좋아지지 않는 우리 몸매가 참을 수 없이 밉다. 혹시 당신도 나와 같다면, 조그만 강아지들 몸에서 빠진 털 뭉치들이 집 안 구석구석 쌓인 모습에 정말 질려 버렸을 것이다.

우리가 기진맥진한 상태라고 해서 놀랄 일이 아니다. 우린 아직 잠이 덜 깼는데도 휴대전화 화면을 스크롤하며 뉴스, 페이스북, 인스타그램 피드를 확인하면서 다른 사람들의 의견과 생각, 해결 방안을 찾아본다. 그리고 인터넷으로 다른 사람들이 살아가는 방식을 가져다 우리의 삶을 다른 삶으로 바꾸려 하고, 관심을 다른 데로 돌리려 하며, 혼란스러워도 나름 익숙한 최신 유행 소식에 몰두하면서 괴롭고 자기 파괴적인 생각들을 잊으려 한다. 또 달성해야만 할 것 같은 목표를 세운 뒤 가장 잘 팔리는 플래너를 사고 모두에게 멋있게 들리는 (그리고 그들을 위한) 계획을 세운다. 그리고 월요일부터는 모든 게 달라지기를 바란다.

하지만 대부분 월요일이 되어도 우리는 별 다섯 개짜리 마법의 다이어트 계획이 효과가 없었다는 현실을 다시 깨닫는다. 명상도 여러 번 했지만 아직 어색하기만 하다. 결국 우리는 다시 이를 부드득 간다. 행복에 이르는 길을 글로 적어 보고, 빈틈없이 계획하거나 세상에 잘 보이려고 노력할 때마다 예전과 같은 스트레스 요인이 나타나 끊임없이 방해한다.

그런데도 문제가 분명 우리에게 있다고 단정해야 할까? 우리가 뭔가 잘못하는 게 확실할까? 우리는 항상 우리가 많은 면에서 무능력하기 때문에 그렇다는 생각을 한다. 그래서 '요가 수업을 세 번만 더 하면 괜찮을까?', '아침에 좀 더 일찍 일어나기만 하면 될까?' 하며 궁금해한다. 또 우리는 빈칸 채우기식의 99.99달러짜리 해결 방안이 모든 사람에게 효과가 있다고 생각한다. 그렇지 않은가? 적어도 광고에는 그렇게 나와 있다. 웰니스 전문가도 그렇다고 큰 소리로 설교한다. 책에서도 그렇다고 장담했다.

그런데 왜 내겐 효과가 없을까?

스포일러가 될까 봐 미리 경고하겠다. 당신이 하는 그 일은 효과가 없다. 당신에게서 나오지 않았기 때문이다. 다이어트,

플래너, 나를 변화시키는 4단계 선언 등의 형태로 나타나는 그 '정답'은 당신 외부에 있는 것 또는 누군가에게서 나왔다. 아마존에서 나왔다. 인플루언서나 웰니스 전문가가 한 말이었다. 당신 언니, 또는 언니네 이웃, 또는 그 이웃의 여동생네 이웃의 가장 친한 친구가 알려 주기도 했다.

다른 사람의 해결 방안으로 우리 문제를 해결할 수는 없다. 다른 사람의 지시대로 따른다고 해서 우리 자신을 찾을 수는 없다. 두 눈을 질끈 감고 우리에게 끊임없이 쏟아지는 온갖 해결책을 멀리하지 않는다면, 우리 인생에 명확하게 의문을 제기할 수 없다는 건 누가 봐도 뻔하다.

내면 가장 깊은 곳에서 울려 나오는 질문에 답하기 위해 다른 사람들에게 기댄다면 우리는 거기에 휩쓸려 이러지도 저러지도 못한다. 내면을 들여다보며 자신과 대화하지 않으면 자신만의 비전을 품을 수 없다. 우리 내면에 존재하는 것은 이 세상이 우리에게 계속 부여하는 정체성과 일치하지 않기 때문이다. 다른 사람들의 움직임을 포착하고 그들에게 동참하면 우리는 세상 흐름을 거스르지 않고 따르는 법을 잘 아는 사람이 된다. 하지만 그러다가 지치고 멍들고 우리 자신에게 무감각해져서 언제 떠났는지 기억도 나지 않는 길 위에서 갈 곳을 잃고 만다.

하지만 이번에는 다를 것이다. 이번에는 당신 자신의 목소리를 들을 것이다. 친한 친구도 아니고 엄마도 아니고 인스타그램의 어떤 여자(나를 포함해서)도 아니다.

이 책에서 난 당신의 어깨를 잡고 부드럽게 흔들며 인생에 눈을 뜨라고 일깨울 것이며, 자신에게 귀를 기울이고 자신을 더 믿으라고 강조할 것이다. 그리고 질문할 수 없거나 질문하지 말아야 한다고 생각했던 것들을 이제는 질문하라고 당신에게 말할 것이다. 또 호기심을 받아들이라고 말할 것이다. 안 그러면 당신의 내면은 금방 시끄러워질 것이다. 또한 나는 당신이 매일 자신에게 물어봐야 할 "정말 잘 지내고 있나요?"라는 질문을 할 것이다. 그리고 대답을 찾기 위해 더 깊이 들어가도록 준비하는 과정을 도울 것이다.

이 세상은 진정 원하는 것을 얻으려면 우리 자신에게 힘을 부여해야 한다고 가르친다. (그 말은 확실히 그 자체로 아름다운 생각이자 태도다.) 하지만 난 이렇게 묻고 싶다. "우리가 언제 그 힘을 잃어도 좋다고 했는가?"

그 힘은 늘 우리 안에 있었다. 우리는 원한다면 수면 깊은 곳에 존재하는 그 힘을 항상 이용할 수 있었다. 우리의 힘이 그곳에 있다는 걸 우린 알고 있다. 그 힘은 주변이 고요해지면 우리에게 속삭이고, 필요할 때면 크게 소리치며, 또 무수히 많은 방식으로 나타나기 때문이다. 소름이 확 돋거나 따끔하게 찔리는 느낌으로 나타난다. 웃음이나 고통, 놀라움이나 지루함, 불안감이나 눈이 확 뜨이게 하는 경이로움의 형태로도 나타난다.

우리가 가진 힘에 접근하는 일은 시위에 동참하여 행진하거나 가치 있는 곳에 수천 달러를 기부하는 일로 시작되지 않을 수도 있다. 무대 위 또는 군중 앞에서 일어나지 않을지도 모른다. 당신의 힘을 찾아내는 일은 좀 더 조심스럽고 개인적인 방식으로 구체화될 수도 있다. 집 안에서 또는 이웃과의 모임에서 일어날지도 모른다. 버스 정류장이나 식료품점이나 교회 지하실이 될 수도 있다. 당신이 이 책을 읽는 동안에 일어날 수도 있다. 어쩌면 몇 년 뒤 또는 몇 분 후가 될지도 모른다.

이 책을 읽으며 샘솟는 힘은 모두 당신의 것이다. 그것은 당신만의 질문과 대답으로 가득할 것이다. 당신의 인생 레시피이자 당신만의 것이다. 보기에만 좋은 게 아니라 느낌도 좋다. 이게 옳다는 느낌이 든다.

기쁨을 미루지 않는 삶

성공을 다시 정의하는 삶

승리를 축하하는 삶

어려움을 인정하는 삶

휴식과 즐거움을 허용하는 삶

숨지 않고 움츠러들지 않는 삶

고통을 숨기지 않는 삶

자유롭게 느끼는 삶

> 직관을 더 강하게 느끼는 삶
>
> 당신의 일이 주는 혜택을 누리는 삶
>
> 당신이 원하는 것을 정확히 찾아 나서는 삶

이 책을 읽을 때 내 말만 듣지 말고 당신의 말에 귀를 기울이 자. 내면의 이야기를 듣거나 당신 자신과 또는 당신만 좋다면 어깨에 돌리 파튼(Dolly Parton, 미국의 컨트리 음악 가수이자 배우-옮긴 이)처럼 푸근하게 생긴 요정이 앉아 있다고 상상하고 나누는 대 화는 당신의 현재 위치를 알려 줄 등댓불이 될 것이다. 바로 그 때문에 각 장에 글쓰기 안내문을 덧붙였다. 그 안내문에 따라 답하자. 종이에 적거나 음성 메모로 녹음하자. 주변을 조용하게 하고 구체적으로 솔직하게 답하자. 그다음에 무슨 일이 일어나 는지 보자.

당신의 가장 진실한 대답은 이미 여기에 있다. 그 대답은 그 동안 계속 내면에 존재했으며, 누군가 끌어내서 솔직히 털어놓 고 활기차게 일으켜 주기만을 기다리고 있었다. 당신은 이미 이 질문을 받을 준비가 되어 있었다.

정말 잘 지내고 있나요?

제1부

당신은 정말
누구인가?

제나가 보내는 편지:

인생은 저에게 선택할 길이 무한하다고 가르쳐 줬어요. 어떤 길은 지형을 손바닥 보듯 잘 아는 여행 가이드를 따라 사람들이 많이 지나갔지만, 어떤 길은 어딘지 좀 불명확하고 덤불을 헤치며 혼자 뚫고 나가야 해요.

우린 인생의 정답을 찾거나 진실을 추구할 때 다른 사람들에게 기대곤 해요. 하지만 저는 앞으로 펼쳐질 내용이 시끄러운 잡음을 가라앉히고 먼저 내면을 들여다보는 데 도움이 되기를 진심으로 바라고 있어요.

구체적인 전략이나 제 이야기를 본격적으로 다루기 전에, 먼저 당신이 생각해 온 당신 자신이 누구인지 자세히 살펴봐야 해요. 먼저 자신을 파악하는 일부터 시작하지 않으면 삶의 모든 측면에서 진정한 자신의 모습을 드러내기 어렵다는 사실을 깨달았어요.

마음속에서 우리를 괴롭히는 요소들을 없애고 직관력을 높이는 법을 배워야 해요. 당신의 깊은 내면이 목소리를 낼 수 있을 정도로 충분히 차분해진다면 당신은 그 소리를 듣고 놀랄지도 몰라요.

자신감을 새로 찾으려면 불신을 없애는 일이 중요해요.

마음을 단단히 먹고 준비하세요!

제나

1장
마이크 아저씨의 물통 도우미:
감정을 수용하는 일에 대하여

> 진실을 말하지 않는다면
> 당신은 다른 사람의 진실을 논할 자격이 없다.
> – 버지니아 울프(Virginia Wolf)

가장 최근에 당신 인생을 찬찬히 되돌아본 적이 있는가? 당신의 모든 것을 꼼꼼히 조사하듯 살펴본 적이 있는가? 눈싸움하듯이 거울에 비친 당신 모습을 뚫어져라 바라본 적이 있는가? 당신의 감정과 당신이 좋아하는 것, 당신만의 욕구와 가장 깊은 욕망에 대해 얼마나 자주 진지하게 생각해 보는지 묻는다면 당신은 훨씬 더 부풀려 대답할 것이다. 그렇지 않은가? 치과에서 치위생사가 얼마나 자주 치실을 쓰냐고 물으면 내가 대답하는 방식과 비슷하다. "글쎄요, 아마 매일 밤 쓸걸요?" 내 목소리는 기어들어 간다. 치과에선 모를 리 없다.

자, 가능한 한 부드럽게 말할 테니 끝까지 들어 보자. 지금부터 그렇게 얼버무리며 답하는 일은 그만두자. 오늘은 우리가 받아들이기 불편한 두 가지 진실에 눈 뜨는 날이다. 첫째, 우리는 분명 치실을 잘 쓰지 않는다. 둘째, 우리는 인생의 너무 많은 시간을 잠자며 보낸다.

온라인 교육자이자 여성 사업가들의 지지자인 나는 전 세계 여성들의 사연을 듣는다. 그들은 모든 일이 자동조종장치(autopilot)에 따라 진행되는 듯한 한 주 동안 큰 사건들을 여러 차례 겪으며 바쁘게 살아간다. 그런데 놀랍게도 괜찮다. 바쁘게 산다니 좋은 일이다! 해는 여전히 찬란하게 빛난다. 어젯밤 우리 꼬마 아가씨는 전처럼 혼자 잠자기 무섭다며 부부 침실로 들어와 엄마 아빠를 찾지 않았다. 직장 상사는 내 발표를 마음에 들어 했다. 휴가를 보낼 장소도 예약했다. 정원에는 예쁜 꽃들도 심었다. 살이 빠져서 옛날 청바지가 드디어 몸에 잘 맞는다.

하지만 주변이 고요해지면 우리는 뭔가 불만스럽고 지치고 기진맥진하거나 심지어 어디에 갇힌 듯한 느낌을 받는다. 뭔가 빠진 것 같은데 그게 뭔지 딱 꼬집어 말할 수 없다. 전혀 감을 잡을 수 없다. 우린 힘들어하면서도 동시에 지루해한다. 의욕이 차고 넘치지만, 그 때문에 죄책감에 시달리기도 한다. 겉으로는 매우 활발하게 지내도 속으로는 외롭다. 낮에는 시간 맞춰 다른 사람들과 카풀을 해야 하고, 장도 봐야 하며, 출퇴근하고 운동도 하느라 왔다 갔다 해야 하고, 밤에는 곧장 잠자리에 들어야 하는 이 모든 정신적인 부담 때문에 녹초가 된다.

뭔가 잘못되었다는 건 알아도 그게 뭔지 정확히 짚어 내지 못한다. 그래서 '더 나은' 삶을 살게 해 준다는 방법을 이것저것 시도한다. 아침에 눈 뜨자마자 떠오르는 생각을 글로 적어 보고 건강에 좋다는 버섯 차를 마시고 요가도 한다. 아이들을 맡기고 부부끼리만 밤에 밖에서 데이트를 즐긴다. 직장을 그만두고 한 달 동안 금주도 하고 스피닝 운동 수업에 등록한다. 좋은 부모 되기 강좌를 찾아 듣는다. 집을 청소해 줄 사람도 구한다.

잡동사니들을 싹 치우고 미니멀리즘을 실천하며 덜 벌고 덜 쓰는 삶에 만족하기로 한다. 식단을 바꾸고 재무계획을 다시 짜기도 한다. 우리는 마치 젠가 블록 놀이를 하듯 할 일들을 쌓고 또 쌓아 복잡한 일상을 만들어 낼 뿐, 잠시 멈추고 하루하루를 진정 즐기며 살아가는지 의문을 단 한 번도 제기하지 않는다.

하던 일을 멈추고 "정말 잘 지내?"라고 자신에게 질문한다면 때로는 "괜찮지 않아"라고 대답하리란 걸 알기 때문이다.

우리가 살아가는 방식은 인간 영혼이 견딜 만한 게 아니다. 우리가 누구인지 끊임없이 덮어 버린다면 우리는 반드시 흔적도 없이 묻히고 말 것이다. 이제 괜찮아 보이는 모습만으로는 괜찮지 않다. 기분이 괜찮은 척만 해서는 괜찮지 않다. 윌슨 필립스(Wilson Phillips, 1990년대에 인기를 끌었던 미국의 3인조 여성 그룹-옮긴이)의 노래처럼 하루를 더 참아 봐도 괜찮지 않다. 다음에 뭘 해야 하는지 정확히 모를 수도 있고, 하나로 짜 맞출 올바른 생각의 조각들을 전부 가지고 있지 않을 수도 있다. 하지만 '괜찮지 않다'는 말이 적어도 무슨 뜻인지는 이해할 수 있다.

난 그 윙윙대는 소리를 처음 들은 순간을 기억한다. 난 괜찮지 않은 상태라는 사실을 처음 깨달은 순간도 기억한다. 그 소리를 듣고 싶지도 신경 쓰고 싶지도 않았다. 하지만 처음 인식한 순간부터 그 소리를 들을 수밖에 없었다.

내 집의 편안한 분위기 속에서 일하기 전에, 선풍적인 인기를 끌어 차트 1위를 달성한 팟캐스트를 시작하기 전에, 전 세계 여성들에게 사업과 마케팅 전략을 가르치는 교육사업 CEO가 되기 훨씬 전에 나는 미네소타에 살던 열 살짜리 둘째 아이였다. 당시 나는 1990년대 말 내 또래 대부분이 푹 빠졌던 멋진 바람막이 재킷과 새 롤러블레이드, 학교 과제물 생각으로 머릿속이 가득했다. 그리고 늦은 밤 가족들의 대화를 엿듣는 기발한 재주를 타고난 5학년 아이이기도 했다. 부모님은 내가 방 건너편에서 조용히 속삭이는 대화와 웅얼거리는 소리도 귀신같이 알아듣는 걸 보고 나를 '레이다 귀(radar ears)'라고 부르셨다.

어른들의 세계는 어린 내 마음을 끝없이 사로잡았다. 거실 소파에 누워 잠이 들락 말락 할 때에도 '퇴직연금제도'나 '하지정맥류'처럼 어른들이 쓰는 용어가 무슨 뜻인지 이해하려 안간힘을 쓰며 어떻게든 1분이라도 더 깨어 있으려고 했다.

내 삶이 흘러가는 방향, 또 내가 사랑하는 어떤 사람의 인생을 바꾼 계기는 이렇게 엿들은 '어른들의' 대화였다. 어느 날 나는 엄마를 따라 사촌인 마이크 아저씨를 찾아갔다. 아저씨는 사지마비 환자였지만 혼자 살았다. 불편한 몸으로 혼자 살려면 어마어마한 용기와 창의력이 필요했다. 엄마와 나는 힘든 문제가 많이 발생하는 환경에 아저씨가 어떻게 독창적으로 적응했는지 알고 깊이 감동했다. 그날 나는 아저씨가 늦은 밤이면 특히 더 힘들어한다는 사실을 알았다. 한밤중에 목이 말라도 물을 마시려면 다음 날 아침 사회복지사가 도착할 때까지 기다려야 했기 때문이다. 그런 얘기를 듣자 가슴 한구석이 쩽하고 아렸다. 아주 작은 일이라도 뭔가 조치를 해야 했다. 그건 본능이었다.

'그건 괜찮은 게 아니야!' 처음에는 이런 생각이 들었다.

'어쩌면 내가 도와드릴 수 있을지도?' 그다음 든 생각이었다.

이튿날 나는 마이크 아저씨를 생각하며 '곁에 있어요, 물통 도우미'라는 최첨단 발명품의 원형을 생각해 냈다(제목이 유치한 건 나도 인정하니 마음껏 웃어도 좋다). 그리고 머리카락이 흘러내리지 않게 나비 모양 머리핀으로 고정한 뒤, 아이디어를 재빨리 종이에 적고 작업을 시작했다. 부모님은 내 아이디어를 듣고 나를 적극 지지하셨다. 엄마는 링거대를 구해 주셨고, 나는 수액 주머니를 마실 물을 담을 주머니로 만들었다. 아빠는 링거대에 접합 장치를 용접해 붙인 뒤 병원 침대와 연결하셨다. 나는 다니던 치과에서 입안에 고인 침을 빨아들이는 장치를 몇 개 얻었다. 몇 주 만에 나는 그 발명품을 만들어 냈고, 마이크 아저씨는 그 후 한밤중에도 물을 마실 수 있게 되었다.

영향을 주는 일이란 사람들에게 당장 필요한 게 무엇인지 알아보고 반응하는 일만큼 간단하며, 단순한 아이디어라 할지라도 누군가의 삶을 바꿀 수 있다는 걸 그때 알았다. 일단 사실만 말하자면 내 발명품인 '곁에 있어요, 물통 도우미'는 나중에 미네소타주 발명품 박람회에 전시되었고, 사촌 아저씨는 밤에 더 기분 좋고 편안하게 잠을 잘 수 있었다.

여기에서 여러분이 주목했으면 하는 것이 있다. 가슴 한구석이 쩽하고 아렸을 때 그냥 넘어갔다면 어떻게 되었을까? 조용히 찾아온 그 직감을 무시했더라면? 내 작은 세계에 있던 문제를 지적하는 그 느낌, 어느덧 나도 알게 되고 기꺼이 극복하기로 마음먹은 그 문제에 귀를 기울이지 않았더라면? 그건 내 일이 아니라고 아예 무시했다면 어땠을까?

감정을 표현하지 않고 적당히 둘러대고, 난 못났으니 해법을 내놓을 수 없다고 포기하거나, 눈앞에 뻔히 보이는 문제들을 부정하는 일은 무척 쉽다. 우리는 온종일 바쁘게 살아가면서 '그건 괜찮지 않다는 느낌'을 얼마나 자주 무시하는가? 괜찮지 않다는 느낌을 받아들이고 괜찮아지는 데 도움이 될 아이디어를 실천하는 대신 그 감정을 얼마나 많이 억누르는가?

운동장에서 넘어지면 보호자가 따뜻한 손길로 눈물을 닦아 주며 괜찮으니 울지 말라고 달래는 바로 그 순간부터, 이렇게 진실한 감정을 적당히 얼버무리며 반응하는 습관은 우리 대부분에게 깊이 배어 있다. 그렇다, 우리는 좋은 의도를 우리에게 주입하며 어린 시절을 돌봐 준 어른들 모두에게 감사해야 한다. 하지만 우리가 정말 괜찮은지에 대해서는 의문을 가질 수 있다. 사실을 인정하자. 우리 대부분은 놀이터 같은 환경에서 자라며 "선을 넘지 말아야 해!", "시끄럽게 굴지 마라!", "안 돼!", "말 좀 들어!", "짜증 내지 마!" 같은 말을 듣고 내면화했다. 그래서 우리는 본능에 따른 감정을 참는다. 진실한 감정을 외면한다. 일부러 행복하다는 표정을 짓는다. 미소 짓고 고개를 끄덕이며 평상시처럼 지낸다.

그런데 한 가지 주목할 것이 있다. 그것은 당신이 가진 관점이다. 당신은 상황을 인식하고 의문을 제기하며 의심도 한다. 그리고 뭔가를 생각하며 갈망한다. 좋은 것과 나쁜 것, 놀라운 것과 절대 용납할 수 없는 걸 대하면 생리적인 반응을 보인다. 감정을 느낀다. 그리고 감정은 늘 사실이 아니긴 해도 정말 중요하다. 감정이 혈관을 타고 온몸을 흐르며 고동치는 데에는 다 이유가 있다. 생명을 유지하게 하려는 이유만은 아니다. 당신이 계속 활기차게 살아가게 하기 위해서다.

임상심리학자 라라 필딩 박사(Dr. Lara Fielding)의 간결한 설명을 들어 보자. "감정은 우리를 진정 중요한 것과 연결하는 데 필수적인 역할을 합니다. 감정은 욕구를 나타냅니다. 각각의 감정은 우리가 가치를 두고 아끼는 게 무엇인지 알려 줍니다."[1]

우리는 이런 감정을 억눌러 왔다. 그게 바로 자신이 누구인지 또는 뭘 해야 할지 모른 채 자신을 낯선 사람 대하듯 살아가는 사람이 많은 이유다. 그 과정에서 우리는 감정에 무덤덤해져서 "우리는 무엇에 가치를 둘까?", "우리는 무엇을 소중히 여길까?", "하늘이 두 쪽 나더라도 다시는 하고 싶지 않은 일은 무엇일까?", "우린 정말 어떻게 지낼까?"라는 중요한 질문을 제기하던 일을 멈췄다. 우리 자신이 누구인지 또 뭘 해야 하는지 알아도, 우린 점찍어 둔 주차 자리에 차를 들이댄 남자에게 미소 지으며 괜찮다고 고개를 끄덕이느라 너무 바쁘다.

우리는 어떻게 느끼는지조차 모르기 때문에 우리가 누구인지 모르고 살아갈 때도 있다. 이 세상은 우리가 어떻게 느껴야 하는지 일일이 지시하거나 감정을 존중하기는커녕, 무시하라고 부추기는 슬로건을 외친다. "모든 건 다 마음먹기에 달렸어!", "고통 없이는 아무것도 얻지 못해!", "힘껏 세게 밀어붙여!" 마지막 말은 솔트앤페퍼(Salt-N-Pepa, 미국의 여자 힙합 트리오-옮긴이) 노래에서 따온 말이긴 하지만, 내 말뜻을 이해할 거다.

사람들은 우리에게 힘든 부분은 어물쩍 건너뛰라고 한다. 그냥 웃어넘기고 기운 내라고 한다. 더 환하게 웃으라고 한다! (솔직히 말하자면 웃으라는 마케팅 슬로건을 접할 때마다 그 반대로 하고 싶다.)

우린 그런 말을 들어도 다음과 같은 문제를 절대 제기하지 않는다. "왜 나는 늘 행복한 사람이어야 하나요?", "왜 나는 사람들을 위해 내 감정을 전부 억눌러야 하나요?", "왜 나는 괜찮지 않다고 세상 사람들에게 소리 높여 외칠 수 없나요?"

스포일러가 될까 봐 미리 경고하겠다. 그 이유는, 그렇게 문제를 제기하면 내가 정말로 뭔가 해야 할 수도 있기 때문이다.

문제가 있다고 인정하면 그 해결책의 하나로 우리가 앞에 나서야 할 수도 있다. 우리는 해결책을 마련할 사람으로 보이길 두려워하므로, 문제를 인식하는 일조차 회피할 때가 많다. 심지어 그 해결책으로 우리 인생을 바꿀 수 있는데도 어떻게든 외면하려 한다. 해결책을 내면 감당해야 할 것이 많다. 압박감과 책임이 늘어나고 시간도 투자해야 하며 사람들이 어떻게 반응할지 위험도 따른다. 솔직히 말해서, 뭔가 할 수 없는 이유를 생각해 내는 게 문제를 해결하려고 시간과 에너지, 지적 능력을 최대한 동원하는 일보다 훨씬 쉽다.

문제와 해결책 이야기는 일단 제쳐 두고 당신의 감정을 이야기해 보자. 정말 잘 지내고 있는가? 크게 소리 내어 엉엉 울고 싶은가? 인생이 당신 뜻대로 되지 않는다는 사실을 받아들여야 하는가? 그렇다면 그렇게 하자. 먼저 주변을 조용히 시키고 당신의 내면에서 들리는 소리에 귀를 기울여 보자. 누구나 행복이 최종 목적지가 되길 바라지만, 늘 그렇게 되지 않는다는 사실을 인정하자. 각각의 감정은 지금 우리가 누구인지 알려 주며 우리에게 무엇인가를 가르치고 있다.

우리가 어디에 있는지 깨닫지 않으면 앞으로 나아갈 수 없다. 내면에 무엇이 숨어 있는지 알아낼 수도 없다. 우리의 진짜 문제가 무엇인지 알아야 진정한 대처 방법을 배울 수 있다.

이젠 때가 되었다. 이제는 우리 자신에게 정말 솔직해져야 할 때다. 우리 상태를 바꾸고 어리사 프랭클린(Aretha Franklin, 미국의 싱어송라이터이자 피아니스트-옮긴이)이 부른 〈존중(respect)〉이라는 노래처럼 분위기를 낼 때다. 아무리 사소해 보여도 그 감정들을 소중히 여겨야 한다. 이제는 관심을 둘 때다. 알아차리자. 진실한 감정을 마주하자. 가까이에서 귀를 기울이자. 문자메시지를 받듯이 감정도 받아들이자. 여기서 문자메시지는 "경계경보입니다!", "속보를 전해 드립니다!", "잘 들으세요!"처럼 중요한 정보를 알리는 메시지들을 말한다. 만약 이런 문자를 무시하면 어떤 일이 벌어질지는 모두 잘 알고 있다.

이 세상에서 평범하게 살아가기 위해 감정을 버리는 건 잘못이다. 이 잘못된 상황을 서서히 바로잡아야 한다. 진정 어떻게 느끼는지 주의를 기울이는 일은 하룻밤 사이에 이루어지지 않는다. 나는 내 감정을 느끼는 것뿐만 아니라 감정의 소리를 듣기 위해 나 자신과 내 몸, 내 한계와 야망 그리고 본성에 충분히 솔직해지도록 연습하는 데 몇 년이나 걸렸다. 앞으로 더 오래

걸릴 것이다! 평범한 이야기처럼 들린다는 걸 안다. 그러니 내 말뜻을 자세히 설명하겠다.

감정은 당신이 곧장 가야 할 길을 안내하는 나침반이다. 발명품 박람회에 내 작품을 처음 전시한 일을 시작으로 내가 시도한 대부분의 모험, 해결하려 애쓴 모든 문제와 거뒀던 모든 성공은 "기분이 어때?(How does this feel?)"라는 질문에서 비롯되었다. 이 질문을 잘 읽어 보자. 이 문장은 "내게 어떤 기분이 들게 하지?(How does this make me feel?)"가 아니었다. 이 두 질문은 매우 비슷하게 들리지만, 질문에 따라 대답하는 방식이 크게 바뀐다. "~게 하지(make)"라는 단어를 질문에서 뺀다면 비난하지 않고 호기심에 가득 차서 질문하는 듯 들린다. 그렇게 하면 어떤 감정을 느끼든 우리 자신을 비난할 가능성을 없앨 수 있다. 꼭 필요한 부분만을 남길 수 있다.

나는 이 점을 늘 제대로 이해하지 못했다. 우리가 어떻게 느끼는지 그 이유부터 성급히 따지는데, 그건 인간의 자연스러운 성향이다. 잘잘못을 따지고 해결책을 성급히 내놓고 이걸로 됐다며 끝내려 한다. 하지만 이 질문은 시간을 두고 천천히 고민해야 할 질문이다. "기분이 어때?", "내 인생은 어떤 느낌이지?" 그렇게 질문하면 대답할 여지가 더 많아 보인다. 그렇지 않은가?

그리고 당신 자신에게 질문할 만큼 용감해지면 인내심을 충분히 갖고 귀를 기울여야 한다. 당신이 처음 보이는 반응은 양파 껍질 같을 수 있다. 가장 안쪽에 도달하려면 껍질을 여러 번 벗겨 내야 할 것이다. 하지만 이 질문을 할 때 진정 솔직해질 수만 있다면 껍질을 모두 벗겨 낼 가치가 있다. 그 대답이 양파 향처럼 매우 강렬한 효과를 불러일으키기 때문이다.

기분이 어떤지 나 자신에게 한 질문은 일종의 기폭제가 되어 나는 과감하게 도약을 시도했으며 꿈을 추구했다. "기분이 어때?"라는 이 질문은 내 마음속과 이 책에 담긴 모든 중요한 이야기의 시작을, 때로는 결말도 촉발했다. 300달러짜리 카메라를 사서 웨딩 사진 작가의 길을 추구한 계기가 되었다. 여성 사업가를 위한 마케팅 과정을 개설하는 여정을 떠나게 했다. 열 명의 뛰어난 여성으로 구성된 팀을 이끌게 했다. 나중에 전국 최고의 마케팅 팟캐스트가 된 '목표 추구자(The Goal Digger)'의 첫 번째 에피소드를 녹음한 (처음에는 내 차 안에서 이 팟캐스트를 녹음했다) 계기가 되었다.

나에게 이 질문을 하자 나쁜 우정에서 벗어날 수 있었다. 변화가 필요하다는 생각이 들면 다른 방향으로 트는 데에도 도움이 되었다. 내 인생의 진정한 한계를 설정하게 했다. 나도 쉴 수 있다는 사실을 가르쳐 주었으며 성공의 개념을 재정의하는 방법을 되풀이하여 알려 주었다. 슬픔은 영원하지 않으며 더 좋은 시절이 찾아온다는 점도 잊지 않게 했다. 무엇보다도 내 목소리만이 그 질문에 매번 답해야 한다고 가르쳐 주었다.

"기분이 어때?"라는 말을 입 밖으로 내면 진실이라 느껴지는 단어들을 조합해 문장으로 만들어 낼 수 없을 때가 많다. 그러면 나는 잠시 머리를 쉬게 하고 내 몸 상태를 확인한다. 어떤 감각이 느껴지는가? 긴장해서 어깨가 딱딱하게 굳었는가? 숨을 참고 있는가? 머리에 열이 나는가? 몸이 가뿐한가? 배 속이 꼬인 듯 아픈가? 눈이 침침한가? 내가 묻는 핵심 질문인 '실제로, 생리적으로 어떤 느낌이 드는가?'란 그런 의미다.

우리 몸은 안다. 그것도 매번 안다. 그러니 계속 질문하자. 그래서 뜻밖에 알게 된 결과는? 우리는 자기 인식을 해야 하는 상황이 오면 머리에만 의지하고 몸은 그리 중요하지 않다고 생각할 때가 많다. 하지만 사실을 말하자면 우리는 감정을 어떻게 처리해야 할지 결정하기 전에 먼저 그 감정을 느껴야 한다. 우리가 주도권을 가져야 한다. 겨드랑이에 땀이 차면 긴장했다거나 흥분해서 그렇다고 단정할 수 있다. 소름이 돋으면 공포 또는 직관이나 호기심 때문이라고 판단할 수 있다. 발가락이 따끔거리면 그 느낌을 좋다거나 싫다고 말할 수 있다. 용기를 내서 그렇게 질문하는 한, 어떻게 대답하느냐는 우리가 선택할 사항이다.

가장 최근에 진정 어떤 기분인지, 정말 잘 지내는지 당신에게 질문하고 솔직한 대답을 들을 때까지 충분히 기다린 적이 있었는가? 이 질문이 불편하게 들릴 수 있다는 걸 안다. 우리는 우리 자신을 조용히 응시하는 걸 되도록 피하고 싶어 한다는 것도 안다. 때로는 대답을 마주하길 두려워한다는 것도 안다. 이 모든 것을 외면하고 있는 걸 깨닫지 못할 때조차 있다는 것도 안다. 와인을 한 잔 더 마시며 다른 사람들의 인스타그램 사진들을 또 찾아보고 테드 래소(Ted Lasso) 드라마를 한 편 더 시청하며 이 모든 감정을 느끼지 못하게 만드는 일이 더 쉽다는 것도 알고 있다. (그런데 그 드라마가 정말 볼 만하다는 건 인정하겠다.)

하지만 한 가지 생각해 보자. 어쩌면 하루 중에서 가장 강렬한 감정을 느끼는 순간들은 우리가 어떻게든 떠밀어 버리고 꾹 참고 덮어 버리려 하는 순간들일지도 모른다. 파리를 쫓아내듯 멀리하며 피해 가라고 배웠던 사소한 불편 사항, 골칫거리 또는 집중을 방해하는 소동만은 아니다. 심장이 쿵쿵 뛰고 겨드랑이는 땀으로 가득 차며 투쟁 도피 반응(fight-or-flight reactions)을 보이는 현상은 크든 작든 무시해서는 안 된다. 우리가 괜찮지 않은 순간은 어쩌면 우리를 새롭고 더 바람직하며 더 진실한 방향으로 이끌고 있을지도 모른다. 어쩌면 우리는 자각도 하지 못하고 시비를 걸듯 우리 자신을 방해하고 있을지도 모른다.

감정을 느끼지 못하게 하고 열망을 무시하며 기회를 외면하고 내면의 목소리를 내지 못하게 하며 살고 있다면, 우리는 진정 활기차게 살며 전체적인 경험에 깨어 있다는 말이 어떤 느낌인지 알아낼 기회를 피하고 있는 것이다. 인생을 살아가야 하듯이 감정도 느껴야 한다.

> **정말 잘 지내고 있나요?**
>
> 당신이 최근에 가장 기분이 좋았을 때는 언제인가요?
>
> 그때 당신은 어디에서, 무엇을 하고 있었나요?
>
> 어떤 기분이었나요? 들떴나요? 진짜 살아 있는 것 같았나요?
>
> 몸에서는 어떤 느낌이 났나요?
>
> 그 기분을 다시 느끼려면 무엇이 필요할까요?

이제 인생 목록을 조사할 때다. 이것은 감정 파일이라고 볼 수 있다. 나는 적어도 십여 명의 지혜로운 사람들이 '지금 어디에 있는지 알아야 어디로 가고 있는지 알 수 있다'와 비슷한 발언을 했다고 확신하기 때문이다. 그렇다면 당신 자신과 진실하고 솔직한 관계를 맺는 좋은 방법은 무엇일까? 먼저 오늘 어디에 있는지 기록하자. 인생의 지도에 위치를 표시하고 지금 있는 장소의 지형을 파악하듯이, 당신은 여기저기 이동하고 또 여길 떠나 어디든 가면서 그동안 성장한 방식을 더 쉽게 볼 수 있다.

지나가 버린 과거 삶의 한 부분을 기록한 일기 한 장이든, 옛날 일기장 여러 권이든 읽어 본 적이 있다면 이 과정이 왜 중요한지 틀림없이 알 것이다. 펜을 꺼내자. 일기장을 펼치자. 표지 안쪽이든 어디든 상관없다. 당신에게 질문하고 답을 적어 보자.

이 작업을 한 번에 다 할 필요는 없다. 이 질문들은 여기 준비되어 있으며 당신 상태를 확인해야 할 때 언제 어디서든 이용할 수 있다. 질문을 한 가지, 몇 가지 또는 모두 고르자. 합격이나 불합격 같은 건 없다. 우린 지금 시험을 치는 것이 아니다. 그러니 '학교 다닐 때 하던 걱정'은 모두 떨쳐 버리자. 여기 이것은 당신만을 위한 것이다. 당신을 알아 가는 일은 평생에 걸쳐 진행해야 하는 과정이다. 이 과정은 데이팅 앱에서 상대방 사진을 한 번 보고 좋다 싫다 그 자리에서 판단하듯 빨리 처리할 수 없으며 시간이 걸린다. 하지만 의미가 있고 꼭 해야 하는 일이다.

인생 목록 조사

변명하거나 비판하지 말고 답하자. 당신의 대답과 본능적인 반응은 '억제'해야 하는 대상이 아니다. 규칙대로 답하지 못하면 어쩌나 걱정하지 말자. 솔직하게 답한다고 문제가 되지 않는다. 당신의 직감은 아무렇게나 생겨난 호기심이 아니다. 지금 하는 대답은 당신의 머리가 심장으로 전달하려 애쓰는 메시지다.

당신 자신을 들여다보고 진정한 당신이 될 기회가 여기 있다. 그동안 감정이 어땠는지 몰랐다고 해서 화내거나 부끄러워하지 말자. 바꾸거나 통제할 수 없는 부분에서 망설이지 말자.

- 영감을 불러일으키는 것은 무엇인가?

- 발끈 화나게 하는 것은 무엇인가?

- 코웃음 치며 웃게 하는 것은 무엇인가?

- 기쁨에 겨워 울게 하는 것은 무엇인가?

- 내면에 힘을 불어넣는 것은 무엇인가?

- 고개를 끄덕이며 동의하게 하는 것은 무엇인가?

- 신나서 춤추게 하는 것은 무엇인가?

- 가장 두려운 것은 무엇인가?

- 불공평하다고 생각하는 것은 무엇인가?

- 해결하고 싶은 문제는 무엇인가?

- 이 세상에서 무엇을 만들고 싶은가?

사실을 말하자면, 우리는 어떻게 느끼는지 귀를 기울이지 않을 때가 있다. 아직 '들을' 수 없는 데다 듣는 방법도 배우지 못했기 때문이다. 우리 영혼은 세상의 온갖 소음에 묻혀 아무 소리도 듣지 못할 때도 있다. 감정의 알람을 맞추는 방법을 몰라서 어떻게 느끼는지 알지 못할 때도 있다. 게다가 듣고 싶지 않아서 귀 기울여 듣지 않을 때도 있다. 그래서 경고 메시지들을 듣지 못한다.

승진에서 미끄러지면 목구멍에서 분노가 치민다. 잠도 안 자고 밤늦게까지 트위터에서 사람들과 말싸움을 벌이는 파트너를 보고 있노라면 속이 답답해진다. 직장에서 새로운 업무를 하겠다는 용기를 드디어 내자 과연 잘할 수 있을까 하는 의심이 들어 머리가 지끈거린다.

질문이 있다. 얼마나 오랫동안? 마음 한구석이 쨍하고 울리는 그 현상을 얼마나 오랫동안 무시할 수 있을까? 불편한 대화 또는 무턱대고 믿는 행동을 얼마나 오랫동안 피할 수 있을까? 평생 몽유병 환자처럼 살아도 괜찮다고 당신을 얼마나 오랫동안 설득할 수 있을까? 일주일? 1년? 평생?

나이가 들수록 우리 내면에서 그동안 의식하지 못한 여러 요인 때문에 몸이 무거워진다는 속설이 있다. 무시된 감정의 무게 때문에 피부는 늘어나고 축 처진다. 관절은 자기에게 신경 써 달라며, 이제 느끼라며 비명을 지른다. 눈가의 자글자글한 잔주름은 우리 자신을 함부로 대할 때마다 한 줄씩 늘어난다고 한다.

어떤 감정이 들 때마다 뭔가 행동해야 한다는 주장은 절대 하지 않겠다. 그런데 당당하게 이 말만은 하겠다. 모든 감정은 느낄 만한 가치가 있다. 기분이 정말 어떤지 질문하면, 대답을 들을 수 있을 만큼 조용해지면 그와 동시에 무엇인가가 나타나기 때문이다. 우리는 그렇게 나타난 감정이 진짜라고 말한다. 그렇게 해서 우리는 진정한 존재라는 사실을 인식할 수 있다. 그러면 이제는 우리 자신을 지워 버리지 않는다. 이제는 질문해도 도망치거나 숨어 버리지 않는다. 질문에 집중하고 대답할 수 있다.

마치 새로운 언어를 배우듯이, 감정이 목소리를 낼 때 귀 기울여 들을수록 그 감정은 더 정확하게 들린다. 이 세상에는 우리의 행동과 분노, 관심이 필요하다는 가슴 아픈 커다란 요구 사항들이 있지만, 당신 이야기와 비교할 대상은 아니다. 그 요구 사항들이 얼마나 대단하든 당신의 가치는 그 그림자에 가려 약해지지 않는다. 감정은 비교 대상이 아니며 당신을 위해 존재한다. 다른 사람들이 더 큰 고통에 시달린다고 해서 당신의 고통을 무시할 필요는 없다. 가장 중요한 건, 당신은 지금 상태가 매우 괜찮다고 자신을 설득하느라 에너지를 낭비할 필요가 없다는 사실이다. 물론 정말 괜찮지 않은 경우는 제외한다.

만약 괜찮지 않다면? 이 모든 것이 충분히 만족스럽지 않다면 당신은 무엇을 해야 할까? 지금 당장 어떻게 당신 자신을 고칠지, 어떻게 모든 이들을 자랑스럽게 만들지 귀가 먹먹하게 떠들어 댈 확성기가 필요한 것은 아니다. 괜찮아지기 위한 10단계 계획도 필요 없다. 성스러운 계시와 완벽한 계획, 모든 사람이 듣고 칭찬할 빠른 대답도 필요하지 않다.

당신에게는 더 부드러운 질문이 필요하다. 그리고 그 질문을 들을 수 있는 조용한 공간도 필요하다. 그 질문은 당신이 누구인지 알고 있다. 귀 기울여 들어 보자. 누군가의 친숙한 목소리가 들릴 것이다. 그건 바로 당신의 목소리다.

2장

황금 수갑:
일을 끊어 내는 법에 대하여

> 성공이란 당신 자신의 성공으로 느낄 때에만 의미 있고 즐겁다.
> – 미셸 오바마(Michelle Obama)

"떠난다고 상상할 수도 없어……. 그렇다고 가만있자니 도저히 못 참겠어." 내 친구는 트러플프라이를 한 움큼 집으며 직장 생활 고민을 털어놓았다. 테이블 주위에 둘러앉은 우리는 동시에 고개를 끄덕였다. 우리도 직장 생활이든 인간관계든 겪을 대로 다 겪어 봐서 무슨 말인지 안다는 뜻이었다. 우리는 다니기 익숙한 길을 걸어왔다. 가장 바람직한 길 대신에 사람들이 많이 밟아 고르게 다져진 길을 따라왔다.

우리는 자신이 원하는 걸 알아내지 못하면 타인의 기대 사항을 무턱대고 충족하는 길을 따르기도 한다. 학위를 따고, 9시부터 5시까지 열심히 일하고, 공과금을 내고, 주말엔 캠핑을 떠나고, 주중엔 출퇴근 도장을 찍고, 퇴직연금을 붓고, 은퇴하면 푹

신한 안락의자에 늘어져 오후 낮잠을 마음껏 즐긴다.

편안한 안락의자를 누가 마다할까? 하지만 자신에게 솔직해지는 고요한 순간에 안전하고 편안한 가죽 의자에 기대 있노라면 오히려 바늘방석에 앉은 듯 괴로워하는 사람도 있다. 마치 컨베이어벨트에 실려 관 속으로 떨어지듯 고통스러워한다.

내 앞에 펼쳐지리라 예상했던 길은 적어도 그 길 같았다. 오래전, 그러니까 수년 전 나는 그 편안한 가죽 안락의자가 주는 기대에 부풀어 길을 떠났다. 대학에 입학해 복수전공을 했고, 졸업 후 취직해서 의미 있다고 생각한 일을 하기 위해 앞으로 나아갔다. 어느새 나는 소매업체 주요 간부직을 맡았고 이후 몇 년간 회사에서 주요 요직을 두루 거치며 승승장구했다.

그 시절을 되돌아보면 나는 왜, 어떻게 해서 문에는 붉은색 명판이 휑하게 붙어 있고 서류 캐비닛 위에는 사탕 그릇이 덩그러니 올려져 있으며 창문 하나 없이 갑갑한 사무실에 앉아 인사 업무를 하게 되었는지 확실하게 설명할 수 없다. 아니, 다시 생각해 보니 그 명판의 직함은 온갖 그럴싸한 말로 치장된 것 같은데 사탕 그릇은 왜 거기 있었는지 이제는 정확히 말할 수 있다. (내겐 사탕이 우선순위였던 것 같다.)

내 삶은 덕지덕지 붙인 포스트잇과 꼬리를 물고 이어지는 회의, 주말 휴식 시간을 방해하는 전화로 가득했고, 속보 운동 하듯 숨 가쁘게 돌아다니다 보니 정형외과에서 처방받은 특수 깔창에 익숙해졌다. 내 혼다 자동차 뒷좌석은 먹고 남은 포장 용기와 커피 텀블러, 심지어 특히 힘든 날이면 차에 올라타자마자 벗어 던진 브래지어까지 뒤섞여 쓰레기장 같았다. 그때 내 상반신은 산소와 숨 쉴 공간이 더욱 절실히 필요했다.

영혼을 갈아 넣듯 끊임없이 열심히 일한 보람은 있었다. 나는 빠르게 승진 가도를 달렸다. 그런데 담당 업무와 월급은 거의 변하지 않았다. 다른 사람들을 기쁘게 하고 '회사를 자랑스럽게' 만들고 새로이 쌓여 가는 직함을 생각하면 기분이 살짝 좋아졌지만, 항상 뭔가 부족하다고 느꼈다. 솔직히 말하자면 부족한 게 너무 많았다. 나는 행복하지 않았다. 괜찮지 않았다.

돌이켜 보면 내 모든 것이 고갈되어 버린 건 놀랄 일이 아니었다. 출퇴근은 각각 1시간씩 걸렸고 하루에 최소 10시간씩 일했다. 새로 이사 온 도시를 즐길 시간이나 에너지가 남지 않았다. 커피숍과 식료품점을 하나씩만 정해서 들렀다. 집에 오면 다시 차를 몰고 시내를 가로질러 약혼자인 드루를 만나 그를 위해 아껴 두었던 얼마 남지 않은 감정을 불태우며 결혼식 계획을 짰다. 내가 살던 멋진 아파트에는 아직 발도 담가 보지 못한 수영장이 있었고 같이 사는 룸메이트는 얼굴도 못 봤다.

생각했던 대로 일이 잘 풀리지 않는 듯한 생각이 들 만큼 주변이 고요해지면 나는 나 자신을 비난하곤 했다. 어떻게든 감사해야 한다고 생각했다. 내 감정을 다스려 받아들이고 치열하게 살며 끝까지 버티자고 맹세했다. 내가 기억하는 한 이 모든 생각은 당시 내 DNA에 프로그램되어 있었다. 그건 분명히 나였다. 나는 할머니들의 방 벽을 장식한 액자에 쓰인 "지금 가진 것들에 감사하자!"라는 말처럼 감사하며 살아야 했다. 원하는 게 아니더라도 가진 것에 감사해야 한다고 생각했다.

하지만 이제는 안다. 당신은 지금 가진 것들에 감사할 수 있고 인생의 좋은 점을 인정할 수 있으며 그 모든 것을 선물로 여길 수 있지만, 그와 동시에 지금 가진 것에 감사하느라 오히려 약간 미칠 것 같은 지경이다. 당신이 가진 것이 진정 원하는 것과 일치하지 않으면 특히 그러하다.

내 삶의 방향에 의문을 제기하면 할수록 대답은 조금씩 다양해졌다. 감사하면서도 동시에 더 많이 바랄 수 있을까? 내가 원해야 한다고 강요받는 것 대신 내가 진정 원하는 것을 추구할 수 있을까? 이 삶도 괜찮긴 하지만…… 아주 괜찮지는 않다고 인정할 수 있을까?

중요하게 할 이야기가 있다. 우리 모두는 나쁜 시절이란 불가피하며 살다 보면 닥치게 마련이라는 사실을 안다. 하지만 내가 말하고자 하는 것은 가끔 며칠씩 안 좋은 날이 아니라 몇 주, 몇 달 심지어 몇 년씩 힘들어하는 시기에 관해서다. 나쁜 나날이 일상이 되어 좋은 날보다 나쁜 날이 더 많아진다면, 또 당신이 가장 최근에 진정 기뻐했거나 잔뜩 신이 나서 다음 날 아침 눈

뜰 일이 기다려졌을 때가 언제였는지 기억할 수 없다면 그건 변화가 필요하다는 신호일 수 있다.

사실 나는 정말 열심히 일했다.
난 그 사실이 자랑스럽다.
사실 나는 비참했다.
난 그 상황을 바꿀 수 있었다.

어느 날 상사와의 특별한 회의 시간을 기억한다. 그날의 기억은 지금까지도 내게 뭔가 가르쳐 준다. 나는 상사의 사무실에 앉아 있다가 온갖 서류와 장식품이 어지럽게 뒤섞인 책상 위로 우연히 눈길을 돌렸다. 그러자 전에는 있는 줄 몰랐던 어떤 것이 눈에 들어왔다. 무릎에 귀여운 금발 아이 둘을 앉히고 활짝 웃는 상사의 사진이었다.

나는 그 사진을 가리키며 상사에게 아이들에 관해 물었다. 그러자 상사는 환하게 웃으며 자랑스러운 엄마들이 흔히 하는 일상 이야기들을 들려주었다. 그리고 운이 좋으면 아이들이 잠들기 전에 한 시간씩 아이들과 즐겁게 시간을 보낸다고 했다. 운이 좋으면……. 이렇게 솔직히 말한 뒤 상사는 재빨리 업무 대화를 이어 나갔다. 아이들을 주제로 대화를 계속한다면 괴로울 것이므로 그쯤에서 그만하기로 한 걸 지금의 나는 마음속 깊이 알고 있다. 그 순간 나도 상사를 보며 느꼈던 마음의 고통을 멀리했다. 내게 예상되는 길을 계속 따라간다면 나 역시 상사와 같은 미래를 맞이하리란 생각이 들었기 때문이다.

상사의 사무실에 있던 그 순간 나는 삶의 방향이 어떻게 흘러갈지 알 수 있었다. 밤늦게 퇴근하면 얼마 남지 않은 오늘 하루 소중한 시간이 미처 손쓸 새도 없이 다 흘러가 버리는 듯한 심정으로 좌절하며 교통체증으로 꽉 막힌 도로에 갇혀 있을 것이다. 집에 가면 주말에도 일하느라 놓친 일들을 남편 드루에게 전해 들을 것이다. 친구들을 만나는 일에도 애써 힘을 내야 할 것이다. 그렇게 세월이 흘러 언젠가 나도 상사의 자리에 앉아 퇴근 시간만을 손꼽아 기다리다 헐레벌떡 집으로 향할 것이다. 여기는 왜 사무실마다 창문이 없을까 궁금해하면서…….

대화는 계속 이어졌고, 상사가 다음번 승진 얘기를 꺼내자 '난 지금 어디를 향해 가고 있는가'라는 비전을 고민하던 나는 현실로 돌아왔다. 안정적인 직장에서 일할 앞으로 5년에서 10년에 걸친 인생 계획이 모두 서류로 준비되어 확정되기 일보 직전이었다. 휴가 계획을 짰고 은퇴 시기도 설정했다. 그런데 연봉은 고정불변이었다. 보너스는 얼마 정도 받을지 대략 설명을 들었다.

사람들이 내게 '잠재력'이 있다고 칭찬했다는 말을 듣자 기분이 우쭐해져 상사에게 바로 감사하다고 말한 뒤 사무실을 나왔다. 그리고 그럭저럭 좋아하는 내 일과 관련된 잡동사니로 잔뜩 둘러싸인 내 책상에 앉았다. 책상 위 파일들을 둘러봤다. 구형 컴퓨터 두 대는 과열되었고 팬에서는 뜨거운 바람이 나오고 있었다. 승진을 기대하고 미리 새로 산 가죽 구두를 신고 다니느라 생긴 발뒤꿈치 뒤쪽 물집이 느껴졌다. 손을 뻗어 드루의 사진이 담긴 액자를 꺼내 들었다. 사진 속 나는 드루를 바라보고 있었다. 그는 따뜻하게 미소 짓고 있었고 갈색 눈동자는 빛났으며 입술 바로 위 조그만 점도 그대로였다.

나는 이 남자와 인생의 모험을 떠나고 싶었다. 언젠가 가족도 이루고 싶었다. 모든 순간을 소중히 하고 싶었다. 우리가 나이 들어 머리가 희끗희끗해졌을 때, 입가의 팔자 주름이 더 깊어졌을 때에도 이런 사진을 또 찍고 싶었다. 그 사진을 빤히 바라보자 사진 속 우리 둘의 눈에서 불가사의한 마법 같은 것이 나타나 "넌 내가 원하는 전부야. 진심이야"라고 외치는 듯했다.

난 우리가 곧 결혼하리란 걸 알고 있었다. 살아가면서 더 많은 도전에 맞닥뜨릴 것도 알았다. 둘이서 함께 그 모든 난관을 헤쳐 나가리란 것도 알았다. 그런데 어떻게 우리 인생을 자동조종장치에 맡길 수 있을까? 우리가 조종해야 하는 게 아닐까? 어디로 향할지는 우리 두 사람이 함께 정하려 하지 않았던가?

그 순간 번갯불이 번쩍이듯 이 말이 가슴에 와닿았다.

"제나, 이번 승진은 너를 위한 게 아니야."

출세라는 사다리를 타고 올라가 더 그럴듯해 보이는 직함을 받고 (창문이 있을 거라는 보장은 못 하지만) 그래도 고급스러운 사무실에서 일하며 내게 가장 소중한 것들을 사진으로만 봐야 하고 내가 직접 경험하지 못한 채 시간을 보내야 한다면, 그 사다리에서 내려올 방법을 찾아야 했다.

다른 사람이 만들어 낸 여정이 아니라 내가 가야만 하는 삶의 여정을 떠나야 한다는 믿음이 점점 분명해졌다. 내 삶을 직접 지휘하고 적극적으로 참여하며 내게 가장 중요한 걸 놓고 힘들게 고민하고 결정하며 살고 싶었다. 이것은 다른 많은 사람도 깨닫고 있는 신념 중 하나다. 기대와 다른 결과가 나오더라도, 직접 자기만의 삶의 원형을 만들어 내는 일이 꼭두각시가 되어 녹초가 될 때까지 일하는 것보다 더 낫다는 신념이다. 제아무리 퇴직연금이 귀에 솔깃하게 들리더라도, 화려한 미래를 약속하는 승진이 보장되더라도, 창문은 없어도 회사 비용으로 구매한 초콜릿이 가득 담긴 커다란 그릇이 딸린 사무실에서 일한다 해도.

그날부터 나 자신과 전쟁을 시작했다. 나는 회사가 제시한 기회에 의문을 품고 거절할까 고민했다는 사실과 아예 처음부터 그렇게 생각했다는 사실에 죄책감을 느꼈다. 그동안 많은 걸 희생해 가며 힘들게 일한 경력을 정말 모두 버릴 준비가 되었을까? 내가 절실히 원해야 한다고 배웠던 모든 경제적 이익과 든든한 소속감을 비롯해 향후 5년간 보장된 계획을 버리고 떠날 준비가 되었을까? 회사에서 떠오르는 별 같은 존재가 될 영광을 뒤로하고 미련 없이 떠날 준비가 되었을까?

한편 내 삶의 여정은 어디에선가 길을 잘못 들었다는 사실도 깨달았다. 이 길을 벗어나고 싶었지만, 출구를 향해 걸어가는 과정이 복잡하다는 생각이 들었다. 떠나지 말아야 할 때 떠나는 게 아닌가 걱정되었다. 그게 무엇이 되었든 내가 정말 좋아하는 동료들과 관련된 모든 걸 망칠까 봐 불안했다. 그리고 어떻게 하면 '품위 있게' 여길 떠날까 하고 고민했다.

그렇게 급작스럽게 치밀어 오른 감정과 의심, 질문들이 마음 깊은 곳에서 솟아올랐고, 그 과정에서 내가 혹시 잘못된 길에 들어섰거나 머무르고 있지는 않나 하는 생각이 들었다. 하지만 그런 생각이 들자마자 죄책감이 밀려오곤 했다. 무엇보다도 내게 주어진 승진 기회, 내가 가진 모든 것, 때가 되면 꼬박꼬박 나오는 월급에 우선 감사해야 한다고 인정했다.

이렇게 내면에서 벌이는 싸움과 복잡한 감정은 나만 겪지 않는다는 걸 당신도 분명 잘 알 것이다. 얼마 전 함께 저녁을 먹었던 절친한 친구의 눈을 바라봤을 때 그녀 역시 내면에서 이 싸움을 벌인다는 걸 알 수 있었다. 그때 나는 트러플프라이를 랜치소스에 푹 찍어 먹으며, 그 친구가 충성하기로 맹세한 자기 회사를 애써 옹호하는 말을 들었다. 하지만 바로 그 회사는 그녀의 삶을 빼앗아 가고 있었다. 친구는 10년 가까이 그 회사에서 일하는 중이었다. 회사는 그녀에게 무리해서라도 일하게 했고 더 많은 것을 요청했으며 무슨 일이 닥칠 때마다 능력을 힘껏 발휘하라고 주문했다. 그녀는 시간과 땀, 재능과 눈물을 더욱더 쏟아부었다.

친구가 용기를 내어 불만을 표시하면 회사는 그녀에게 후한 복리후생제도, 입이 떡 벌어지게 하는 각종 혜택과 휴무일이 있다는 사실을 다시 한번 강조했다. 친구는 심지어 장거리 이동 시에는 일등석 비행기도 탈 수 있었다. 그 회사는 친구가 근무 시간을 줄이거나 퇴사할 생각을 떠올리는 일조차 말도 안 되는 어리석은 짓이라고 생각하게 했다. 여기보다 더 좋은 직장이 있을지 궁금해하기도 전에 그녀를 심리적으로 조종했다. 회사는 온갖 회유책을 썼고 그녀는 결국 회사에 남기로 했다.

《인코퍼레이티드(Inc.)》 잡지는 직원을 붙잡아 놓기 위한 이 모든 조치를 '황금 수갑(the golden handcuffs)'이라고 비유했다. 월급도 많고 복지 혜택도 좋으며 퇴직연금도 후하다. "회사가 제시하는 모든 것이 너무 좋아서 좁디좁은 칸막이 사무실에 하루 8시간 동안 처박힌 채 내 인생은 왜 이 모양인가 하고 한탄한다. 그 모든 것이 명시된 서류만 보면 당신이 꿈꿔 왔던 삶을 살고 있기 때문이다."[1]

황금 수갑, 이것은 직장에서만 발생하는 현상이 아니다. 우리 생활의 모든 면에서 찾아볼 수 있다. 우리는 서류상으로 좋아

보이는 것에 얽매여 산다. 우리는 타인을 사랑하는 사람들로서, 믿음과 성(sex) 그리고 사랑과 삶을 탐색하는 여성으로서 다음 질문들의 답을 계속 고민해야 한다. 우리는 무엇을 남기고 싶을까? 도저히 말도 안 된다고 생각했지만 어쨌든 한 일은 무엇일까? 잘못되었다고 생각했지만 계속한 일은 무엇일까?

내 친구는 공황발작을 겪었어도 회사를 그만두지 않았다. 일하느라 아이를 어린이집에서 데려와야 할 시간을 놓치는데도 회사에 계속 다녔다. 이메일로 간단히 해결할 수 있는 일인데 굳이 회의가 소집되어 불려 다니는데도, 다른 사람들은 떠나는데도 친구는 회사에 남았다. 그저 묵묵히 회사에 다녔다.

그 친구는 어렸을 때부터 어떤 생각이 마음속 깊이 배어 있었다. 무슨 일이 있어도 안정을 추구했고 끊임없이 출세하고 싶어 했으며, 극도의 피곤함까지 견디고 가진 것들에 감사하며 불평 한마디 하지 않았다. 하지만 이런 식으로 하루하루를, 궁극적으로 한평생을 살아가길 진짜 원하는 건지 자문하면 우리는 이미 답을 알고 있다는 사실을 깨닫는다. 아냐, 난 원하지 않아.

나는 조심스럽게 친구에게 물었다. "회사가 네게 잊지 말라고 하는 그 혜택들 말이야, 그걸 즐기기는 하는 거니? 네 삶에 가치를 더해 주고 있니? 그만큼 휴가를 쓰고 있니?"

알고 보니 친구는 회사가 제시하는 혜택들을 누리지 않고 있었다. 이 세상이 우리에게 아름답다고 또 매력적이라고 광고하는 많은 것은 사실 알고 보면 별것 아니다. 그것들은 우리에게 꼭 필요하고 반드시 구해야 하며 지갑을 열어야 하는 것들로 머릿속에 집중적으로 주입되었다. 또 우리는 그것들을 일단 얻고 난 뒤에 놓아 버린다면 바보인 게 틀림없다고 믿는다.

나는 그 친구가 자신과 정신적인 싸움을 벌이며, 불편함과 심지어 고통을 느끼면서도 어떻게든 그 회사에 계속 다니는 이유를 정당화하려 애쓰는 모습을 물끄러미 바라봤다. 친구는 나를 보며 이런 질문을 했다. "넌 위험을 감수했잖아. 다른 사람들은 가만히 있었겠지만 넌 도약했어. 어떻게 한 거야? 너 자신을 어떻게 믿었어? 어떻게 그 회사를 떠난 거야?"

나는 이렇게 답했다. "그 회사에 더 다니면 다른 사람의 비전을 실현해 주느라 내 인생을 희생하게 되리라는 걸 알았어. 그래서 난 호기심이 이끄는 대로 다른 인생 스토리를 펼쳐 봐도 괜찮겠다는 생각이 들었어. 거기선 내가 주인공이었고 내가 직접 계획을 짰지. 내 상태가 어떤지 확인하고, 우선 내가 이 길을 진정 원하는지 물었어. 이 길이 아니라면 뭘 해야 할까? 나만의 비전이 완성되지 않았어도 나는 그 비전을 믿는 법을 배워야 했어. 어떻게든 방법을 찾아내고 나만이 누릴 수 있는 혜택을 만들어 내며, 화려하진 않아도 내가 자랑스러워할 명판을 만들 수 있다고 믿어야 했지. 그 회사를 계속 다녔더라면 수많은 직원 중 하나가 되어 회사에 필요한 직함을 달고 회사가 마련한 길을 다른 사람들처럼 방황하며 따라가고 있었겠지. 그럴싸하게 보이는 화려한 말로 위장된 그 길을 말하는 거야."

세상은 우리로 하여금 다른 사람들의 비전을 우리 삶에 받아들이고 그 비전이 우리 비전이라 믿도록 자신을 속이게 한다. 이런 일이 사무실에서만 일어나지는 않는다. 어디에서나 일어날 수 있다. 울타리 두른 집과 두세 명의 자녀 게다가 미니밴까지, 우린 그런 낡은 꿈을 비웃었지만 결코 없애지 못했다. 그런 일은 교회 성가대, 독서 모임, 모금 행사에서도 일어나고 은퇴 방식에 관해 이야기할 때에도 나타난다. 귀여운 아이들은 케이크를 가져다주고 엄마들은 현관 옆에 앉아 흐뭇하게 미소를 짓는 상황에서도 보람을 느끼지 못하고 전혀 만족스럽지 않다는 느낌이 들면 내가 과연 제정신인지 의심한다고 해도 전혀 놀랄 일이 아니다.

정말 잘 지내고 있나요?

당신은 일에 치여 지낸 적이 있나요?

해야 할 일을 쌓고 또 쌓은 적이 있나요?

편해서, 또는 대세에 따르려고, 또는 예전부터 그렇게 해 왔기 때문에 빠져나오지 못하는 삶의 영역이 있나요?

당신 인생에서 무엇이 변해야 할까요?

그렇다면 이 모든 것은 우릴 어디에 남겨 두는가? 우린 어디로 가는가? 자, 하기로 되어 있는 일을 하며 살아온 삶에 의문을 제기한다고 해서 당신이 뭔가 잘못 생각하고 있는 것은 아니다. 현재 상황이라는 카드를 뒤섞어 카드 게임을 하듯 당신 인생을 하나씩 펼쳐 나가는 게 어떤 모습일지 꿈꾼다고 해서 정신 나간 짓을 하고 있는 것도 아니다. 오히려 당신은 뭔가 제대로 작동하지 않는다는 걸 인정했다는 데에 감사해야 한다. 그게 뭔지, 혹은 그다음에 뭘 해야 할지 모르더라도 마찬가지다.

그 이유를 설명하겠다. 성취감을 느끼지 못한 채 살아가고 또 그걸 잘 알고 있으면 그 영향이 당신에게만 미치는 것이 아니다. (당신에게 영향을 끼치는 것만으로도 충분하다고 부드럽게 강조하고 싶긴 하다.) 가족을 대하는 태도, 직장에서 일할 때 나타나는 열의와 세상을 경험하는 방식에서도 나타난다. 약국에서 계산원을 대하는 태도, 동료들과 대화하는 방식 그리고 앞마당에서 꽃을 꺾는 이웃집 꼬마를 비웃는 모습에서도 슬며시 나타난다.

외부 현실이 내부 욕망과 일치하지 않으면 겉으로 나타나는 당신 모습이 변한다. 하지만 상반되는 이 두 가지 개념이 만날 때의 반응을 이해하겠다고 화학자가 될 필요는 없다. 그 반응은 쓸쓸한 기분으로 나타난다. 그런 기분을 느낀다면? 그 기분을 의식한다면? 이제 당신만이 내릴 수 있는 결정을 할 시간이다.

계기판에 켜진 조그만 경고등이 엔진을 빨리 정비하라는 신호라는 걸 아는가? 너무 오랫동안 무시하면 돌이킬 수 없는 피해를 가져오고 엄청난 대가를 치를 것이다. 어쩌면 당신 내면의 경고등도 이제 막 깜박일지도 모른다.

3장

코팅기에 걸린 꿈:
꿈을 말하는 일에 대하여

'생계'를 꾸려 가는 일은 '인생을 살아가는 일'과
같지 않다는 사실을 깨달았다.
– 마이아 앤절로(Maya Angelou)

그렇다면 이젠 어떻게 해야 할까? 엉뚱한 장소에 와 있다는
걸 깨달으면 어떻게 해야 할까? 변화해야 하거나 방향을 바꾸
거나 다 버리고 새롭게 시작해야 한다는 걸 깨달았을 때 어떻게
앞으로 나아갈 수 있을까? 어떻게 하면 파괴의 흔적을 뒤에 남
기지 않고 이곳에서 그곳까지 갈 수 있을까?

솔직히 말해서 가야 하는 길, 심지어 가고 싶어 하지 않았던
길에서조차 중간에 이탈하길 좋아하는 사람은 거의 없다. 새로
운 길에 적응하는 동안에는 우리가 원하는 것과 우리가 실제 하
고 있는 것의 간극에 맞닥뜨리는 일은 불편하게 느껴진다. 우리
가 원하는 것이 앞머리 내리기처럼 작은 변화이든, 또는 방콕으
로 영영 떠나 버리는 일처럼 큰 변화이든 우리 대부분은 의사

결정 시 두 가지 극단적인 결정 중 하나를 택하려고 한다. 극복할 수 없으면 쫓아가기만이라도 하자! 있는 그대로 받아들이거나 직접 변경하자. 크게 성공하든지 크게 잃든지 하자!

사실 극단적인 결정이 필요할 때도 있다. 우리는 누군가가 "이 기차에 지금 당장 타지 않으면 역에 갇혀 오도 가도 못 할 거야!"라고 말해 주길 바란다. 때로는 "낙하산에 단단히 고정되어 있으니 이제는 비행기에서 뛰어내리세요"라고 안내해 주길 바란다. 하지만 우리가 내려야 하는 모든 결정이 이게 아니면 안 된다는 양자택일식의 문제는 아니다. 두 가지를 조금씩 반영해서 결정해야 할 때도 있다.

솔직히, 이런 시나리오 대부분에는 '아니면'에 해당하는 상황이 많다. (의견을 물을 때 이런 상황이 흔히 발생한다.) 하지만 개인적으로 나는 '그리고'가 허용되는 상황을 더 좋아한다. 나는 수프 그리고 샐러드 둘 다 먹고 싶다. 그렇게 해 준다면 감사하겠다.

바로 그 때문에 나는 선택의 갈림길에 서 있을 때 이를 극복해야 할지 아니면 쫓아가야 할지 고민하고 있었어도 닥터 수스(Dr. Seuss, 미국의 소설가)가 쓴 반복되는 글귀처럼 미친 듯이 이리저리 뛰고 또 뛰고 하지 않았다. 사실 난 어디에서든 뛰지 않았다. 난 걸어갔다. 사무실 코팅기를 향해 몇 걸음만.

잠시 상황을 설명하겠다. 인사관리 보고서를 정리하거나 직원 급여 계산을 마치면 난 어느새 사진 촬영을 꿈꾸곤 했다. 사진은 늘 내 마음을 사로잡았다. 어렸을 때는 부모님의 결혼 앨범을 꺼내 사진들을 자세히 살피면서 도대체 어떻게 포즈를 잡았기에 두 분 머리가 교회 제단 위를 둥둥 떠다니듯 보이게 사진을 찍었는지 궁금해했다. 졸업 무도회마다 일회용 카메라를 여러 대 준비하고 참석했으며, 월그린(Walgreens) 사진 인화 센터에서 사진을 찾는 날을 손꼽아 기다렸다. 그날이 되면 드디어 누가 사진 찍을 때 눈을 감았는지 알 수 있었고, 어떤 사진이 액자에 끼울 만한지 판단하는 일을 낙으로 삼았다. 페이스북이 한창 인기를 끌자 대학생이었던 나는 디지털 사진 촬영에 지나치게 빠졌고, 엄마가 내 페이스북에 올라간 사진들을 한 장 한 장 모두 확인하지 않으시길 바라며 (약간 미심쩍은) 즐거운 추억이 담긴 사진들을 공유했다.

어른이 되자 사진 촬영에 본격적으로 관심을 두기 시작했다. 그때 나는 내 결혼식을 준비하던 중이었으며, 전문가들이 촬영한 웨딩 사진과 그 당시 몇 개에 불과했던 결혼식 관련 블로그에 드나들며 결정에 참고하고 있었다. 날이면 날마다 결혼식 사진들을 살펴봤다. 그리고 부모님의 결혼식 사진들(아버지가 입은 주름 잡힌 갈색 턱시도와 파마머리가 정점을 찍었다!)을 진정 소중하게 아꼈던 소녀로서, 나는 내 후손들도 보고 즐거워할 만큼 내 결혼식 스토리를 아름다운 기록으로 확실히 남기고 싶었다.

우리는 웨딩 사진 작가를 쓸 만한 여유가 없었으므로 내가 다니던 교회 청년 단체 소속 대학생에게 부탁해 약혼 스냅사진 몇 장을 찍었다. 물론 황금빛으로 빛나는 아름다운 호박밭을 배경으로 찍기도 했다. 약혼 사진을 찍은 뒤로 사진 촬영법에 관한 호기심이 점점 더 커졌다. 어느새 나는 부담 없이 쓸 만하고 크기도 작은 초보자용 카메라를 알아보고 있었다. 앞으로 있을 예비 신부 파티, 내가 직접 기획할 모든 프로젝트, 강아지를 꼭 껴안고 있는 순간 등을 기록으로 남기고 싶었다. 멋진 사진을 골라 캔버스 벽걸이 장식으로 만들어 우리가 살 아파트 벽에 드리울 상상을 했다. 나는 우리가 함께하는 삶이 기억되기를 원했고 수십 년간 계속 열어 볼 사진 앨범을 만들 생각에 푹 빠져 있었다. (이 글을 쓰고 있는 지금, 웃음이 절로 나온다. 사진들은 아직도 대부분 JPEG 파일 형태로 하드드라이브에 저장되어 있기 때문이다!)

어느 날 오후, 드디어 찾아냈다. 300달러짜리 카메라가 크레이그리스트(Craigslist, 미국의 온라인 중고 시장-옮긴이)에서 나를 기다리고 있었다. 그 카메라는 내가 사랑하는 취미를 본격적으로 즐기게 할 작은 부적 같은 존재였으며, 어서 자기를 사 달라고 애원하는 듯했다. "이 상품 아직 살 수 있나요?"라는 이메일을 주고받은 뒤, 처음 시작했을 땐 불꽃에 불과하던 열정이 이제는 활활 타오르는 불길로 변했다.

무슨 생각을 하는지 안다. "알겠어요, 제나, 당신의 열정은 누가 봐도 분명했어요.", "당신은 무엇을 원하는지 알았잖아요! 나는 도저히 그렇게 할 수 없다면요?", "내게 열정이 없다면요?" 벌써 걱정하지 말자. 그 주제에 관해 앞으로 할 이야기가 많다. 하지만 열정 부분으로 넘어가기 전에 잠시 멈추고 그 계획에 관해 이야기하겠다.

새로운 카메라를 구하자 그걸 나만을 위해 쓰지 말자는 생각이 강하게 들었다. 그래서 자메이카에서 열리는 시아주버니 결혼식에 그 카메라를 가지고 가서 사진을 수없이 많이 찍었다. 레게음악을 즐기며 럼주를 너무 많이 마신 탓이었는지 나는 내가 찍은 사진들을 보고 기분이 잔뜩 고무되었다. 야자수에 웨딩드레스를 걸어 놓기도 하고 맥주병을 결혼반지로 스타일링하기도 하면서 찍어 보고 싶은 사진은 전부 찍었다! 집에 돌아오자마자 나는 (형편없이 안 좋은) 필터를 써서 사진들을 편집하고 '내 첫 번째 웨딩 사진 촬영 프로젝트'라 이름 붙인 페이스북 앨범에 올려 공유했다. 그러한 모험이 이 꿈을 진지하게 추구해 보자는 생각을 자극했다. 내가 이걸로 성공할지 누가 알까? 내가 가장 잘하는 일이 되어 출구 전략이 될지 누가 알까?

자메이카 프로젝트 사진을 올린 페이스북 앨범에 '좋아요'가 몇 개 생기고 따뜻한 의견들이 달리자 나는 거의 집착하다시피 했다. 내게 사진 촬영이란 나 자신 그리고 다른 사람의 인생에서 가장 황홀하고 친밀하며 또 종종 개인적인 순간들을 그대로 보존하고 또 실제로 확대할 수 있다는 뜻이었다. 나는 결혼식,

출생, 약혼, 모든 종류의 의식과 축하의 순간을 담아낼 그 기술을 갖길 원했다. 그 마법을 원했고 또 그런 삶을 살길 원했다.

여기만 아니라면 어디든 좋다고 생각할 때마다 사진작가의 삶에서 정기적으로 일어나리라 상상한 그 모든 장면, 예를 들어 사랑에 빠진 두 연인과 함께 들판에서 웃으며 렌즈 뒤에서 '인생 기록자'로서 살아가는 인생을 떠올리며 마음이 흔들렸다. 나는 누군가 영원히 소중하게 간직할 무엇인가를 렌즈로 포착하느라 숨을 참고 셔터를 누르는 모습을 상상하곤 했다.

약혼 파티와 예비 신부 파티 등 친구들의 삶에서 중요한 순간에 참석할 때 카메라를 들고 와 달라는 작은 요청들이 여기저기서 들어오기 시작했다. 시험 삼아 사진 촬영을 부업으로 해 보기로 했다. 정말 할 수 있을까? 정말 좋아하는 일로 돈을 벌 수 있을까? 꼭 알아내고 싶었다.

그 꿈을 실현하기 위해 먼저 내가 좋아하는 웨딩 사진들을 한데 모아 실물 콜라주 작품으로 만들고 싶었다. 사진들은 인터넷에서 하나하나 찾아 저장하다 보니 컴퓨터 바탕화면에 어지럽게 흩어져 있었다. (그 당시는 핀터레스트가 출시되지 않았던 때이므로 내가 직접 다 찾을 수밖에 없었다.) 난 드루와의 결혼식 모습을 미리 그려 보며 영감을 주는 웨딩 사진을 상당히 많이 모아 놓고 있었다. 내가 사진 속 신부라고 상상했었다. 이 사진에서는 얼굴을 살짝 덮은 버드케이지(birdcage) 베일을 쓰고, 저 사진에서는 베리 열매로 부케를 장식했다. 하지만 웨딩 사진 작가가 되겠다는 꿈을 떠올리자 나는 나 자신을 신부가 아니라 그 신부를 촬영하는 사진작가로 여기기 시작했다. 이미지마다 꼼꼼히 살피고 내가 촬영하고 있다고 상상하며 잡지에서 본 사진 같은 순간을 연출하는 모습은 내게 아주 잘 맞겠다는 느낌이 들었다. 나는 카메라 가방으로 사용할 면직물 소재의 푹신푹신한 런치 박스를 타깃 잡화점 진열대에서 파격적인 할인가로 샀고, 그 안에 작은 웨딩 사진 콜라주를 넣고 다니기로 했다. 누가 알겠는가? 언젠가 그것이 내 꿈을 형상화한 비전 보드가 될지. 그뿐만 아니라, 휴대하고 돌아다니면 영감을 계속 얻는 원천이 될 수도 있다! 어쨌든, 그때가 되기까지 그 꿈에 계속 깨어 있으라는 신호도 될 것이었다.

무슨 생각을 할지 알겠다. 비전 보드는 어딘가 좀 신비스러운 요소가 있는 물건에 불과하다고 생각할 것이다. 하지만 날 믿어달라. 신비스러운 요소를 섞어 작품을 만들어 내면 마법이 실제 일어날 수 있다. 그래서 늦은 밤에 그날따라 아무도 없는 사무실에서 고성능 컬러 프린터를 이용해 이 콜라주 작품을 인쇄했고, 복사실로 걸어 들어가 코팅기를 작동시켰다. 그리고 내 비전이 천천히, 확실하게 바로 눈앞에서 생생하게 만들어지는 모습을 지켜봤다. 옥수수밭의 신랑들! 나비넥타이를 매고 반지를 든 꼬마들! 진주 목걸이를 한 신부의 모습!

그때 끔찍한 소리가 들리며 소름이 쫙 끼쳤다. 코팅기에 뭐가 걸려 버렸다.

나는 종이를 빼내려고 밀고 당기며 10초라는 긴 시간 동안 코팅기를 뚫어지듯 바라보다가 공황 상태에 빠졌다. 알다시피 회사 관계자들 중엔 사진작가가 되겠다는 내 비밀스런 꿈을 아는 사람이 한 명도 없었다. 그 꿈에 대해 입도 벙긋한 적이 없었다. 회사에서 내 자리를 지켜야겠다는 생각도 있었을뿐더러 회사 사람들에게(혹은 그 꿈에 대해서는 다른 누구에게도) 내가 진정 바라는 삶은 층층이 쌓인 직원 급여 서류에 치여 고생하는 나를 하염없이 기다리는 것이 아니라는 말을 꺼내기가 두려웠기 때문이다.

나는 곧 현실로 돌아왔다. 내 꿈을 표현한 보드 전체를 삼켜 버린 채 코팅기는 동작을 멈춰 버렸다. 왜 이 늦은 밤에 난데없이 회사 물품을 이용해 뭔가를 만들고 있었는지 해명할 필요 없이, 또는 행복한 커플 사진들로 꽉 채워지고 맨 위에 내 이름이 예쁜 손글씨로 쓰인 종이가 왜 여기 있는지 설명할 필요 없이 이 난처한 상황을 어떻게 하면 빠져나갈 수 있을지 몰랐다.

코팅기를 고치려고 안 해 본 게 없었다. 하지만 구글을 검색해도 "문제 해결 설명서를 찾아보시기 바랍니다"가 다였다. (왜 진작 갖다 버리지 않았느냐고요? 알려 줘서 고맙네요, 구글) 결국 그날 밤은 그만하기로 했고, 그 못된 괴물 같은 산업용 기계장치와 씨름하느라 땀범벅이 된 패배자의 심정으로 집에 돌아왔다.

다음 날 나는 코팅기가 그렇게 된 상황을 사무실 매니저인 캐시에게 알렸고, 어떻게 하다 그걸 고장 냈는지 어색하게 중얼중얼 변명했다. 하지만 그렇게 변명하는 동안 나는 진실이 그 어떤 거대한 사무실 장비보다도 더 크다는 걸 알았다. 나는 이중생활을 하고 있었고 현장에서 들키고 말았다.

⟨미스터 & 미세스 스미스(Mr. & Mrs. Smith, 2005년 개봉한 액션 영화-옮긴이)⟩ 주인공들만큼은 아니더라도, 나는 직장에서의 출세라는 사다리와 억누를 수 없는 열정에 한 다리씩을 걸치고 서 있었다. 서로 반대 방향으로 달려 나가는 건장한 말 두 마리에 동시에 타고 있는 느낌이었다. 코팅기 고정대를 힘주어 비틀면서 내가 시험 삼아 만들었던 비전 보드를 꺼내는 작업을 캐시가 도와주는 동안, 이제 곧 내려야 할 선택에 대해 마음의 준비를 해야 한다는 압박감이 점점 더 강해졌다.

캐시가 코팅기 입구에 손을 넣어 갈기갈기 찢어진 웨딩 콜라주 조각들을 꺼내고 당혹스러워하는 표정을 짓자, 무심결에 내 입에서 변명의 말이 튀어나왔다. "출근하지 않을 때 웨딩 사진 작가가 되는 법을 알아봤어요. 정말이지 진심으로 웨딩 사진 작가가 되고 싶어요. 회사 코팅기를 쓰지 말았어야 했지만……."

나는 숨을 고르며 잠시 말을 멈췄고, 캐시가 내 상사에게 보고해서 해고당하지 않기를 마음속으로 기도했다. 그런데 캐시의 눈빛이 돌연 환해졌다. 지금 와서 생각해 보면 그건 내 솔직하고 열정적인 모습을 목격했기 때문이 아니었나 싶다. 열정은 사람들 사이에 전염된다. 우중충한 복사실, 윙윙대는 형광 불빛 아래 캐시는 생기 가득한 내 모습을 바라봤다. 그리고 마치 잡기 놀이를 할 때 주위를 살피는 술래처럼 캐시는 사무실을 힐끗 둘러보더니 내게 속삭였다. "나와 취향이 같군요. 무슨 말인지 알아요. 나도 스크랩하고 꾸미는 걸 아주 좋아해요!" (화려하게 꾸며진 캐시의 업무 게시판을 보고 그녀의 취향을 추측했어야 했다.)

열정은 우리 내면에서 즉흥적으로 발생하지 않는다. 다른 사람들이 적당히 편안하게 지내는 삶에서 벗어나 미래로 대담하게 나아가는 모습을 바라볼 때에도 열정이 불붙을 수 있다. 열정이 끓어오르면 우리는 다른 사람들도 우리와 똑같이 하도록 끌어들인다. 이 거부할 수 없는 에너지는 이 사람에서 저 사람으로 옮겨 가고 칭찬받으면서 증가한다. 우리의 꿈을 다른 사람과 공유하면서 우리는 긴 여정의 첫걸음을 내디딘다. 우리에게는 호기심을 끌어당기는 무엇인가가 있다고 인정하면 우리는 그걸 추구할 만큼 용기가 충분히 있을 수도 있다. 우리가 그렇게 용기가 있다고 조금이라도 인정하는 순간, 우리의 꿈 목록은 할 일 목록으로 변한다.

이제는 당신의 꿈에 생명을 불어넣을 때다. 캐시 같은 사람에게든 거울 앞에서든 당신의 꿈을 큰 소리로 말하는 건 용기 있는 행동이다. 캐시는 웨딩 사진 작가가 되겠다는 내 꿈을 드루를 제외하고 처음으로 알게 된 사람이다. 그때까지 나는 내 비전을 마음속으로만 품었고 누구에게도 알리길 두려워했다. 만약 그 비전을 세상에 공개한다면 그걸 실행해야 한다는 책임이 생긴다는 걸 알았기 때문이다.

> **정말 잘 지내고 있나요?**
>
> 당신은 오늘 무엇을 꿈꾸나요?
>
> 꿈을 큰 소리로 말해 보세요. 글로 적어 보세요.
>
> 다음에는 그 꿈에 대해 친한 사람과 이야기해 보세요. 이웃,
> 사무실 동료, 인터넷에서 만난 친구, 모두 좋아요.
>
> 그다음 무슨 일이 일어나는지 보세요.

이 첫 번째 단계는 불안정하기는 해도 여기서 우리의 자신감이 커진다. 여기서 '마법 같은 일'이 벌어진다. 이것은 꿈을 현실로 만드는 방법이다. 마음속에 담은 꿈을 말로 표현할 때 무슨 말이 나올지 확신이 들지 않더라도. 그렇게 열정을 드러내는 말과 아이디어, 언어 표현 들은 아마 완벽하게 나오지는 않을 것이다. 하지만 우리의 아이디어와 열정, 욕망을 크게 소리 내어 말한다면, 한 번에 하나씩 말하든 한꺼번에 다 말하든, 우리는 그렇게 하겠다는 의도를 주변에 분명히 알릴 뿐만 아니라 원하는 걸 표현하기 위해 목소리를 내는 연습을 하게 된다. 우리가

무엇을 좋아하고 바라고 상상하는지 우리와 가장 가까운 사람들에게 말하면, 우리도 그 말을 몇 번이고 계속해서 듣는다. 주문처럼 반복하면서 그 말에 익숙해지고 내용을 다듬는다. 그리고 그 꿈을 이 세상에 널리 알린다.

그 창문 없는 사무실에서 정말 탈출하고 싶었다면, 내게는 영감을 불어넣는 것 이상의 계획이 필요했다. 사진 콜라주만으로는 나를 밖으로 끌어내기에 확실히 부족했다. 이 아이디어를 정말 돈이 되는 일로 바꾸려면 무엇을 배우고 만들어 내며 또 어떤 도움을 받아야 할지 알아봐야 했다. 내가 좀 더 살아 있다고 느끼게 하는 일을 하고 싶었다. 마음속 깊이 두려움을 느끼게 하지 않는 일을 하고 싶었다. 적어도 돈을 버는 동시에 즐겁게 일할 직업을 찾고 싶었다. 정말 괜찮아 보이지 않는가?

내 비전은 매우 확고했지만, 실현하려면 준비를 많이 해야 했다. 난 한 가지 중요한 사실을 알고 있었다. 성공이란 하룻밤 사이에 응고되어 모양이 잡히는 치아시드푸딩 만들기와 차원이 다르다. 그래서 주중에는 자투리 시간을 최대한 활용해 필요한 작업을 했다. 유튜브 사진 촬영 강좌를 수도 없이 시청했고, 영감을 얻고 싶어서 유명한 사진작가들의 블로그를 찾아봤다. 그리고 '이거야! 제나, 이걸 기억해 둬! 왜 그런지는 모르겠지만 중요한 것 같아!'라는 소리가 들릴 때마다 끊임없이 메모했다.

이것이 내가 준비한 과정이었다. 그때도 그랬고 지금도 가끔 그렇게 한다! 진득하게 자리 잡고 앉아 공부하자 새로운 삶을 따라잡으려 뒤늦게 노력하는 데서 오는 불안한 기분이 가라앉았다. 나는 사진학 학위가 없는 걸 만회할 수는 없었어도 촬영 기술을 터득하기 위해 열심히 공부하는 학생이 될 수는 있었다. 그 많은 물을 어떻게 해야 할지 정확히 몰랐으나 스펀지처럼 흡수해야 한다는 건 알았다.

나는 그 비전을 머릿속에 담았고, 내 꿈이 이보다 더 커질지 알아보고 싶어서 글로 쓰는 작업을 시작했다. 내게 주어진 시간과 점점 발전하는 소질이 어떤 가치가 있는지 분석했다. 계산기를 두드리며 예산을 짰다. 페이스북 페이지를 열었고 아직 한 푼도 못 버는데 회계사부터 고용했다. 내 비전은 행동으로 보여줄 만큼 충분하다고 믿고 힘들게 번 돈을 써서 광고도 냈다. 여윳돈 전부는 학자금 대출을 상환하는 데 썼고, 사진 촬영을 처음 몇 번 진행하며 번 돈은 그대로 창업 준비금으로 들어갔다.

결혼을 약속한 연인들이라면 소파에 편한 자세로 앉아 서로 꼭 끌어안고 영화를 보겠지만, 드루는 내가 거의 매일 밤 심지어 주말에도 컴퓨터 앞에만 있는 것을 전혀 언짢아하지 않았다. 그는 늘 내 곁에 있었고 이 단순한 카메라를 그 이상의 것으로 바꾸겠다는 내 신념을 열렬히 지지했다. 우리 둘은 결혼한 후에도 한동안 인스턴트 라면으로 매일같이 끼니를 때우면서 돈을 많이 벌면 그때 다른 음식들을 해 먹자고 약속했다.

그렇게 1년을 채우고서 내 꿈을 절반 정도 이뤘다. 한 발을 담그고 다른 한 발은 아직 뒤로 뺀 채 똑바로 서 있으려고 자세를 조금씩 계속 바꾸는 기분이었다. 당신도 그런 적이 있었을까?

목표 추구(goal-digging)에 관해 이 말을 꼭 하고 싶다. 열정에 따라 살겠다고 하던 일을 전부 그만두고 내일 출근하자마자 사표를 던지면서까지 인생을 확 바꿀 필요는 없다. (어쨌든 그건 실행할 수 있는 선택지는 아닐 것이다.) 어쩌면 모든 걸 불살라 버리는 편이 당신에게 맞는 행동일 수도 있지만, 체스 게임을 하듯 치밀하게 계산하며 천천히 수를 두어야 할 때가 많을 것이다.

사실 이렇게 느리지만 꾸준하게 추진하는 전략은 과학적인 근거가 있다. 행동과학자이자 스탠퍼드 행동 디자인 연구소장이며 『아주 작은 습관: 모든 것을 바꾸는 작은 변화(Tiny Habits: The Small Changes That Change Everything)』의 저자인 비제이 포그(B. J. Fogg)에 따르면, 커다란 꿈은 작은 일부터 실천해야 이루어진다고 한다. "먼저 행동부터 단순화해야 합니다. 그리고 일을 아주 작게, 말도 안 될 만큼 작게 만들어야 합니다. 작지만 타당한 행동은 쉽고 빠르게 실천할 수 있습니다."[1]

무슨 말인지 알 것이다. 운동화 끈을 단단히 매고 알람을 5분만 더 빨리 맞춘다. 매일 물을 몇 모금씩 더 마신다. 매일 보이는 곳에 잊지 않도록 포스트잇을 붙여 둔다. 모든 걸 갖다 버릴 필요가 없다. 더 빨리 성공하겠다고 인생을 뒤엎어 버릴 필요가 없다. 야망을 실현하겠다고 갑자기 삶에 큰 변화를 주고 감당하지 못하다 포기하는 다른 많은 사람처럼 할 필요가 없다.

그 대신 작게 시작하자. 작게 생각하자. (포그 연구소장의 표현처럼 말도 안 될 만큼 작게 시작하자.) 작게 생각하면 지금 있는 곳에서 바로 행동할 수 있다. 우린 지금 출발선에 와 있으므로 관찰하거나 주의가 산만해지거나 변명으로 둘러댈 단계를 건너뛴다. 우린 출발할 준비가 되어 있다.

당신은 어디에서 무엇인가 또는 누군가가 되고 싶지만, 그곳에 도달하는 과정이 수천 킬로미터나 될 정도로 길어 보인다면 가능한 것부터 시작하자. 패션 사업을 하고 싶다면 할머니의 재봉틀을 빌려 낡은 커튼으로 멋진 드레스를 만들어 보자. 커피숍을 운영하고 싶다면 바리스타가 되자. 당신만의 치즈를 만들고 싶다면 유튜브 영상을 보면서 페타치즈 만드는 법을 배우자.

핵심은 바로 이것이다. 시도하고 싶은 것을 의도적으로 가까이하자. 자신이 겪은 경험이나 조언을 기꺼이 들려줄 사람과 커피를 한잔하자. 책임지고 해야 할 일을 하면서도 짬짬이 시간 내서 부업을 작게 시작해 보자. 금전적 여유가 있을 때마다 조금씩 저축하는 은행 계좌를 만들자. 시간이 흘러 열정을 공식 발표하고 계획을 단순화하고 과정에 착수하는 행동이 축적되면 당신의 꿈을 향한 방향에 커다란 변화가 생긴다.

긍정적인 열정이 당신이 하는 일을 만나면 변화가 일어난다.

나는 '목표 추구자'라는 팟캐스트를 운영하고 있으므로 목표를 설정하는 일을 당연히 무척 좋아하지만, 보통은 거기서 멈춰 버린다. 그게 가장 큰 문제다. 물론 목표 설정도 대단한 일이다. 하지만 그건 쉬운 부분이긴 하다. 목표를 달성하고 싶지 않은가? 목표를 설정하고 달성하려면 모두 목표 추구에 익숙해져야 한다. 그건 당신이 거쳐야 할 다음 단계를 발견하는 데 방해가 되는 모든 장벽을 찾아내는 일이다.

첫 번째, 두 번째 단계 이렇게 단계별로 추진하는 일이라면 본격적으로 시작하기도 전에 추진력을 잃고 그만두기 쉽다. 우리는 잘못될 수 있는 일들을 모두 떠올리며 우리 자신을 꼼짝도 하지 못하게 하고, 잘될 수 있는 일들은 상상하지 않으려 한다.

알겠다. 처음부터 다시 시작하거나 인생 경로를 바꾸는 일은 생각만 해도 두려울 것이다. 우리가 옳은 길을 선택하리라는 걸 어떻게 믿을까? 더 좋은 것을 만들어 낼 능력이 있다는 걸 어떻게 믿을까? 이번에는 올바른 길로 가고 있다는 걸 어떻게 알까? 사실을 말하자면, 우리 앞길에 무엇이 기다리고 있을지 절대 확실히 알지 못할 것이며, 우리가 비전 보드에 상상하여 표현한 그대로 펼쳐질는지도 알 수 없다. 하지만 한 가지 비밀을 알려 주겠다. 그중에 중요한 것은 아무것도 없다.

큰 성취를 이루겠다고 미래를 예측할 필요가 없다. 무엇이든 새로운 일을 하려면 위험이 따르게 마련이다. 비록 당신의 자존심에만 위험이 되더라도. 새롭게 무엇인가를 배우는 일은 당신의 자신감에 힘들고 버거운 도전이 될 수 있기 때문이다. 넘어지더라도 죽지 않는다는 믿음을 갖는 게 중요하다. 아예 일어나지 않는 것보다 넘어지는 편이 훨씬 낫기 때문이다.

어떤 일을 시작할 수 있는 재능은 스스로 부여해야 한다. 일단 시작하고 나면 장애물을 봤던 곳에서 돌파구가 보일 것이다. 자원이 부족한 부분과 자원을 더욱 보강할 수 있는 부분을 알아낼 것이다. 게다가 쾌활하고 즐거워질 것이다. 성공이 어떤 모습이어야 하고 언제 성공해야 하며 얼마나 노력을 많이 해야 하는지 알고 기겁하지는 않을 것이다. 그 대신 당신은 이 모든 걸 인생의 실험이자 궁극적인 모험이라 부를 것이다.

얼마 안 있어 어느새 꿈을 중간쯤 실현했다는 걸 알고 놀라워할 것이다. 이제부터는 투지와 자기 절제가 필요할 것이다. 당신을 유혹하는 몇 가지 방해물을 없애야 할 것이다. 예를 들어 넷플릭스를 1년 동안 끊을 수 있을까? 그리고 배우고 성장하는 데 도움이 될 아주 작은 행동을 적극적으로 실천하자. 너무 많은 일을 동시에 처리해야 할 때가 틀림없이 올 것이다. 하지만 늘 바라던 일을 하고 있다면 아마도 그 순간을 매번 사랑할 것이다. 당신은 활기로 가득할 것이다. 당신이 그렇게 된다고 나는 확신한다. 내가 그랬으니까.

이건 하룻밤, 아니 한 달 사이에 일어난 이야기가 아니다. 나는 일 년 내내 낮에는 온종일 데스크톱 컴퓨터와 씨름했고 늦은 밤에는 노트북 컴퓨터를 붙잡고 일했다. 주말에는 결혼식 사진을 촬영했고 주중에는 회사에서 스프레드시트 문서 작업을 했다. 잠깐씩 시간이 되면 사진을 편집하고 촬영 기술을 배우며 실력을 키웠다. 어느 화창한 금요일 오후, 나는 의자에서 벌떡 일어나 사무실 문에 붙은 명패를 떼어 냈다. 사무실을 정리하며 짐을 쌌고 바닥에 굴러다니는 먼지 뭉텅이를 발로 툭툭 차 버렸으며 회사 건물에 마지막으로 안녕을 고했다. 주차장으로 걸어가는 내내 캐시는 환호성을 지르며 날 응원했을 것이다.

안전하다고 생각되는 영역에서 벗어나 뭔가 새로운 쪽을 향해 걸어 들어가기로 하면 뭔가 아주 중요한 일이 벌어진다. 아직 그림이 그려지지 않는 꿈을 구체화하기로 했다면 큰 소리로 말해 보자. 지금 뭔가 다른 걸 원한다고 인정하자. 변화를 추구할 준비가 되었다고 말하자. 당신을 사랑하는 사람에게도 말해 보자! 플래너 또는 일기장에 적어 보자.

어디에서 어떻게 말하든, 더욱 진정한 삶을 살기 위해 적극적으로 노력하겠다고 선언하자. 급조한 데다 언제 이룰지 모를 꿈이라고 망설이는가? 일단 말하자. 이제 곧 생길 테니.

커다란 꿈은 작은 일부터 실천해야 이루어진다.
아주 작은, 말도 안 될 만큼 작은 일부터.
작게 시작하자. 작게 생각하자.

4장

팬지꽃이 들려준 이야기:
취미·창의성에 대하여

창의성 자체는 결과에 전혀 신경 쓰지 않는다.
창의성이 갈망하는 유일한 것은 과정이다.
— 엘리자베스 길버트(Elizabeth Gilbert)

"지금 모든 게 다 힘들어. 아기는 잠도 안 자고 가족들은 매일 신경이 날카로워. 게다가 일까지 하자니 정말이지 미치겠어. 이 또한 지나가겠지. 불평하면 안 되겠지. 하지만 너무 지쳐서 손도 까딱하지 못하겠어." 거기서 문자메시지가 끝났다. 처음에는 어떻게 답장해야 할지 몰라 잠시 가만히 있었다. 끝까지 참고 버티며 일하라고 해 줄까? 머핀이라도 갖다준다고 할까? 친구가 낮잠이라도 자도록, 샤워라도 하도록, 아니면 마음껏 울도록 아기를 데려와 내가 잠시 봐 주겠다고 할까?

결국 나는 친구를 위해 그 모든 걸 해 주기로 마음먹었다. 그리고 이 메시지도 보냈다. "가장 최근에 기뻤던 때는 언제야?"

2020년 봄을 기억하는가? 전 세계가 무방비 상태에서 일순간에 무너진 때를 기억하는가? 전 세계로 퍼진 전염병이 인간이 지구에서 살아가는 방식을 바꿔 버린 때가 기억나는가? 외출 제한 명령이 떨어져 가족들은 집에만 있어야 했다. 그들은 한 지붕 밑에 모여 새로운 삶의 방식을 알아내야 했다. 사무실 직원들은 하루아침에 원격 근로자가 되었다. 학생들은 어쩔 수 없이 집에서 수업하고 공부해야 했다. 사회 운영에 필요한 필수 인력들은 우리가 혼란과 두려움을 헤쳐 나가도록 도왔다. 우리는 모두 도움을 요청할 방법, 친구들과 닿을 방법, 가족을 만날 방법을 새로 찾아야 했다. (개인적으로 나는 문손잡이에 손을 댈 때에도 신경이 쓰였지만 어쩔 수 없이 받아들여야 했다.)

그땐 너무 힘들었다. 그렇지 않은가? 가슴 아프도록 힘들었다. 전염병을 계기로 우리는 생활 최전선에서 일하는 노동자와 교육자 그리고 한때 기쁨을 안겨 주었던 단순한 일들에도 깊이 감사했다. 어쩌면 당신이 가장 그리워했던 것은 좋아하는 동네 레스토랑에서 햄버거를 먹거나, 좋아하는 치즈를 고르며 식료품 매대 사이를 한가로이 돌아다니는 일이었을지도 모른다. 아니면 그저 사람들을 만나 껴안아 주고 싶었을지도 모른다.

모든 것이 비정상인 상황, '우리가 알았던 삶'이 사라지자 사람들은 조금이나마 다시 기쁨을 느낄 수 있는 일들을 시도했다. 내가 아는 변호사는 교통체증에 시달리는 시간이 줄어들자 줌을 활용해 발레 수업을 들었다. 7학년 자녀들과 함께 중국어를 공부한 엄마들도 있다고 들었다. 무급휴직에 들어간 내 친구는 20년 만에 우쿨렐레를 꺼내 연주했다. 어쩌면 우리에게 시간이 더 많이 생겨서였을 수도 있고, 지루한 일상에서 벗어나고 싶어서였을 수도 있다. 온종일 집 안에서 북적대는 모든 이들에게서 벗어나 도망치고 싶어서였을 수도 있다. 아니면 모두 눈앞에 닥친 두려움을 떨칠 방법을 찾고 있었을지도 모른다.

이유야 어쨌든 사람들은 조금씩 시간을 냈다. 우리 가족은 하이킹을 했고 자전거를 탔다. 식탁은 조그만 퍼즐 조각들로 잔뜩 어질러졌다. 에스프레소 머신을 사서 오트밀 밀크로 스팀을 내는 법을 배워 완벽한 라테를 만들었다. 드루는 차고를 임시로 개조해 만든 헬스장에서 운동에 전념했다. 차들은 그 추운 중서부 지방의 겨울날 야외에 주차했다. 나는 전기 찜솥을 꺼내 '길거리표 옥수수수프' 레시피를 완벽하게 구현했지만, 그 요리는 맛이 없기로 악명이 높다.

전 세계로 퍼진 전염병은 전체적으로 극도의 피로감을 몰고 왔다. 우리는 지쳤고 혼란스러웠으며 두려웠다. 그런데 임상심리학자 제프 가디어 박사(Dr. Jeff Gardere) 같은 연구자들이 시사했듯이, 이 힘든 시기에 우릴 구한 것이 무엇인지 알게 되자 모두 깜짝 놀랐다. 그건 바로 취미였다. 가디어 박사는 다음과 같이 말했다. "불확실하고 불안정한 시기에는 익숙한 것 그리고 한때 자신들에게 편안함과 안정감과 행복감을 준 것들을 잃지 않도록 단단히 고정해 주는 닻 같은 존재가 필요합니다."[1]

나는 그런 닻 같은 존재를 찾을 만큼 여유를 갖지 못한 사람이 많았다는 사실을 대충 넘어가고 싶지 않다. 학교에 가지 못하는 아이들은 집에서 방해꾼이 되기 일쑤였으며, 나이 들어 가는 부모님들은 보호자나 방문객, 친구도 만나지 못하고 방치되었다. 쉬지 못하고 매일 똑같은 일을 반복하는 사람들은 또 다른 일을 추가할 시간이 없거나 그럴 필요성을 느끼지도 못했다. 하지만 일과 육아, 산더미처럼 쌓여 가는 책임 사이에 껴 옴짝달싹하지 못해도 어떻게든 시간을 내서 취미를 즐기고 열정을 불사르며 창의적인 활동을 즐긴 사람도 많았다. 그들은 번아웃으로 무기력해지지 않으려고 놀이 활동에 불을 지폈다.

몸과 마음이 너무 지쳐 무력감에 빠져드는 상황에 놀이라니 의문이 들 수도 있다. 하지만 삶의 속도를 늦추고 놀이를 즐기면 그만큼 여유가 생겨 우리가 예전에 어떤 사람이었는지, 어떻게 느끼고 싶었는지 기억해 낼 수 있다. 놀이와 일, 이 두 가지는 인간이 선천적으로 타고난 정신에 불을 붙인다. 우리는 즐거움과 성취감 모두를 갈망한다. 이 두 가지를 합친 것이 우리가 찾고 있는 바로 그 활활 타오르는 불길이다.

내게 말해 달라. 번아웃이 닥칠 위험에 처했는데 뭘 어떻게 해야 할지 모르는 상태인가? 어쩌면 주변 상황은 당신에게 지금 있는 자리에서 꼼짝도 하지 말라고 강요할 수도 있으며,

2020년에 그랬던 것처럼 갇혀 버렸다는 느낌 때문에 지금도 답답한 심정일 수도 있다. 사실 우리는 주변 환경을 늘 바꿀 수는 없다. 하지만 미칠 듯 답답한 와중에 우리를 지탱해 주는 닻을 내릴 수는 있다. 언제든지 하던 일을 잠시 멈추고 자신과 대화를 나눌 수 있다. 그리고 가디어 박사가 추천한 대로 한때 우리를 편안하게 하고, 우리가 안전하고 행복하다고 느끼게 했던 무엇인가를 다시 찾을 수 있다. 조용한 분위기에서 아주 용감하게 '나는 정말 잘 지내는 걸까? 가장 최근에 즐거움을 느낀 때는 언제지?'라는 질문을 할 수 있다.

몇 년 전 번아웃을 겪었을 때 나를 돌파구로 이끈 중요한 계기가 된 것이 바로 그 질문이었다.

웨딩 사진에 대해 아마 모르고 있을 몇 가지를 알려 주겠다. 중서부 지역은 겨울이 혹독하게 춥고 길어서 웨딩 시즌이 짧다. 그래서 6개월 정도 되는 그 시즌 동안 쉬지 않고 일하며 버텨야 한다. 주말마다 나는 몇 시간씩 이동해 결혼식장에 가서 온종일 사진을 촬영하며 일했다(사진 촬영 작업은 사람을 굉장히 지치게 한다). 땀 냄새를 풍기며 집에 오자마자 사무용 의자에 털썩 앉아 컴퓨터 하드드라이브에 사진 이미지들을 모두 백업해야 했다. 백업이 진행되는 동안 이제 잠 좀 자 볼까 하는 생각을 할 새도 없이 고객에게 미리보기용 사진을 몇 장 편집해서 보내야 했다.

오해하지 말아 달라. 누군가의 가장 소중한 순간에 초대받는 일만큼 특별한 순간은 별로 없다. 나는 딸의 웨딩드레스 지퍼를 올려 주며 눈물을 글썽이는 엄마의 모습을 마치 남몰래 벽에 붙어 눈치를 살피는 파리처럼 목격하기도 했다. 어린아이 같았던 딸이 결혼식 날 새신부로 나타난 모습을 보고 감격에 겨워하는 아빠 옆에서 나는 화장지를 들고 대기하기도 했다. 신랑 신부가 침착한 목소리로 혼인 서약을 할 때부터 결혼식 축가가 다 끝날 때까지 현장에 함께 있었고, 그 특별한 날 나는 카메라를 손에 든 명예 신부 들러리라도 된 듯 그들에게 환영받는 존재였다.

미래 가족의 가보가 될 물건을 제작하는 일에는 무거운 책임감이 따랐지만, 나는 환한 미소를 지으며 밑창이 편안한 닥터 숄 신발(Dr. scholl's shoes)을 신고 결혼식장으로 갔다. 촬영을 마치고 식장을 떠날 때마다 더할 나위 없는 황홀감에 빠졌고, 식장에서 새로 사귄 친구들을 일일이 포용하며 그들이 내 작품을 무척 보고 싶어 한다는 걸 느끼자 마치 가장 주목받는 여성이 된 기분마저 들었다. 그러면 나는 초강력 에너지 드링크를 마신 듯 힘을 얻어 집으로 가는 운전석에 앉았다.

하지만 극도로 피곤하고 무기력해지는 번아웃 증상이 나타나기 시작했다. 언제 어디서든 일할 준비와 고객의 연락을 받을 준비가 되어 있어야 했다. 난 어딜 가든 컴퓨터를 가지고 다니며 작업했다. 휴대전화에서는 문자 수신 알림과 벨 소리가 뒤엉킨 불협화음이 끊이지 않았다. 게다가 고객들은 시도 때도 없이 문자로 질문을 보냈다. "줄무늬는 너무 과한가요? 격자무늬는 어떨까요?", "개를 데려와도 괜찮죠? 촬영할 때 목줄 좀 잡아 주실래요?", "밀드레드 이모가 그러는데 너무 덥다고 하네요. 더 시원한 곳으로 촬영 장소를 바꿀 수 있나요?", "저기요, 이제 딱 하루 지난 건 알지만…… 사진 더 볼 수 있을까요?" 롤러코스터에 올라탔다가 깜박 잊고 못 내린 기분이 들었다.

그런 상황이었으니 늘 '대기해야 하는' 이 일이 내게 부정적인 영향을 주기 시작한 건 놀랍지 않다. 우리는 일에 대한 열정으로 할 수 있는 모든 일을 떠맡고 능력을 최대한도로 발휘하여 일하려고 한다. 그런데 최대한도라는 말은 어디가 끝인지 알 수 없는 저 높은 곳과 같은 뜻이며, 쉬지 않고 오르다 보면 힘을 다써서 기진맥진하게 마련이다. 그러면 포기하고 싶은 생각이 든다. 우린 모두 휴대전화를 저 깊은 그랜드캐니언(Grand Canyon) 협곡으로 던져 버린 뒤 모든 걸 뒤로하고 멀리 떠나고 싶은 날이 있지 않은가! 번아웃에 시달리는 일이 모두 다 거치는 과정인지 영원히 지속되는 느낌인지 알아내고 싶었다. 사람을 완전히 녹초로 만드는 6개월에 걸친 웨딩 시즌이 끝날 무렵, 조금씩 숨돌릴 수 있게 되자 나는 답을 찾아 나섰다.

웨딩 촬영 비수기의 어느 주말 시댁을 방문했을 때, 시어머니와 나는 큰맘 먹고 지하실로 내려갔다. 그곳은 시어머니의 창의적인 아이디어와 노력의 산물이 저장된 거대한 보관소였다. 시어머니는 초등학교 미술 교사셨으므로 그곳에는 파이프 클리너, 크레용 상자, 가득 쌓인 천 조각, 다양한 재질과 색상의 색종이가 크기별로 한가득 쌓여 있었다.

미술용품들이 천장까지 쌓인 그 지하실은 공예 예술가의 천국이었다. 온 가족은 그곳이 '물감놀이 창고'라며 농담했지만, 나는 물건들을 버리지 않고 쌓아 놓은 시어머니께 감사드리고 싶었다. 지하실을 둘러보며 우리 두 사람은 만약 내게 취미라도 있으면 지친 눈과 과로한 영혼이 한숨 돌릴 수 있는 반가운 휴식이 될지도 모르겠다고 생각했다. 취미는 가장 바빴던 웨딩 시즌을 마친 뒤 어쩌면 더 빡빡한 일정에 따라 일해야 할 내년을 준비하는 동안 집중할 수 있는 창의적인 일이 될지도 몰랐다. 나는 취미로 삼을 만한 것을 찾아 여기저기 쌓인 상자를 뒤졌다. 그러다가 손가락이 수채화 물감 팔레트에 긁혔다.

그 당시는 수채화 그림이 한창 유행 중이었다. 내가 사업상 디자인한 로고도 수채화로 그렸고, 인스타그램에는 유명한 인용문을 수채화 캘리그래피로 제작한 사진이 넘쳤으며, 수채화 그림으로 디자인한 청첩장은 업계의 기본이었다. 핀터레스트에서 사진을 검색할 때마다 거의 매번 수채화 작품 사진이 불쑥 튀어나왔다.

물감 몇 개와 약간의 물, 적당한 양의 종이를 써서 의미 있는 작품을 만들 수 있다는 게 무척 마음에 들었다. 시어머니는 내가 호기심을 보이자 수채화 물감과 붓을 찾아 주셨고, 시작하는 데 필요한 도구들을 모두 준비해 주셨다. 나는 시험 삼아 그려 본 뒤 수채화를 다시 제대로 배우고 싶었고, 쓸쓸해 보이는 꽃 네다섯 송이를 그린 수채화를 완성할 꿈에 잔뜩 부풀었다.

집에 오자마자 나는 시어머니에게 받아 온 미술용품들을 식탁 위에 쏟아부었다. 하루에 20분씩 식탁 의자에 앉아 무엇이든 떠오르는 대로 열심히 그렸다. 우리 집 뒷마당에 쭉 펼쳐진 위스콘신 옥수수밭을 내려다보며 영감이 떠오를 때까지 기다리기도 했다. 페이지마다 각종 글귀, 꽃, 추상적인 디자인, 우리가 키우는 개 그리고 커피 컵으로 천천히 채워졌다. 나는 수채화를 그리며 휴식하는 시간이 점점 더 기다려졌다. 내 창의력이 조금씩 서서히 채워지기 시작했다.

몇 주 뒤 나는 시어머니와 함께 뮤지컬 〈위키드(Wicked)〉를 보러 갔다. 뮤지컬이 시작되기를 기다리며 나는 그동안 그린 그림들을 찍은 사진을 시어머니께 보여 드렸다. 그리고 시어머니가 보인 반응에 깜짝 놀랐다. 시어머니는 그 작품들을 매우 마음에 들어 하셨다!

시어머니는 안경을 코끝에 걸치고 작품 사진들을 자세히 들여다보더니 나를 보며 활짝 웃으셨다. "제나, 아주 멋지구나. 다른 사람에게도 보여 주었니?" 사실 아직 보여 준 사람이 없었다. 그건 다른 사람 말고 나만을 위해 그린 그림이었다. 그건 다시 창의력을 느끼기 위한 아주 미약한 시도였다. 시어머니는 내 작품 사진을 혼자만 간직하지 말고 인터넷에 올리라고 권하셨다. 동료였던 캐시에게 사진작가가 되겠다는 내 꿈을 알린 것처럼 내가 하는 일을 다른 사람들에게 알리라고 하셨다.

시어머니의 말씀이 옳았다. 사실 나는 모닝 토스트에서 소형 쿠션에 이르기까지 이것저것 가리지 않고 소셜미디어에 공유하는 버릇이 예전부터 있었다. 그러니 내가 그린 수채화 작품 사진을 올린다고 뭐가 문제가 되겠는가? 나는 그림을 손에 든 내 사진을 뚫어지게 바라봤다(그 사진은 드루가 찍어 준 사진이다). 그 그림은 가운데에 "모험가가 되자"라고 쓰인 화환 그림이었다. 그때는 그 문구가 유행하기 훨씬 전이었다. 극장의 불이 모두 꺼지기 직전 나는 한번 해 보기로 마음을 굳혔다. 그 사진을 인스타그램에 올리고 나서 휴대전화를 비행기 모드로 전환했고, 지금껏 관람한 브로드웨이 공연 중 최고의 공연을 즐겼다.

중간 휴식 시간에 평소 습관대로 휴대전화를 꺼내 비행기 모드를 해제했더니 화면에 알림이 홍수처럼 쏟아졌다. 이런 코멘트가 쌓였다. "잠깐만, 그거 살 수 있어?", "이거 파는 거라고 말해 줘! 사고 싶어!" 나는 어떻게 해야 할지 몰라 재빨리 전원을 꺼 버렸다. 판매할 생각은 꿈에도 없었기 때문이었다. 게다가 시어머니와 나는 화장실 대기열 맨 앞에 서 있었고, 장담컨대 내 방광은 세상에서 가장 작았으므로 화장실이 아주 급했다.

나중에 터질 듯한 감사의 마음으로 그 게시물 코멘트에 하나하나 답하면서 '이 취미가 나에게 무엇을 의미하는가'라는 생각이 서서히 들기 시작했다. 내 작품에 뭔가 가치가 있을까? 이런 작품을 돈 내고 살 사람이 정말 있을까? 처음에 나는 내 사업과 그 모든 압박감에서 벗어나려고 수채화 그림에 의지했었다. 하지만 만약 이 창의적인 불꽃이 그 이상의 것으로 변할 수 있다면 어떨까? 그 그림을 판다면 어떨까? 드루와 둘만의 밤 데이트를 즐기며 돈을 마음 놓고 쓸 수 있을 만큼 많이 판다면 어떨까? 다음 웨딩 시즌 중에는 적당히 쉬어도 될 정도로 그림을 많이 판다면 어떨까? 웨딩 비수기, 그러니까 매년 6개월씩 일이 거의 없는 기간 내내 먹고살 만큼 그림을 많이 판다면 어떨까?

그 후 몇 달 동안 나는 작업실에 앉아 여러 가지 인사말과 인용문, 꽃꽂이 그림을 여러 가지 방식으로 그렸다. 그렇게 수채화 디자인 작품 개수를 늘려 나갔다. 그리고 나만의 작은 프린트 숍을 운영할 수 있는 사이트를 찾았다. 이제 내가 해야 할 일은 작품을 올리는 게 전부였다. 나머지는 고맙게도 그쪽에서 다 알아서 했다! 내가 그린 프린트는 머그잔, 베개 커버, 휴대전화 케이스, 티셔츠 등등 어떤 것이든 디자인에 반영된다고 했다. 한 달도 되지 않아 나만의 디지털 프린트 숍 문을 열었다.

첫 달에는 수백 달러를 벌었고 다음 달에는 천 달러를 벌었다. 얼마 안 있어 주택 대출금을 매월 갚을 수 있을 정도로 수입이 늘었다. 흐뭇한 마음으로 최근 판매량 숫자를 검토하며 내 그림 무늬가 들어간 머그잔으로 커피를 한 모금 마시던 찰나였다. 휴대전화가 '딩동' 하고 울렸다. 주문이 들어왔다는 뜻이었다. 나는 의아했다. "와, 내가 진짜 이 일을 하는 거야?" 셔츠에 묻은 수채화 물감 자국이 나 대신 대답했다. "응, 맞아."

처음 붓을 들었을 때 나는 그림 그리는 취미를 사업으로 키울 계획이나 야망이 없었다. 하지만 내가 그린 팬지와 모란꽃 들은 나와 생각이 달랐다! 프린트 숍 매출이 올라가면서 새롭게 찾은 수동 소득(passive income), 즉 노동이 아니라 자산에서 나오는 소득 덕분에 웨딩 촬영 예약을 줄이고 주말마다 드루와 함께 TV 리얼리티쇼를 더 많이 시청할 수 있었다. 그렇게 과로에 시달렸던 몸과 마음이 다시 활력을 찾았다. 놀이에 집중했던 짧은 시간이 나에게 보상을 준 것이다.

내가 받은 보상은 과정 그 자체이기도 했다. 나는 더없이 행복한 상태에 빠져 그림을 그렸다. 결과를 기대하지 않았기에 그런 완벽한 몰입감을 느낄 수 있었다. "놀이란 특정한 결과를 꼭 내야 할 필요 없이 자신을 매우 즐겁게 하는 행동입니다"라고 긍정적인 놀이 방법을 알려 주는 코치인 제프 해리(Jeff Harr)는 말한다. "사람들은 무슨 일을 하든 결과를 기대합니다. 항상 그랬습니다. '이렇게 해서 얻는 게 뭐지?' 하지만 놀이는 어떤 결과를 요구하지 않습니다."[2]

여기서 내가 하고자 하는 말은 수채화 예술 작품을 만들자는 말이 아니다. 당신이 하는 일을 즐겁게 할 수 있는 방법을 찾자는 말이다. 어디에서 무엇을 하든 즐거움을 끌어들이자. 할 수 있을 때마다 놀이를 끌어들이자. 창의력을 최대한 끌어들이자.

어쩌면 당신은 창의력은 당신이 가진 능력이 아니라고 생각할지도 모른다. 밥투정을 하는 아이를 위해 식단을 짜는 엄마든, 수입과 지출을 맞추려 애쓰는 신혼부부든, 비좁은 사무실에 갇혀 매번 자세를 바꿔 가며 일하는 회계사든 우린 모두 창의적인 존재라고 나는 굳게 믿는다. 우리는 모두 한때 물감을 손에 잔뜩 묻히고 여기저기 손자국을 찍으며 창의적인 작품을 만들어 냈던 창작자다. 하지만 우리는 그 사실을 자꾸 잊는다.

어쩌면 당신은 나처럼 번아웃이 빠르게 진행되면서 창의력을 잃었을 수도 있다. 미술 시간에 점수를 잘 받겠다고 '그어진 선 안으로만 예쁘게 색칠하는' 법을 배우면서 창의력이 사라졌을 수도 있다. 당신만의 창의적인 열정과 꿈을 만들어 나가기보다는, 다지털기기에 빠져 전혀 모르는 사람의 열정과 꿈을 몇 시간이고 구경만 하며 내면의 창의적인 목소리를 잠재웠을 수도 있다. 어쩌면 각종 안내서와 처세술, 효과가 검증된 방법 등에 너무 기대다가 창의력을 발휘했던 당신의 근육이 퇴화했을 수도 있다.

창의력을 잃었다는 생각이 들더라도 한 가지 좋은 소식이 있다. 창의력은 아직 존재한다. 원래 있던 곳에 항상 있었다. 당신 안에 있다. 창의력은 타고나는 것이다. 언제든 발굴되어 세상의 빛을 볼 준비가 되어 있다. 다만 그것을 분출할 배출구가 필요할 뿐이다. 창의력을 활용해야 하는 이유 또는 창의력을 마음껏 발휘할 초대장이 필요할 뿐이다.

사실 하루에 5분만 잘 놀아도 영감을 얻고 뭔가를 깨우치고 용기를 얻을 수 있다. 당신에게 그 시간을 준다면 당신은 그 시간을 어떻게 채울까? 번아웃에 시달리는 대신 즐겁게 놀고 창의력을 발휘하고 능력을 시험하고 원하는 것을 갈망한다면 그 시간을 어떻게 채울까? 할아버지는 이렇게 말씀하시곤 했다. "시간은 쏜살같이 흐르지만, 너는 시간을 조종할 수 있단다."

정말 잘 지내고 있나요?

당신은 자신만을 위해 쓸 수 있는 5분이 생긴다면 무슨 일을 하고 싶나요?

당신에게 기쁨과 호기심을 불러일으키는 일은 무엇인가요?

어떻게 하면 그 일을 매일의 생활에 가져올 수 있을까요?

시간은 참 까다롭다. 그렇지 않은가? 우리는 지금보다 더 즐겁게 살 때에도 시간이 충분하다고 생각한 적이 한 번도 없다. 당신은 말한다. "내 인생에는 재미있는 활동을 할 시간, 잠깐 놀

시간, 새로운 걸 시도할 시간이 없어"라고. 그 불평불만을 "지금 당장 창의력은 내 우선순위가 아니야"라는 말로 바꿔 보자. 어떤 기분이 드는가? 마음이 좀 아프지 않은가? 바쁘게 사는 당신에게 한가한 시간은 어쩌다 주어지는 특권이며 신기하게까지 보인다는 사실을 부인할 수는 없다. 하지만 마음속 진정한 욕망 실현을 계속 미루고, 휴대전화로 다른 사람들의 사진을 넘기며 구경하거나 온라인 쇼핑에 빠져든다면, 그게 바로 당신의 우선순위라는 걸 직접 행동으로 보여 주는 셈이다.

쉬운 일이라고 하지는 않겠다. 당신은 바쁘다는 사실을 나도 잘 안다. 일단 공들을 허공에 던지고 받아 내는 저글링 묘기를 시작하면 멈추기 어렵다. 혼자서 여러 가지 역할을 하고 있다는 사실도 안다. 생각해 보자. 이미 담당하고 있는 여러 역할을 창의적으로 하려면 무엇이 필요할까? 성 프란치스코 살레시오 (Saint Francis de Sales)는 이런 말을 남겼다. "우리는 모두 하루에 삼십 분씩 기도해야 한다. 바쁠 때는 한 시간씩 해야 한다."

그 말에서 '기도'라는 단어를 당신의 심장을 쿵쿵 울리게 하거나 영혼을 재정비하게 도와주는 다른 말, 즉 창의력으로 바꿔 보자. 그러면 당신은 창의력의 은밀한 마법을 찾아낼지도 모른다. 다시 말해 창의력이란 우리 시간을 채우기 위해 존재하지 않는다는 사실이다. 창의력은 우리에게 휴식처가 되기 위해 존재한다. 그렇게 창의력은 우리로 하여금 시간을 보내는 모든 방식에서 잠시 벗어나게 하여 우리를 충만하게 채운다.

바이올린을 연주하고 싶어 하는 친구가 하나 있다. 하지만 어린이집 원장인 데다 아픈 어머니 간병인 노릇도 틈틈이 해야 하는 그 친구는 연습할 시간이 절대적으로 부족했다. 그래서 지금은 원아 모임을 진행하는 매주 금요일마다 아이들의 간식 시간에 다른 교사들과 함께 음악을 연주한다.

다른 친구 하나는 뜨개질을 배우고 싶어 몸살이 날 지경이었지만, 네 살도 채 되지 않은 아이들 셋을 돌보느라 도저히 시간을 낼 수 없었다. 그래서 아예 집 근처 YMCA에 등록했다. 다른 부모들은 육아 부모들에게 제공되는 무료 혜택을 이용해 헬스장에서 운동했지만, 그 친구는 어린 자녀들과 잠시 떨어져 조용한 구석 자리를 찾아 그토록 배우고 싶던 뜨개질에 푹 빠졌다.

나이 어리고 독신인 다른 친구는 전문 커피숍에서 바리스타로 매우 만족하며 일한다. 그는 조금 떨어진 곳에 사는 나이 든 농부 부부와 약 2,400평에 달하는 농지를 공동 소유 하고 있는데, 그 땅에 그동안 저축한 돈 일부를 써서 도자기를 굽는 전기 가마와 돌림판을 놓았다. 이제 그 친구는 자신이 사랑하는 일 두 가지를 잘 엮어서 도자기들을 직접 만들어 사용하기도 하고 커피숍에서 판매도 한다. 그 친구는 "커피도 내리고 도자기도 빚지"라며 자랑스러워한다.

삶에 즐거움을 더해 줄 요소가 필요하다면 먼저 호기심에 주의를 기울여 보자. 구글 검색 내용, 온라인 포럼, 머릿속을 떠나지 않는 생각, 틈틈이 찾아보는 온라인 영상, 미래에 실현하고 싶은 비전 등등. 당신이 궁금해하거나 너무 해 보고 싶어 하는 일들을 직접 시도하고 실험하면서 삶의 영역을 확장할 수 있다.

나무 조각 공예를 배우고 싶은가? 에머슨(Emerson) 시인의 시를 암송하고 싶은가? 탱고 춤을 배우고 싶은가? 당신만의 젤라토를 만들어 보고 싶은가? 희귀한 돌을 캐내러 다니고 싶은가? 벙어리장갑을 한두 개 뜨고 싶은가? 어떤 일을 선택하든 상관없다. 표현 수단이 무엇이 되든 장점이 여러 가지 있다. 잠시 멈추고 깊이 집중할 수 있다. 어떤 일을 배우거나 연습하는 일에 몰두할 수 있다. 시간 가는 줄 모르고 놀이에 참여하는 데에서 얻는 정신적인 몰입은 주의가 산만하고 열정 없는 삶의 완벽한 해결책이다. 내 말을 믿어 보자. 내 실제 경험이다.

긍정 심리학자인 미하이 칙센트미하이(Mihaly Csikszentmihalyi)는 "우리 인생에서 최고의 순간은 외부 영향을 쉽게 받아들이며 편안하게 보내는 시간이 아니다. 최고의 순간은 주로 몸이나 마음이 어렵고 가치 있는 무엇인가를 성취하려고 자발적으로 노력할 때 찾아온다"라고 말한다. "지금 하려는 활동이 우리가 즐기는 일이고 또 잘하는 일이라면 우리는 정신적인 몰입 상태에 돌입한다. 그러면 우리는 황홀감에 빠지고 동기부여가 되며 성취감을 느낄 수 있다."[3]

수채화 프린트 숍을 직접 운영해 보니 위에 언급된 모든 것을 느낄 수 있었다. 나는 그 프린트 숍을 돈도 벌 수 있는 놀이로 여기고 몇 년 더 운영하다가 새로운 노력과 탐색이 필요한 일로 바꾸기로 했다. 하지만 그림물감들을 선반 구석으로 치워 버리지는 않았다. 요즘도 나는 튼튼한 식탁에 딸들과 나란히 앉아 뭔가를 열심히 그린다. 어떤 형태로든 열심히 놀이에 전념하는 게 무슨 의미인지 딸들에게 직접 본보기가 되고 있다.

창의력을 되찾으려면 온갖 시끄러운 소동과 따분한 일, 그리고 어린 시절부터 쏟아지는 주위의 기대 속에서 잃어버렸을지도 모르는 것을 되찾으려는 용기가 꼭 필요하다. 그렇게 하려면 닻을 내리듯 자신을 현재에 단단히 고정해야 한다. 탐색하고 속도를 늦추고 다시 학생이 되어 배우는 일에 전념해야 한다. 이렇게 호기심을 받아들이면 우리는 어린아이 같은 경이로움을 발견하고 자유로울 수 있다. 사람들이 그은 선 바깥 부분에 색칠할 수도 있고 원하는 곳이면 어디든 이동할 수 있다.

그렇다. 당신이 해야 할 일은 얼마 되지 않아도 좋으니 자신에게 시간을 주는 일이다. 이제는 튼튼한 닻을 내리고 당신만의 즐거움을 찾을 시간이다. 그러면 나머지는 알아서 따라온다.

여기, 수채화 붓을 하나 잡아 보자. 흰 종이가 기다리고 있다.

5장

베이비 샤워 초대장:
변화에 대하여

우리가 가장 두려워하는 변화는
우리의 구원일 수도 있다.
- 바바라 킹솔버(Barbara Kingsolver)

고등학교 졸업 앨범 위에 친구가 써 준 "넌 정말 멋져!"라는
말을 기억한다. 그 말은 다른 친구들이 쓴 "널 친자매처럼 사랑
해"와 "우리 학교 최고!" 사이에 있었다. 졸업 앨범엔 이런 말도
있었다. "지금 그대로의 네가 좋아", "변하지 말아 줘", "세월이
흐르더라도 우린 변치 말자". 어린 시절이었긴 해도 그 말의 의
미는 분명했다. 지금 이대로의 내가 좋으니 변하지 말아 달라는
뜻이었다. 우정을 영원히 간직하자는 뜻이었다.

성인이 되어서도 똑같다. 우리는 인생의 모든 것이 그대로 남
아 있기를 바라지만, 그렇게 되지 않으리란 걸 잘 알고 있다. 나
이가 들면서 친구들과의 우정도 변한다. 아주 멀리 이사하기도
한다. 헤어스타일, 옷 입는 스타일도 바뀌며 좋아하는 음악 취

향도 변한다. 처음 보는 사람들을 만나 새로운 대화를 나누며 세상을 이해하고 반응하는 데 필요한 어휘 목록을 끊임없이 늘린다. 새로운 정보를 흡수하면서 새로운 아이디어가 만들어진다. 이 세상과 상호작용하면서 우리 모습은 서서히 변한다.

우리 자신이 변화하는 동안 주변 사람들도 변해 간다. 그건 어쩔 수 없는 일이다. 그런데 가장 사랑하는 사람들이 변한다면? 그건 믿을 수 없을 만큼 충격적인 변화가 될 수 있다. 그건 결혼 생활에 위기가 닥친 친구가 배우자에 대해 "그이는 결혼하더니 완전히 달라져 버렸어"라며 한탄하는 상황과 같다.

사람들은 대개 그렇게 변화하면 나쁘다는 식으로 말한다. 그들은 마치 우리가 주변 사람들의 편의를 위해 우리의 관심사와 욕망을 그대로 유지하고, 성공이 보장된 일만 하며, 과거 모습 그대로 극저온 냉동고에서 꽁꽁 얼어붙은 듯 영원히 머무르는 걸 목표로 삼아야 한다는 식으로 말한다. 하지만 나는 18세 때의 모습을 뛰어넘어 지금까지 점진적으로 발전해 왔다는 사실이 개인적으로 기쁘다. 1990년대엔 나이키가 한창 유행했다. 나는 나이키 로고만 봐도 환장했던 사람이다. 하지만 지금의 나는 그때 그 사람이 아니다. 이제는 그런 것들에 끌리지 않는다.

변화는 피할 수 없다. 때가 되면 달이 뜨고 밀물과 썰물이 반복되며, 시즌마다 스타벅스 특별 메뉴가 출시되듯 변화는 조만간 닥친다. 우리 모두 거쳐야 할 통과의례인 셈이다. 변화는 힘과 에너지, 추진력이기도 하다. 변화가 있으므로 전진할 수 있다.

그리고 듣기에 조금 거슬리겠지만, 이 말을 꼭 해 주고 싶다. 마음을 바꿔도 괜찮다. 나이를 먹으면서 꿈이 달라져도, 현재의 모습이 바뀌어도, 어떤 사람이 되고 싶은지에 관한 생각이 달라져도 괜찮다. 우리는 아직 알아야 할 것을 다 알지 못한다. 인생 경험을 다 하지도 않았다. 아직도 배울 것이 많다. 이 모든 것은 우리 마음을 절대로 바꾸지 않겠다는 맹세에 우리를 가둘 수 없다는 뜻이다. 우리는 모두 변화를 피할 수 없기 때문이다. 그래도 인생을 변화시키지 않겠다는 생각이면 행운을 빈다.

많은 사람은 신념을 지키기 위해 격렬히 싸웠다. 믿음을 굳건히 하며 자랐다. "뭔가 지지하지 않으면 쉽게 속아 넘어갈 것이다"라는 격언을 모르는 사람은 없다. 하지만 우리는 새로운 정보를 접하면 동요하게 되고 전에 가졌던 신념에도 금이 간다. (잠깐, 그게 나쁜 일이라는 뜻이 아니다.) 사람들은 우리 인생에 들어와 기존의 틀을 깨고, 우리가 생각을 바꾸도록 한다. 생각을 바꾼다는 말은 우리가 딛고 선 땅이 마구 흔들릴 때 민첩하고 유연하게 행동할 수 있게 된다는 뜻이다. 새로운 사실을 하나씩 밝혀낼 때마다 새로운 발전 기회가 생긴다는 의미다.

좋은 소식이 있다! 변화가 무섭게 느껴질 수 있고 우리는 변화를 피하려 하지만, 당신이 누구인지를 바꾸는 건 멋진 일이다. 생각을 바꾼다는 말은 실패한다는 말이 아니다. 신념을 바꾼다는 말은 당신이 그만큼 성장했다는 뜻이다. 그렇게 하면 정체성을 배신하거나 건드리면 안 되는 것을 깨뜨리는 듯한 느낌이 들 것이다. 하지만 정체성은 당신이 성장하면서 달라지고 또 변하게 되어 있다.

나는 모든 신념을 언제까지나 한결같이 유지하며 살겠다고 하지 못한다. 그게 가능하다면 우리 모두 그렇게 할 것이다! 우리는 그렇게 하는 대신 "난 변했어. 옛날의 내가 아니야"라고 자신 있게 말해야 한다.

자, 내가 먼저 시작하겠다. 나는 몇 년 전 상당히 중요한 어떤 것에 관한 생각을 바꿔서 친구들과 가족, 내가 사랑하는 모든 이를 화들짝 놀라게 했다. 혹시 내가 당신의 결혼식장에서 웨딩 촬영을 했다면 내가 어린 아기들을 어르고, 아장아장 걷는 어린 아이들과 재미있게 놀아 주고, 썰렁한 농담에 깔깔대며 웃는 모습을 두 눈으로 직접 봤을 것이다. 당신은 아마 이렇게 생각했을 것이다. '이분은 자기 아기를 낳고 싶어 하는구나.' 하지만 내 진짜 생각을 알았다면 당신은 깜짝 놀랐을 것이다.

사실을 말하자면 나는 늘 어린아이들을 좋아했다. 나는 열두 살이라는 나이에 주변에서 널리 인정받은 베이비시터였다. 몇 년 동안 여름마다 아기를 돌보기도 했다. 심지어 핼러윈에는 쌍둥이 엄마로 분장하기도 했다. 그런데 나이가 들면서 엄마가 된다는 것에 대해 상당히 진지하게 고민했다. '아기를 낳을 것이냐 낳지 않을 것이냐'라는 질문은 양가 가족과 동료 또는 사회 규범을 통해 모든 신혼부부에게 집중되는 경향이 있다. 나도 아기를 낳을까 말까 하는 고민을 몇 년 동안 했다. (가임기는 정해져 있으니 빨리 결정하라는 생체 시계의 재촉에 시달리는 여성이라면 그 문제를 마냥 멀리하기 힘들다.) 어른이 된 후 "난 항상 엄마가 되고 싶었어"라며 고백하는 친구들이 많았다. 하지만 나는? 난 진짜 몰랐다.

드루와 나는 행복하게 결혼했다. 우리 둘뿐이었다. (입양한 장난꾸러기 강아지 두 마리도 포함하겠다.) 우리는 자유로웠고, 반복적인 일상에서 때로는 기분 내키는 대로 행동할 수도 있었고, 밤새 푹 잘 수도 있었다. 뭔가에 도전해야겠다는 생각이 들지 않을 정도로 삶에 만족했다. 기저귀를 갈아 주지 않아도 되고 한밤중에 우는 아기를 달래지 않아도 되는 우리 둘만의 소박한 삶이 좋았다. 그러니까, 왜 우리 둘만 있으면 안 될까?

그래서 우리는 결혼 후 5년 동안 양가 부모님에게 아기를 절대 낳지 않겠다고 말씀드렸다. 그렇다, '절대'라는 표현까지 썼다. 그리고 누군가가 아기는 언제 낳을 거냐고 물을 때마다 우리 둘은 행복하고 만족스럽게 살고 있으니 가까운 장래에 아기를 낳을 계획은 전혀 없다고 힘주어 말했다. 사실 솔직히 말하자면 결혼식을 마치자마자 아기는 언제 낳을 거냐는 질문이 쏟아졌었다. 사람들의 반응은 한결같았다. "생각이 바뀔걸!"

엄마가 되겠다고 결심하지 못한 건 엄마가 된다는 그 자체에

근거한 것이 아니라, 지금까지 애써 만든 삶과 정체성을 포기해야 한다는 두려움 때문이었다. 바쁜 사업가로서 나는 지칠 줄 모르고 성공을 추구했다. 이제 막 가속도가 붙은 내 경력을 망치면 어쩌나 불안했다. 모든 것이 다 걱정되었다. 미래를 신중히 고민할수록 두려움과 타협 불가 목록은 계속 증가하는 듯했다. 엄마가 된다면 무엇을 얻을 수 있는지는 아직 머리에 들어오지 않았다. 엄마가 된다면 내가 잃을 것에 집착하고 있었다.

시간이 흐르면서 두려움과 타협 불가 목록은 계속 늘어났다. 난 드루를 독차지하고 싶었다. 내 몸매를 '망치고' 싶지 않았다. 하루에 열 시간은 자야 했다. 출산 과정을 생각하면 무서웠다.

하지만 엄마가 되겠다는 욕구가 전혀 없다고 확신했던 내게 뭔가 변화가 생겼다. 나는 변했다. 가슴이 탁 트이면서 삶에 대한 새로운 욕망이 넘쳐흐르는 걸 느꼈다. 개인적으로는 시간이 분명 한 요인이었다. 우리는 결혼 5년 차였고, 함께 여행을 다녔으며, 경력을 튼튼히 쌓아 가고 있었고, 처음으로 집도 샀다. 그 사이 양가 남자 형제들은 아빠가 되었다. 어린 조카들을 품에 안자 작은 생명체와 끈끈한 유대감이 형성되었다.

친구들에게서 청첩장을 받던 우리 부부는 어느 순간부터 베이비 샤워 초대장을 받았다. 그리고 손바닥만 한 작은 기저귀, 수유 방석, 범보 의자와 그 밖에도 기이한 이름의 육아용품 선물이 가득 쌓인 사랑스럽고 아담한 파티에 참석했다. 나는 친구들 배 속에 있는 아기가 아보카도 크기였다가 망고, 멜론 크기만큼 자라면서 친구들의 배 역시 부풀어 오르는 모습을 봤다. 친한 친구의 출산 사진을 찍을 땐 결혼식 때보다 더 아름다운 순간을 목격했다. 친구 부부가 갓 태어난 아기를 처음 마주하는 순간이었다. 친구 부부는 아기를 보자마자 사랑에 빠졌다.

아기를 낳아야겠다는 생각이 들자 우리는 함께하기로 꿈꿨던 일들을 이미 많이 했다는 사실을 깨달았다. 부모라는 자리가 우리에게 왜 안 좋은지, 부모가 되면 왜 안 되는지 이제는 이유가 부족했다. 우리 두 사람의 생활 방식은 이미 아기를 맞이할 준비를 마쳤다는 점도 알았다. 우리는 외출을 자주 하지 않았고, 일찍 잠자리에 들었으며, 레스토랑에서 근사한 저녁 식사를 즐기기보다는 포장해서 집에서 먹는 걸 더 즐겼다.

내 미래 비전은 서서히 변화하기 시작했다. 마침내 '거봐, 내 말이 맞잖아(내게 하는 농담이다)'의 순간이 다가오자 나는 우리 부부는 결국 아기를 가질 운명이었다는 것을 마음속 깊이 느꼈다. 나는 수유 방석과 범보 의자로 가득한 집 안, 흔들의자가 있는 아기방 모습을 그리며 상상의 나래를 폈다. 그 욕구는 내 마음 구석마다 뿌리를 깊이 뻗기 시작했다. 내 생각의 변화는 주변에서도 눈치챌 정도였다. 그만큼 크고 뚜렷하게 나타났다.

마음을 바꿀 생각을 어느 정도 굳히면서, 처음에는 엄마가 된다면 내가 잃을 것만 생각했는데, 이제는 얻을 수 있는 모든 것으로 생각이 변했다. 두려움을 없애자마자 엄마가 되고 싶다는 욕망이 사실 내 안에 존재한다는 사실을 깨달았다. 나는 내가 마음을 바꿀 수 있고, 바뀐 내 마음은 아름다운 무엇인가를 초대할 수 있다는 걸 알았다.

누구든 붙잡고 혹시 두 팔을 번쩍 들고 변화를 환영하고 싶은지 물어보면 그는 거부 반응을 보일 것이다. 나는 당신의 삶과 정체성 전부, 혹은 그 일부라도, 지금까지의 태도를 180도 뒤집는 일이 얼마나 어색할지 알고 있다. 그건 지도상에 나오지 않은 미지의 영역으로 들어서는 것과 같다. (그 시점까지 나는 임신을 피하려고 시간과 에너지, 돈을 상당히 많이 썼다. 그런데 정반대의 상황을 고려하자니 이건 반대쪽 손으로 글을 쓰거나 도로를 역주행하는 기분이다.) 모든 변화가 정체성 위기를 동반하지는 않지만, 뒤를 돌아보면 인생을 바꾸는 변화만 보게 된다. 그건 가장 힘든 전환점이고, 우리가 바랐던 수준보다 더 큰 충격을 주는 변화다.

지금 그런 상태에 있는가? 당신도 모르는 사이에 마음을 바꾸는 중인가? 그것이 당신의 삶이나 미래에 어떤 의미가 있을지 생각하면 거부감이 드는가? 하지만 "이게 내가 정말 원하는 거야"라고 마침내 선언하면 놀라운 일이 일어난다. 특히 우리가 새로운 정체성에 발을 들여놓고 우리가 알고 있는 것 또는 우리에 대해 알려진 내용에서 한 발짝 물러날 때 그렇게 된다.

인지과학자 마이아 샹카 박사(Dr. Maya Shankar)는 '정체성 상실(identity foreclosure)'이라는 개념을 제시한 적이 있다. 그 개념에 따르면 우리는 모든 선택지를 탐색하지 않고 한 가지 정체성, 다시 말해 매우 구체적인 정체성에만 전념할 때가 많다. 그리고 자신에게 특정 꼬리표를 붙이거나 특정 정체성을 주장할 때 생각이 고정된 것 같거나 꽉 막힌 기분을 느낀다.

흠…… '고정되었다'라거나 '꽉 막혔다'라는 말은 많은 사람이 현실을 묘사하는 데 사용한다. 하지만 꽉 막혔다는 말과 막힌 채 그대로 있다는 말은 서로 전혀 다른 문제다. 아이나의 예를 들어 보자. 아이나는 20대 나이에 백악관 원자력 정책, 관리, 예산 업무를 담당하던 중 '이것보다 훨씬 재미있는 일이 있을 거야!'라는 생각이 들었다고 한다. 그래서 그녀는 재미있을 만한 것을 찾아다니다가 롱아일랜드 웨스트햄튼의 전문 식품점 매각 광고를 우연히 발견하고 충동에 이끌려 말도 안 되게 낮은 가격을 제시했다. 그런데 그 터무니없는 제안이 받아들여졌다. "그때 전 '아, 이젠 전문 식품점을 운영해야 하는구나'라고 혼잣말했죠." 그녀는 《타임(Time)》지 인터뷰에서 이렇게 말했다.[1]

그렇게 아이나 가르텐(Ina Garten)의 인생을 바꾼 새로운 경력이 시작되어 〈맨발의 백작 부인(the Barefoot Contessa)〉이라는 요리 프로그램 제작으로 이어졌으며, 우리에게 다행스럽게도 비티의 초콜릿 케이크(Beatty's chocolate cake)가 탄생할 수 있었다.

이것은 백만 번에 한 번 이길까 말까 한 도박 같은 일이라며 무시하기 쉽다. 하지만 아이나의 결정은 우리 모두 변화라는 벼랑 끝에서 맞닥뜨리는 동일한 교차로가 아닐까? 뛰어오를 것인가 말 것인가? 갈 것인가 남을 것인가? 과감해질 것인가 몸을 사릴 것인가? 경로를 바꿀 것인가 말 것인가?

사실 변화는 주로 혼란을 가져온다. 혼란은 불청객처럼 나타나며, 그러면 우리는 어쩔 수 없이 그를 초청자 명단에 올려야 한다. 혼란은 우리가 지금까지 편안하게 누려 왔던 삶을 우르릉쿵쿵 불안하게 하고, 다시 발 디딜 곳을 찾는 동안 한때 튼튼했던 토대를 뒤흔든다. 그래서 우리는 변화하기를 꺼린다.

"인지과학에는 매몰비용오류(sunk cost fallacy)라는 개념이 있습니다"[2]라고 샹카 박사는 설명을 계속한다. "(매몰비용오류 때문에) 우리는 포기하는 데 따르는 비용을 피하고 싶어서 시간과 노력을 많이 들인 일에 이상하리만큼 집착합니다."

이제 더는 맞지 않는 옷들로 옷장이 터져 나갈 지경인데도 버리지 않는 이유는 바로 매몰비용오류 때문이다. 오래전에 그 옷들을 사느라 돈을 물 쓰듯 썼기 때문이다. 그다지 원하지 않는 4년제 학사 학위를 따려고 어떻게든 끝까지 노력하는 이유이기도 하다. 이미 절반 정도 과정을 끝냈기 때문이다. 그동안 들인 시간을 모두 허비한다면 부끄러운 일이 아닐까? 그것이 바로 더는 도움이 되지 않는 직업, 인간관계, 사는 집, 도시와 정체성을 계속 유지하려는 이유다. 투자한 모든 것이 허사가 되기를 원하지 않으므로 끊임없이 매달리고 머문다.

하지만 생각을 바꾸고 한결 넓어진 마음으로 이 세상을 살아가는 것이 바로 인간이 존재하는 의미다. 과거의 우리를 나타냈던 명판은 제거되고 그 자리는 현재 열정, 관심사 또는 기술을 더 잘 반영하는 새로운 직함으로 대체된다. 레이지 어게인스트 더 머신(Rage Against the Machine)의 랩 메탈 음악으로 채워진 스포티파이(Spotify) 음악 플레이리스트는 동요로 조금씩 채워지다가 다시 원래대로 돌아온다. 고급 고다치즈로 채웠던 냉장고는 이젠 치즈스틱으로 가득하다. 레이스 끈팬티를 갖다 버리고 압박 양말을 들여놓는다. 인생의 특정 시기마다 달력과 수표책에 적힌 우선순위들은 달라진다. 아니 달라져야 한다. 인생의 시기마다 우리는 확연히 다른 사람으로 성장하기 때문이다.

나 역시 성장했다. 첫째를 낳고 초보 엄마가 되었을 때 아기에게 무조건 유기농 식품만 먹이고 유전자변형농산물은 입에도 대지 않게 하겠다고 스스로 맹세했다. 하지만 그 생각이 현실에 부딪혀 산산조각이 난다면? 휴대용 이유식 파우치, 아기용 과자와 간식이 내 가방과 지갑마다 몇 개씩 들어 있고 심지어 자동차 앞 좌석 사물함에서도 튀어나온다.

나는 평생 나 자신에게 많은 것을 약속하며 살아왔다. '퇴직연금에 투자하겠어!', '앞이 탁 트인 최고급 사무실에서 하이힐을 신고 일할 거야!', '나만을 위한 고급 정장을 맞춰 입겠어!',

'드루를 귀찮게 하는 파트너가 되지 않을 거야!', '엄마 노릇과 보스 노릇을 동시에 잘 해낼 거야!', '기회가 있을 때마다 이 세상을 변화시킬 방법을 찾을 거야!' 이러한 약속과 목표 중에서 일부는 아름답고 타당했지만, 어떤 것은 너무 대놓고 선언하진 말았어야 했다. 아주 옛날 동네 DVD 대여점에서 빌린 DVD들을 2주 내내 커피 테이블 위에서 방치만 하다 결국 먼지만 쌓이고 연체료만 늘어 가던 그때 그 시절처럼 나 자신에게 그렇게 많은 약속을 하다니, 난 현명하지 못했다.

한때 나를 위해 가졌던 비전 중에서는 진정성 있는 것도 있었지만 대부분은 이젠 내 마음을 유혹하지 않는다. 그래도 괜찮다! 생각을 바꾸는 중에 외부 압력이 들어오면 변화가 한참 진행 중이어도 뭐 하나 제대로 하지 못하는 바보 같다는 생각이 든다. 하지만 일상에서 만나는 사람들이나 또 인스타그램 피드에 올라오는 대단한 사람들 역시 생각을 바꾸기 위해 투쟁했으며 그들만의 변화를 겪었다. 구글에서 '자수성가한 사람들의 성공 이야기(origin story)', 예를 들어 오프라 윈프리(Oprah Winfrey)에서 리조(Lizzo, 미국의 여성 힙합 가수-옮긴이)에 이르기까지 이 세상에 변화를 가져오고 있거나 세상을 바꾼 사람들에게는 무엇인가 극복하거나 변화시킨 일화가 있다. 그들 역시 정체성 위기를 몇 번이고 겪었지만, 성장하면서 끊임없이 발전하고 생각을 펼치며 변화했다. 그 여정에서 변화를 피하면 안 된다는 걸 그들은 알고 있었다. 사실 변화가 가장 중요하다. 변화에 저항하지 말고 오히려 변화를 초대하며 반가워해야 한다. 그들은 변화가 부끄러운 일이 아니라는 걸 알았다. 바보처럼 들리겠지만 나도 경험으로 알고 있다. 나는 한때 맥앤치즈를 영원히 사랑하겠다고 공공연히 떠벌리고 다녔지만 10년이 흐른 지금은 밀가루가 들어간 음식을 철저히 끊었다.

나와 당신의 정체성은 언제까지나 몇 번이고 바뀔 것이다. 아마도 조금씩 바뀌거나 또는 한바탕 시끄러운 소동이 벌어지듯 전 부문에 걸쳐 바뀔지도 모르겠다. 이제 중요한 질문이 남아 있다. 어떻게 하면 정체성이 끊임없이 변화하도록 유도할 수 있을까? 어떻게 하면 새로운 꿈을 반갑게 맞이하고 새로운 아이디어를 존중할 수 있을까?

> ### 정말 잘 지내고 있나요?
> 정말 조용히 있어 보세요.
> 어떤 욕망이 떠오르나요? 어떤 정체성이 변화하고 있나요?
> 오랫동안 가지고 있던 신념이 해체되고 다시 배열되고 새로 만들어지고 있나요?
> 그런 변화들이 혼란을 약간 일으켜도 허락할 수 있나요?

어쩌면 지금 당신은 바로 그곳에 와 있을 수도 있다. 생각의 변화를 눈앞에 두고 사랑하는 사람들에게 혹시라도 큰 불편을 끼칠까 봐 걱정할 수도 있다. 주변 사람들에게 새로운 모습을 드러내기 전에 긴장하고 있을 수도 있다. 술을 끊고 싶지만 룸메이트가 와인을 마시러 가자며 권할 수도 있다. 신앙심이 무너지고 있는데 아버지는 지역 교회 목사님일 수도 있다. 아기를 또 낳고 싶지만 남편은 생각이 다를 수 있다. 현관에 성소수자를 지지한다는 무지개 깃발을 달고 싶지만 그렇게 하면 이웃 아주머니는 주택소유자협회에 고발하겠다고 경고한다. 당신 생각의 일부를 세상에 공개하고 마음껏 펼치고 싶지만 다른 사람들은 가만히 있으라고 한다. 혹은 정체성을 바꾸면 소속감을 잃을까 봐 침묵하고 있을 수도 있다.

바로 내가 그렇게 될 뻔했다. 첫째 딸을 임신 중일 때 거침없이 성공 가도를 달리던 여성 두 명과 여행을 떠난 적이 있다. 진취적인 여성 대부분이 그러하듯 우리는 미래 목표, 달성하고 싶은 일 그리고 그 꿈을 이루려면 어떤 일에 전념해야 하는지에 대해 이야기를 나눴다. 성취를 중요하게 여기는 우리는 다음에 또 모험을 떠나 그동안 어떤 일을 해냈는지 수다를 떨 생각을 하며 서로가 서로에게 마음이 강하게 끌렸다.

하지만 한 가지 이상한 점이 있었다. 불룩한 배 위에 손을 얹고 아기 태동을 느끼는 순간, 나는 1년 이내에 세상을 정복하려는 듯한 그 친구들의 열정에 공감할 수가 없었다. 내 비전은 훨씬 단순했다. 친구들은 수익 목표, 추진 단계와 출시일에 대해 열띤 대화를 나누었지만, 내가 그 친구들과 나 자신에게 한 약속은 "다음에 만나면 나는 내 아기를 사랑하고 우리 둘 다 건강하게 살고 있으며 엄마라는 정체성으로 살아가는 방법을 배웠다고 말할래. 그게 끝이야. 그게 정말 내가 확실히 할 수 있는 전부야"였다. 나는 엄마가 되고 싶었을 뿐만 아니라 엄마가 되는 일을 내 관심이자 목표, 유일한 임무로 삼고 싶었다.

여행을 마치고 나는 한때 가졌던 진취적인 투지를 보이지 않은 것이 내가 망가졌기 때문인지, 아니면 얼마 남지 않은 출산이 원래 내 야망이 있던 자리를 차지해서인지 오랫동안 고민했다. 이 세상을 정복하겠다는 욕망을 되찾을 수 있을지 의문이 생겼다. 아직 과도기에 있는 정체성이 점점 변화하면서 마찰을 빚는 동시에 엄마가 될 만반의 준비도 되어 있었다. 나는 아이가 생기면 그동안 내가 한 모든 일, 그렇게 일하며 찾아낸 의미를 이 새로운 생명과 비교도 할 수 없음을 알게 될까 봐 아주 오랫동안 두려워했었다. 그리고 배 속이 태동으로 보글거리고 아기가 발길질하면 그게 사실이기를 기도했다.

나는 나 자신을 자연스럽게 바꾸는 경험을 했다. 날이 갈수록 전혀 새로운 사람을 소개받는 기분이었다. 나는 전혀 예상치 못한 모습으로 변했다. 지금 내 모습은 10년 전 내가 되고 싶었던 모습과는 거리가 멀다. 앞으로 10년 후 나는 오늘의 내 모습 그리고 내가 가지고 있는 현재 비전에 신의 은총이 있길 바란다.

만약 다시 과거로 돌아가 전에 내가 사인했던 졸업 앨범에 다른 말을 쓸 수 있다면 이렇게 쓸 것 같다. "네가 어떤 사람이 될지 진짜 기대돼. 계속 멋지게 변하도록 해!" (그렇게 쓰고 나서 그 밑에 지금처럼 소용돌이 모양의 아주 멋진 서명을 남기겠다.) 나는 모든 인간에 대해 내가 알고 있는 가장 진실한 것을 받아들이고 싶다. 그것은 바로 우리는 모두 변한다는 사실이다. 어떤 이유에서인지 변화를 거부하는 세상에서 살아가려면 힘들고 어색하지만 도전을 감수해야 한다. 계속 변화하면서 우리가 어떤 사람인지 솔직히 마음을 터놓고 서로를 위한 공간을 만들어 내는 일은 만만치 않겠지만, 나는 우리가 절대 멈추지 않기를 바란다.

당신은 이미 그 여정의 한가운데에 와 있다. 상승하는 중이든 하강하는 중이든 소용돌이 한가운데에 있든 멈추지 않기를 바란다. 당신과 내가 얼마나 기적처럼 변하는지 알아내기를 바란다. 우리는 우리의 가장 진정한 자아에 점점 더 가까이 다가가고 있다. 당신은 진정한 자신과 조금씩 인사를 나누고 있다!

우리 모두 살아가는 한 과정으로 변화를 받아들이는 법을 배웠으면 한다. 그렇게 하면 변화가 찾아올 때 그 반대 방향으로 달아나고 싶은 충동을 더는 느끼지 않을 것이다.

그 변화가 어떻게 찾아올지 궁금하다.

6장
상처투성이 전쟁터:
몸의 이야기에 대하여

몸은 안다. 당신이 슬픔에 잠길 때를.
화가 치밀어 오를 때, 가슴속에서 뭔가 피어날 때,
머리가 터질 것 같아 못 견딜 때를.
바로 그때 몸은 단 한 가지 진실을 알려 준다. 당신 몸에 귀를 기울여라.
— 셰릴 스트레이드(Cheryl Strayed)

거칠게 굴러가는 인생에서 불공평한 면이 무엇인지 아는가? 일단 마음을 바꾸면 남은 인생이 마법처럼 당신이 꿈꾸는 방향으로 흘러가리라 당신은 생각한다. 그렇지 않은가? 그런데 혹시 이런 적이 있었는가? 드디어 용기를 내어 줌바 수업을 시작했는데 2주 후에 발목을 삔다거나, 모험 삼아 처음으로 굴 요리를 먹었는데 갑각류 알레르기로 온몸에 두드러기가 돋는다거나, 가족과 더 행복하게 살려고 용기를 내서 대륙을 횡단해 이사하기로 했는데 이삿짐 회사가 이동하는 길에 짐을 모조리 분실해 버린다거나……. 우리의 생각은 몸보다 빠르기 때문에 우리의 어설픈 발이 그걸 따라잡으려면 시간이 좀 필요하다. 적어도 그건 내게 일어났던 일이다.

드루와 나는 아기를 갖기로 마음먹자마자 마지막으로 원 없이 돈을 펑펑 써 보기로 했다. 우리 둘에게 하와이는 언젠가 꼭 가 보고 싶은 여행지였고, 가끔 내 꿈속에서나 등장하던 곳이었다. 우리는 '지금'이 '언젠가'보다 더 적기라 생각했으므로 지출을 최대한 줄이고 아껴 하와이 휴가 계획을 알뜰히 짰다. 유난히 추웠던 위스콘신의 어느 날 아침, 나는 선크림과 샌들을 바리바리 챙기고 여행용 가방을 질질 끌며 마우이(Maui)의 푸른 바닷물과 구름 한 점 없는 하늘을 향해 출발했다.

우연의 일치로 어린 시절 가장 친한 친구인 몰리 역시 근처에서 신혼여행을 즐기고 있었다. 몰리는 마침 임신 중이었다. 나는 몰리와 수영장 옆 의자에 앉아 문득 내 생리 기간 얘기를 했다. (생리가 늦는 걸 보니 바다 한복판에서 길이라도 잃은 게 분명하다고 말한 것 같다.) 그런데 몰리는 엉뚱하게 이 말을 불쑥 꺼냈다. "젠, 너 임신한 것 같아." 몰리는 재빨리 임신에 관해 모르는 게 없는 권위자로 변했다. 자신이 임신 중이었기에 가능한 일이었다. 몰리의 예감은 내가 전혀 생각지 않았던 가능성에 집중되었다. 나는 생리가 늦어지는 걸 스트레스 탓으로 돌렸었다. 10년 만에 피임을 그만둬서 그렇게 된 걸지도 모른다는 생각도 했었다.

몰리가 그렇게 말하자 나도 그 생각을 떨쳐 버릴 수 없었다. 그날 밤 우리 일행은 루아우 전통 공연을 보러 가는 길에 편의점에 몰려가 임신테스트기를 구했다. 다음으로 들른 곳은 공중

화장실이었다. 내가 "두 줄이야"라고 외치기도 전에 몰리는 내가 들어간 화장실 문을 박차고 들어와 "꺅" 하고 기쁨의 함성을 질렀다. 드루는 밖에서 기다리고 있었다. 화장실에서 벌어진 그 시끄러운 소동에 드루는 분명 기겁했으리라 나는 확신한다. 역시 몰리의 직관이 맞았다. 난 임신했다!

화장실에서 나오자마자 드루와 몰리의 남편에게 그 소식을 전했다. 공연이 시작되기까지 남은 시간은 고작 1분밖에 없었다. 우리는 그 전에 흥분을 가라앉혀야 했다. 우리는 재빨리 해변으로 달려가 모래 속에 발을 묻고 사진을 찍었다. 나는 조금 전 소변을 보고 양성 결과가 나온 임신테스트기를 자랑스럽게 들고 깜짝 놀란 표정으로 연신 사진을 찍었다. 꽃무늬 랩드레스(wrap dress)를 차려입은 나는 눈물이 글썽글썽했고, 드루는 너무 흥분해서 깜짝 놀랐다고밖에 할 수 없는 표정이었다. 그건 너무나 기뻐서 나 자신을 의식하지 못할 만큼 행복한 순간이었고 지금도 그날의 기억이 생생하다.

그날 밤 우리는 축하 자리를 마련했고 나는 무알코올 마이타이를 주문했다. 이 소식이 내게 어떤 의미인지 서서히 감이 오기 시작했다. 댄서들은 무대에서 천천히 몸을 흔들며 폴리네시안 문화와 역사를 열성적인 구경꾼들에게 선보였지만, 나는 정신이 다른 데 팔려 있었다. 아기가 태어날 것이었다. 내 배를 내려다봤다. 아기가 이미 배 속에 있었다. 바로 거기, 배를 어루만지고 있는 손가락에서 불과 몇 센티미터 떨어진 안쪽에 있었다. 만약 오늘 밤이 꿈에 불과하다면 정말 좋은 꿈이라고 생각했던 게 기억난다.

다음 날 우리는 '정말 엄마 아빠가 되는 거야?'라는 생각이 머릿속에 가득한 채 몽롱한 정신으로 호텔 침대에서 기어 나왔다. 이게 꿈이 아니라는 걸 확인하고 싶어서 임신 테스트를 또 했고 결과는 같았다. 임신이었다. 나는 부모님과 여동생에게 차례로 전화했다. 그런데 여동생과 통화 도중 나는 전혀 생각지도 못한 쪽으로 대화의 방향을 틀었다. 어쩌면 그건 병적인 솔직함이랄까, 어쩌면 두려움 때문이었다. 이렇게 말했다. "이 아기를 잃는다고 해도 뭔가 잘못된다고 해도 세상에 알릴 거야. 이 작은 생명은 정말 대단한 존재니까."

여동생은 그 말을 듣고 당황했었다는 사실을 지금도 기억한다. 사실 그 순간은 새 생명을 축하하는 시간이어야 했다. 그런데 아기를 잃을 수도 있다는 생각을 했다니……. 내가 처음 품었던 그 의심의 씨앗은 사실 내게 모성 본능이 있었다는 암시였을 수도 있다. 출산 예정일을 계산하고 출산 관련 온갖 앱을 설치하여 가입하는 동안에도 나는 임신했다고 해서 모두 아기를 출산하는 건 아니라는 사실을 예민하게 의식하고 있었다.

우리는 날아갈 것 같은 행복감에 취해 하와이에서 돌아왔다. 눈에 띄는 모든 것이 나를 엄마가 된다는 생각으로 이끌었다.

공항에서는 어린 아기를 안고 있는 부부를 동경하는 눈길로 바라보며 1년 후 우리 가족의 모습을 상상했다. 기념품 가게에서는 대충 만든 티가 나는 아기 우주복들에 시선을 멈추고 그것들이 얼마나 작고 귀여운지 미소를 지었다. 비행기에서는 옆자리 여자 승객에게 지금 임신 중이어서 속이 조금 메슥거린다고 말했다. "임신했어요"라고 말하고 나니 무척 자랑스러웠다.

당신이 아직 경험해 본 적이 없다면 말로 표현하기 어렵지만, 임신테스트기의 선명한 두 줄을 확인한 순간 내 인생은 바뀌었다. 마음속으로 나는 즉시 엄마가 되었고, 내 몸속에서 자라고 있는 씨앗만큼 작은 새 생명이 내 전부가 되었다. 아기를 위해 나는 참치를 즉시 끊어 버렸고 유기농 스무디를 마셨다. 온수 욕조와 사우나를 멀리했고 인터넷에서 한 모금 정도는 괜찮다고 하는 와인도 입에 대지 않았다. 모든 걸 원리 원칙대로 꼭 실천하고 싶었다.

나는 엄마가 된다는 비전에 곧장 뛰어들었다. 아기방을 어떻게 꾸밀지 알아보려고 핀터레스트 사진들을 찾아봤고, 아기 작명 앱을 내려받았으며, 임산부가 매일 해야 하는 일을 알려 주는 서비스들에 모두 가입했다. '내 아기는 지금 강낭콩만 해. 어서 자라 포도알만 해지면 좋겠어.' 머릿속은 미래에 관한 생각으로 가득했고 내 삶은 처음으로 나라는 존재를 넘어 확장됐다.

내 첫 번째 임신 이야기를 끊임없이 펼쳐 나가고 싶지만 그렇게 할 수 없다. 이 특별한 이야기의 나머지 부분은 날 힘들게 한다. 여러 의사에게 진료를 받았고, 혈액 검사를 했고, 초음파 검사 때 드루는 감격에 겨워 기절했다. 그런데…… 나쁜 소식이 찾아왔다. "안됐습니다만 아기 심장 소리가 들리지 않아요." 수술을 마치자 그 어떤 것과도 견줄 수 없는 공허함이 밀려왔다. 직접 겪지 않으면 이해하기 힘든 비탄에 빠졌다.

우린 아기를 잃었다.

나는 상상도 못 했던 충격에 빠졌다. 그 충격은 나를 파괴했다. 화가 났고 혼란스러웠다. 엄마로서의 비전을 굳게 유지할 의지마저 잃었다. 엄마가 되고자 했던 갈망을 잠재울 수 있다면 어떤 것이든 찾아 그 속으로 숨어 버렸다. 침대에서 한 발짝도 나오지 않은 날도 있었다. 샤워도 걸렀다. 넷플릭스만 틀어 놓고 살다 보니 시간 감각이 사라지기도 했다. 내 몸은 날 실망시켰으며 결국 날 배신했다는 생각에 몇 주 동안 내 몸이 싫었다.

정말 알고 싶었다. 우리가 원하는 걸 우리 몸이 하지 않는다면 우린 누구일까? 우리는 몸이 없으면 존재할 수 없다. 몸은 본질적으로 존재의 한 부분이다. 몸이 괜찮지 않으면 우리도 괜찮지 않다. 나라는 사람 전체가 괜찮지 않다. 그렇다면 몸을 미워하거나, 몸과 단절되었다고 느끼거나, 몸에 배신당한 느낌으로 이 세상을 살아간다는 건 어떤 의미일까?

솔직히 말하면 이런 기분으로 내 몸에 대한 질문을 한 것은 그때가 처음이 아니었다. 백만 번은 한 것 같다. 이런 기분이 언제 처음 들었는지 기억을 끝까지 더듬어 보면, 그때 나는 여덟 살 아이였고 내게서 내 몸을 분리할 방법만 있다면 얼마나 좋을까 하고 바랐다. 그건 오래전 순진했던 시절의 기억이며, 오늘날 여성으로서 내 몸을 어떻게 느끼는지 의문을 제기할 때 아직도 머릿속에서 자연스레 떠오르는 기억이다.

나는 3학년이며 스쿨버스를 타고 동물원으로 현장학습을 떠나는 중이다. 차창 사이로 환한 햇볕이 들어와 내 다리에 부딪혀 반짝거린다. 바람이 불어오자 포니테일로 묶은 머리카락이 헝클어진다. 마음이 따뜻해지고 모험을 떠날 기대에 부풀어 오른다. 원숭이들을 구경할 생각에 신이 난다. 그런데 어떤 남자아이가 내 정강이 털을 손가락질하며 낄낄거린다.

그때 느꼈다. 바로 그때였다. 처음으로 나는 내 몸으로 살아가는 게 실망스러웠다. 우리 모두 그럴 때가 있다. 다른 사람들이 우리 머리카락이나 웃음, 미소를 평가한다는 작은 깨달음의 순간, 그런 순간을 기억하는가? 만약 기억한다면 다음으로 무슨 일이 있었는지 생각나는가? 이해하는 데 몇 년씩 걸리고, 나중에 운이 좋으면 잊을 수 있는 그 길을 기억하는가?

그날 밤 나는 복잡한 감정의 소용돌이에 휩싸여 집에 돌아와 엄마에게 다리털을 밀게 해 달라고 졸랐다. "넌 이제 겨우 여덟 살이야. 너무 어려." 엄마는 부정적이었다. 그래서 나는 털 많은 다리를 숨기려고 바깥 기온에 상관없이 남은 학년 내내 바지만 입고 다니겠다고 맹세했다.

하지만 날씨가 점점 따뜻해져 바지를 도저히 입을 수 없게 되자, 나는 다리털을 내 손으로 없애기로 했다. '허락은 받지 않겠어!' 부모님은 내가 얼마나 심한 굴욕감을 느꼈는지 전혀 이해하지 못하셨다. 매끈한 다리는 적어도 사람들 눈에 띄지 않는 다리였고, 특히 버스에 탄 못된 남자아이들에게 더욱 그러했다.

나는 샤워실로 들어가 아빠의 면도기를 슬쩍 빌렸다. 그다음 무슨 일이 있었는지는 짐작할 것이다. 훌륭한 '시도'를 한 며칠 뒤 나는 소파에서 부모님 사이에 앉아 깜박 잠이 들었다. 머리는 엄마 무릎에 얹고 다리는 아빠 다리 위로 뻗었다. 다음 날 잠에서 깨자 부모님은 내가 두 분의 뜻을 거슬렀다는 사실에 관해 이야기 좀 하자고 하셨다. 꾸중을 들었지만 나는 내 면도기가 필요하다고 간절히 애원했다. 여자아이로서 이 세상을 살아가는 게 어떤 의미인지 이해한 엄마는 내 다리가 면도날에 베인 상처투성이 전쟁터가 되지 않게끔 깔끔하게 면도하는 법을 가르쳐 주셨다. 돌이켜 생각해 보니 엄마는 내가 정말 물러날 수 없는 한계점을 넘어 버렸다는 사실을 아셨던 것 같다.

사실을 말하자면 우리는 알지 못하는 사이에 화려하게 장식된 수많은 거짓 메시지를 우리에게 전달함으로써 그런 한계점(한계점은 도저히 셀 수 없을 만큼 많다)을 만들어 낸 세상에 살고 있다.

우리는 우리 몸이 기대에 미치지 못한다고 강조하며 이득을 취하는 세상에 살고 있다. 그리고 상처투성이가 되어 몸과 벌이는 전쟁의 최전선까지 행군한다.

철학자 시몬 드 보부아르(Simone de Beauvoir)는 그 전선으로 향하는 여성이 겪는 일에 대해 이런 글을 남겼다. "칭찬과 질책, 이미지와 말을 통해 여인은 '예쁘다'와 '못생겼다'의 의미를 알아낸다. …… 여인은 어떤 이미지를 닮으려 애쓰고, 본성을 숨기고 거울에 비친 자신의 모습을 보며 비교한다."[1]

그 글은 70여 년 전에 쓰였지만, 우리 자신을 감추고 비교하는 일은 지금도 행해지고 있다. 부정적인 신체 이미지는 여전히 여성을 괴롭히는 현실이긴 하지만, 그래도 우린 크게 발전하고 있고 다음 세대들에게 그 뒤를 따르도록 이끌고 있다는 사실을 무시하고 넘어갈 수는 없다. 나는 여성들이 아름다움에 대한 오래된 정의를 우리가 한때 매혹적이라고 여겼던 것 이상으로 확장하기 위해 노력하고 있다는 사실이 무척 고맙다. 필터 없이 촬영한 출판물이나 포토샵을 쓰지 않은 광고에서부터 피부색과 생김새를 더 다양하게 표현하는 데 이르기까지, 유명 인사들은 아름다움의 기준이 있어야 한다는 관념을 해체하고 있다. 우리 몸, 우리를 담은 눈부시게 아름다운 이 그릇들은 다른 사람들의 시선을 받으려고 존재하는 것이 아니라, 목소리를 내기 위해 존재한다는 진실을 우리는 깨닫고 있다.

> **정말 잘 지내고 있나요?**
>
> 오늘 당신의 몸을 살펴보세요. 몸은 무엇을 보여 주나요?
>
> 가장 아름다운 부분은 어디인가요? 어디가 마음에 드나요?
>
> 그리고 당신의 몸은 무슨 말을 하고 있나요?

우리 몸은 우리에게 귀를 기울여 달라고 애원한다. 하지만 때때로 우리 몸이 기대에 못 미친다고 생각하면 우리는 몸을 우리와 분리된 존재로 여긴다. 우리의 불완전한 몸 때문에 우리 마음은 화를 내거나 집착한다. 두꺼운 허벅지, 부스스한 머리카락, 축 처진 뱃살과 웃을 때 생기는 팔자 주름은 전혀 반갑지 않다. 우리 몸이 어떤 모습이고 어떻게 기능하며 마침내 노화하는지에 이르기까지, 우리 기대를 충족하지 못하는 많은 것에 대해 우리 영혼은 오랫동안 실망감에 빠진다.

그렇다면 몸과 영혼이 분리되어 있다고 수십 년 동안 믿어 온 우리가 어떻게 이 둘을 합칠 수 있을까? 머리와 마음을 연결하고 팔다리를 삶과 연결하는 조치를 어떻게 할 수 있을까? 어떻게 해야 우리 몸이 영광스러운 완전체를 향해 나아갈 수 있을까?

신체 긍정(body positivity) 연구 분야에서 일하는 임상 치료사인 친구가 한번은 내게 잘 생각해 보라며 어떤 질문을 던졌다. 그 질문을 듣는 순간 충격을 받았다. "제나, 만약에 네 몸 안에 있는 게 네가 아니라면 어떻게 될까? 만약 네 몸이 바로 너라면 어떨까?"

자, 플라톤 사상이나 철학 또는 체화이론(embodiment theories) 중에서 어느 쪽을 지지하든 내 말을 끝까지 들어 달라. 어렸을 적 모든 게 아름답고 세상 걱정 하나 없이 완벽했던 시절, 그네에 올라타 따스한 햇볕을 온몸으로 받으며 머리카락을 스치는 바람과 함께 나무 꼭대기까지 올라갔던, 그 믿어지지 않을 정도로 좋았던 느낌이 기억나는가? 그때 당신은 눈을 꼭 감고 그 모든 신체적인 감각을 영혼으로 느꼈다. 마음의 평온은 그동안 발견하지 못했던 깊은 곳에서 찾아왔다. 생각하거나 느끼는 것만이 당신이었던 건 아니다. 어떻게 느껴야 하는지 고민하는 것만이 당신이었던 건 아니다. 이 세상을 경험하고 살아가고 존재하는 것 역시 당신이었다.

그 느낌은 도대체 어디서 오는 걸까? 다시 느낌을 되살리려면 무엇이 필요할까? 우리 몸이 어떻게 보이는지보다 우리가 우리 몸을 어떻게 느끼는지에 관심을 더욱 기울이며 나이가 들어 가려면? 늘 즐겨 입는 새틴 파자마의 사이즈 라벨에 신경 쓰지 않고 그 파자마가 맨다리에 부드럽게 스치는 느낌을 고마워하려면? 힘든 하루를 마친 뒤 끝이 다 갈라진 푸석한 머리카락을 불평하지 않고 묶었던 머리를 풀며 안도감을 느끼려면? 거울을 볼 때 하루가 다르게 상태가 변하는 얼굴 피부만 보지 않고 우리를 전체적으로 보려면? 부서지는 파도 위로 곧장 뛰어

들어 우리 몸의 우둘투둘한 셀룰라이트 위로 상쾌한 느낌이 들게 하려면? 우리 몸의 각진 부분이나 곡선인 부분 또는 힘없이 처진 근육이나 울퉁불퉁 튀어나온 근육도 사랑하려면?

우리에게는 인간으로서 이런 상황을 바로잡고 현실에 집중하고 아름다움을 느끼며 살아 있다는 느낌으로 충만한 순간이 많을 것이다. 그리고 이런 상황을 바로잡지 못하는 순간도 많이 겪을 것이다. 나는 나와 똑같이 생기고 내 영혼을 담은 껍데기인 동시에 희미하게 빛나는 개성을 담은 그릇인 내 몸의 둥글둥글한 곡선과 툭툭 튀어나온 살집을 지적하며, 나 자신 그리고 내 존재 가치에 대해 몇 번이고 의문을 제기했다.

첫 번째 유산을 겪고 몇 년이 지난 어느 날, 나는 그렇게 의문을 제기하는 일을 그만두었다.

그날 나는 미국에서 가장 큰 의류 회사의 본사 건물 엘리베이터를 타고 다른 두 여성과 함께 꼭대기 층으로 올라가고 있었다. 그때 임신 20주였고 혈색이 밝았으며 파자마 차림이었다. 그 여성들이 호기심을 참지 못하고 내게 왜 꼭대기 층에 올라가느냐고 물었다. 나는 웃으며 답했다. "서른 살짜리 임산부가 오늘 속옷 촬영 모델이라고 하면 믿기 어렵겠지만 바로 저예요." 그렇게 자랑스럽게 여기 온 목적을 알린 뒤 엘리베이터 문이 열렸을 때 나는 장난삼아 살짝 춤을 췄던 게 분명하다.

촬영 스튜디오로 들어서자마자 아름다운 모델들의 대형 화보 사진, 사람들을 안내하는 매력적인 접수 담당자, 대기실에 놓인 편안한 의자들이 눈에 들어왔다. 아, 이 말도 꼭 하고 넘어가야겠다. 파자마 차림에 기미를 그대로 드러낸 민얼굴인 데다 티셔츠 아래 툭 튀어나온 임신한 배를 들이밀고 화보를 촬영하려 나타난 내 모습은 '확실히 눈길을 끄는 스타일'이었다.

하지만 마침내 엄마가 될 위치로 향하는 여정에서 나는 한때 날 불안하게 했던 튼살과 불어난 체중, 임신선 등 모든 걱정거리를 내려놓았고, 그것들을 기적의 신호로 여겼다. 아기를 낳고 싶어 하거나 건강해지려고 애쓰거나 트라우마에서 헤어나려는 사람들에게 물어보면, 그들은 원하는 기적을 얻을 수만 있다면 어떤 흉터가 생기든, 신체 모습이 어떻게 변하든, 살이 울퉁불퉁해지든 모두 감수하겠다고 말할 것이다.

엘리베이터에서 만난 그 여성들은 내가 그 건물 꼭대기 층까지 올라가기 전에 내가 겪었던 모든 일을 전혀 알지 못했다. 그들은 놀라서 눈썹을 위로 치켜올렸다. 어쩌면 그 순간 나는 내가 그 자리에 적합하지 않은 사람이라고 생각할 수도 있었다. 하지만 그때 나는 누가 뭐라 해도 그 자리에 어울리는 사람이라는 생각을 하며 아주 당당하게 서 있었다. 그날 그 자리에 있기까지 겪은 모든 일들, 그들이 볼 수 없었던 일들이 있었으므로, 나는 한 손을 불룩한 배에 얹고 낙엽 청소기에서 나오는 바람에 머리를 흩날리면서 귀여운 속옷 세트 차림으로 자랑스럽게 촬영할 수 있었다. 다른 사람들이 그 기적 같은 일을 알았는지는 중요하지 않았다. 난 기적 같은 삶을 살았고 또 느꼈다.

그런데 우리는 거울에 비친 몸을 바라보며 언제쯤이면 이 몸을 자랑스러워할 수 있을까 의구심을 품는다. 우린 모두 성장했지만, 우리 눈에 비친 모습을 마음에 들어 하지 않으므로 여기저기서 기회를 놓친다. 그리고 거울에 비친 우리 모습과 사진, 목소리의 주인공과 단절되었다고 느낀다. 있는 그대로 보이는 모습에 마음이 불편하다. 특히 필터 처리가 가능하거나 디지털 화면 뒤에 숨어 우리의 본 모습을 숨길 수 있을 때 더욱 그러하다. 우린 지금도 다른 사람과 몸을, 심지어 인생까지 맞바꾸는 꿈을 꾼다. 하지만 우리가 아닌 다른 사람이 되길 원하며 소중한 시간을 낭비하면 바로 눈앞에 있는 것을 놓칠 뿐이다.

당신은 살아 있는 경이로운 존재다. 지금까지 무슨 일을 겪었든 잠시 멈추고 '겪는다(go through)'라는 말뜻을 곰곰이 생각해 보자. "모든 사람은 어떤 일을 겪고(go through) 있다"라는 말을 분명 들어 봤을 것이다. '겪는다'라는 단어는 강력한 뜻을 지녔다. 당신이 현관에 멈춰 서 있거나 출발선 또는 시작 화면에서 멈추지 않았다는 뜻이기 때문이다. 당신은 통과했고 그걸 넘어 그다음으로 무엇이 오든 앞으로 나아갔다. 그 과정에서 당신의 몸도 당신과 함께했다. 당신의 몸은 당신이 겪은 이야기와 같은 이야기를 실어 나른다. 사실 몸이 있었기에 당신은 그 모든 일을 해낼 수 있었다. 땀과 눈물, 다리 근육이 있었으므로 힘든 시기를 이겨 낼 수 있었다. 당신의 심장은 '기분이 어떻든 내 몸의 필요한 곳으로 피를 끊임없이 보낼 거야'라고 고집한다. 5학년 때 과학 선생님이 가르친 내용은 농담이 아니었다. 당신의 몸은 당신을 위해 열심히 일한다. 장담하건대, 당신의 몸은 당신을 사랑하고 있다. 그러니 당신도 당신 몸을 사랑해야 한다.

나는 내 몸을 무시하거나 비하하려는 생각에 사로잡히면 친구가 추천한 비법을 시도한다. 그건 바로 내 몸을 내 이름으로 불러 보는 것이다. 너무 간단해 보이는 방법이다. (어쩌면 지나치게 영적인 것을 추구하자는 이야기처럼 들릴 수도 있다.) 하지만 이렇게 하면 내 몸을 내 일부로 바라보게 된다. 내 몸이 나 자신이라는 걸 깨닫기 위해 건너야 할 정신적인 다리를 통과할 때 도움이 된다.

내 몸이 말한다. "제나예요. 난 제나예요. 레몬 맛을 보면 움찔하고 놀라는 제나예요. 꼬마들이 순진한 농담을 하면 큰 소리로 깔깔 웃어요. 감동적인 영화를 보고 엉엉 울기도 하죠. 턱에 삐죽 난 털을 뽑으려고 늘 핀셋을 들고 다니기도 해요. 우린 같아요. 우린 하나예요. 우린 한배를 탔어요."

어린 여자아이였던 당신에게 큰 충격을 준 게 악의적인 메시지였든, 당신이 간절히 바꾸고 싶은 것들을 정확히 겨냥한 마케팅 캠페인이었든, 인스타그램 스토리가 마치 현실이라도 되는 듯 끝없이 계속되도록 내버려 두는 습관이었든…… 우리 삶은 너무 과하다고 또는 충분치 않다고 강조하는 알림으로 가득 차 있다. 난 이 세상이 매일 우리가 생각해야 할 것들을 끊임없이 알려 줄 필요가 없다고 생각하지만, 현실이 그렇다.

살아 숨 쉬는 인간이라면 당신도 당신 몸에 실망한 적이 있을 것이다. 당신은 나처럼 유산하지 않았을 수도 있다. 어쩌면 수치심, 증오 또는 죄책감이 다른 방식으로 당신의 삶에 살며시 들어왔을 수도 있다. 당신이 알고 있는 결점이나 불완전한 모습, 불어난 체중이나 임신선 또는 주름이 자글자글한 팔꿈치, 울퉁불퉁한 피부…… 그게 무엇이든 간에 나는 내 몸을 불편해하거나 받아들이지 못하거나 오해한 유일한 사람이 아니다.

우리 몸은 곧 있으면 한쪽으로 치워져 더 좁은 공간을 꽉꽉 채울 저장 용기 같은 존재가 아니다. 우리 몸은 꿈을 낳기 위해 드넓은 공간이 필요하며, 부드럽고, 각자 독특한 형태를 지녔고, 다리털도 있는 존재다. 할 수 있는 모든 방법을 써서 열정에 불을 붙이는 일을 해야 한다. 휴식해야 하고 또 우리가 열심히 해서 얻은 것을 즐겨야 한다. 치유해야 한다. 그리고 우리 몸이 우리에게 하는 말을 귀 기울여 들어야 한다.

문제는 우리가 우리 몸과 나누는 대화 대부분이 우리 몸에 우리가 원하는 일을 하라고 일방적으로 지시하거나, 우리가 원하는 것은 우리 몸이 원하는 것과 다르다거나, 우리 몸을 지적하는 데 그친다는 점이다. 이런 식으로 진행되는 대화는 진정한 의미의 대화가 전혀 아니다. 우리가 보여 주고 싶어 하는 것들에 뿌리를 둔 일방적인 혼잣말에 불과하다.

이렇게 질문하자. "내 기분은 어떻지?", "어떻게 하면 내 몸을 칭찬하는 방식으로 행동할 수 있을까?", "어떻게 하면 내 몸과 하나가 될 수 있을까?" 우리는 언제쯤이면 믿을 만한 친구이자 동맹인 우리 몸과 명령이 아닌 진정한 대화를 시작할 수 있을까? 우리는 우리 몸에 말을 걸고 또 우리에게 말해 달라고 몸에 부탁함으로써 우리 몸이 보내는 여러 신호와 징후, 또 우리에게 알아달라고 간청하는 몸의 요구사항을 더 잘 이해할 수 있다.

진정 풍요로운 인생을 살고 싶다면, 그리고 우리 자신은 물론이고 다른 사람들과 이 세상을 온전히 사랑하고 싶다면 우리 자신을 잘 알아야 한다. 그렇게 하려면 우리 몸을 잘 알아야 한다. 몸이 어떻게 느끼고 움직이고 돌아다니고 도약하고 변화하는지 또 얼마나 우아하게 나이가 들어 가는지 알아야 한다.

당신의 몸은 무엇을 하고 싶어 하는가? 꼭 해 보고 싶어서 몸이 근질근질한 일은 무엇인가? 킬리만자로를 등반하고 싶은가? 젤라토를 만들고 싶은가? 오늘, 바로 지금 당신의 입맛은 어떤 음식을 먹고 싶다고 조르는가? 당신의 손은 당신에게 어떤 일에서 손을 떼라고 하는가? 당신의 다리는 어디로 가고 싶은가?

당신의 몸은 알고 있다. 당신도 알고 있다. 이제 귀를 기울일 시간이다.

"모든 사람은 어떤 일을 겪고(go through) 있다."
당신의 몸은 당신과 함께한다.
당신의 몸은 당신이 겪은 이야기와 같은 이야기를 실어 나른다.

7장
코코와 토요일의 팬케이크:
꿈의 실현에 대하여

비전은 늘 정해진 시간이 있다.
인내하고 기도하며 비전이 실현되길 기다려라.
– 라일라 기프티 아키타(Laillah Gifty Akita)

이 책을 읽으며 집중했다면 뭔가 심오한 걸 깨달았을지도 모른다. 바로 꿈이 확장된다는 사실이다. 꿈은 그 자체로 확장될 뿐만 아니라, 인생의 다른 부분들도 똑같이 확장되도록 영향을 준다. 꿈은 모든 것을 확장한다고 주장하고 싶다. 모든 것은 변하게 마련이다. 꿈은 미래를 향한 희망을 확장한다. 우리의 창의적인 모험을 확장한다. 우리의 열정과 공감, 직관도 확장한다.

그리고 난 당신에게 다르게 말하고 싶긴 하지만 우린 둘 다 진실을 잘 알고 있다. 꿈은 우리의 두려움도 확장한다.

첫 아이를 유산하고 1년 뒤 다시 찾은 하와이에서 두 번째 임신 사실을 알았다. 임신했다는 걸 안 날 기념사진을 찍으려고 곧장 타깃으로 달려가 아기 옷을 골랐지만, 남은 여행 기간 내

내 마음은 조심스럽기만 했고 미래를 신중하게 받아들여야 했다. 나는 알려지지 않은 것, 보이지 않는 것을 이제 더는 두려워하지 않았다. 오히려 알려진 것과 보이는 것이 정말 두려웠다.

그 시절 나는 살면서 처음으로 내게 이런 질문을 했다. "그때 겪은 일이 이번에 반복되어도 괜찮을까? 이 아기를 또 잃는다면, 이번에도 실패한다면?" 질문하는 순간마다 대답이 달라졌다. 매일 구글에서 '습관 유산 가능성'을 미친 듯이 검색하다가 불현듯 제정신을 차리고 휴대전화를 옆으로 휙 던졌지만, 얼마 안 가 다시 그쪽으로 손을 뻗곤 했다.

의심에 빠졌다가 다시 희망을 품길 몇 번이고 반복하면서 나는 '내맡기자(surrender)'라는 단어가 쓰인 금목걸이를 목에 걸고 다녔다. 이 두 번째 임신이 어떻게 될지 나는 통제할 수 없다는 걸 나 자신에게 상기시키고 싶었기 때문이었다. 하지만 대부분 나날 동안 나는 목걸이의 그 단어가 내 목에서 흔들거리는 모습을 보고 싶지 않았다. 나는 아무것도 내맡기고 싶지 않았다.

하와이를 떠나 집에 도착하고 바로 병원을 예약했다. 진찰대에 앉아 바스락거리는 흰 종이 위에 햇볕에 그을린 두 다리를 올리며 희망을 잃지 않겠다고 다짐했다. 최선의 결과가 나오기를 간절히 기도하고 바랐다. 그리고 무슨 일이 있어도 모든 걸 느끼겠다고 다짐했다. 나쁜 소식도 들을 준비가 되어 있었다.

나는 몸을 뒤로 젖히고 눈을 감으며 들릴락 말락 나직하게 기도했다. 그때 나는 온 세상에서 가장 장엄한 소리를 들었다. 쿵 쿵, 쿵쿵. 내 조그만 아기의 심장이 뛰는 소리였다. 그것은 희망과 사랑, 우리 모두를 앞으로 안내하는 북소리처럼 들렸다.

우리는 당장 양가 가족에게 전화부터 걸어 이 소식을 알렸다. "아기 심장이 뛰어요! 심장 소리를 들었어요! 배 속 아기를 봤어요!" 이젠 가능성이 있었다. 이번엔 믿어도 됐다. 인생의 장기 계획을 다시 점검하고 침실 가구들을 재배치하고 아기방에 둘 수유용 흔들의자를 찾아보면서 날이 갈수록 희망이 더욱 강해졌다. 속싸개로 꼭꼭 싸서 키울까? 그렇게 하지 말까? 공갈 젖꼭지도 준비할까? 수면 훈련은 어떻게 할까? 나는 머리에서 쥐가 날 정도로 구글을 열심히 찾아봤다. 이번에는 전혀 다른 감정이 나를 이끌었다. 그 어느 때보다도 더 큰 희망에 부풀었다.

그다음 초음파 진료 때가 되었다. 일과 날씨에 대해 의사와 가볍게 이야기를 나눴고, 진료가 시작되자 나는 의사에게 유축기는 메델라와 스펙트라 제품 중에서 뭐가 좋은지 물어볼 생각으로 머릿속이 가득했다. 시간이 느리게 흐르는 듯했다. 의사는 초음파 진료를 시작했고 나는 기대에 가득 찬 눈으로 올려다봤다. 의사의 손은 키보드 위를 몇 차례 왔다 갔다 했고 눈으로는 모니터를 보며 뭔가 찾는 듯했다. 의사가 나를 돌아봤을 때 긴 막대기 모양의 탐촉자는 움직이지 않았다.

"미안해요." 다음으로 내가 들은 말이었다.

분노는 비통한 감정의 다음 단계라고 한다. 그런데 지금, 이 감정이 비통함 다음에 오는 감정이라고? 틀렸다. 분노가 가장 먼저 찾아온다.

질문할 생각이 사라졌다. 할 말이 없었다. 격렬한 분노가 치밀어 올랐다. 눈물을 줄줄 흘리며 옷을 챙겨 입고 병원 건물 밖으로 뛰쳐나왔다. 다음 단계가 뭔지 들을 필요가 없었다. 이미 알고 있었다. 다 겪었다. 그 자리를 벗어나 악을 쓰며 울고 싶었다. "내 몸은 왜 망가진 거야? 왜 바보같이 희망을 품었을까?" 엉엉 울며 온갖 질문을 숨김없이 쏟아 내면서 나는 내가 수긍할 만한 답을 전력을 다해 찾아야겠다고 생각했다.

두 번째 유산을 겪고 계절이 바뀌자 첫 번째 유산 때와는 달리 완전히 새로운 느낌이 들었다. 첫 번째 유산으로 고통을 겪고 나서는 나를 배신한 이 몸 때문에 느끼는 절망과 실망에서 벗어나려고 어떤 일이든 뛰어들었다. 그렇다면 이번에는? 글쎄, 무슨 일이 있어도 분노에 반응하지 않고 주시하겠다고 맹세했었다. 나는 강아지와 함께 태아처럼 웅크린 자세로 한참 누워 있다가 힘들게 자리에서 일어나 의사 결정이 필요한 문제를 처리했다. 몇 번이고 나는 내 감정을 확인했다. 몇 번이고 나 자신에게 질문했다. "나는 정말 잘 지내고 있을까?" 그러던 어느 날, 나는 확신에 찬 대답을 했다. "난 치유할 준비가 되었어."

난 대체의학자들과 자연요법 전문가들을 찾아다녔다. 필사적으로 답을 찾아 헤매고 다녔다. 무척 좋아하는 그릴드 치즈 샌드위치를 글루텐이 없는 따뜻한 맥앤치즈 요리로 대체하는 등 식단도 바꿔 봤다. (그건 사실 별로 나쁘지 않은 거래이긴 하다.) 일주일에 다섯 번 하던 과격한 크로스핏 운동을, 명상음악을 들으며 걷는 긴 산책과 전신을 이완하는 요가로 바꿨다. 수납장을 뒤져 호르몬을 교란할 수 있는 화학물질이 든 물건들을 다 찾아내 버렸다. 휴대전화나 텔레비전을 보며 화면에 몰두하는 시간과 수면 시간을 엄격하게 구분했고, 휴대전화는 매일 밤 아래층에서 충전했다. 조부모님이 쓰시는 것만큼 커다란 약상자를 사서 비타민제를 종류별로 구입해 쌓아 놓고 복용했다. 심지어 카페인까지 줄여 나갔다. (그렇게 하려면 초인 같은 의지를 발휘해야 한다.)

이렇게 여러 변화를 주었지만, 변하지 않은 것이 하나 있었다. 나는 꿈을 잃지 않았다.

불확실성과 분노, 패배감을 겪으면서도 난 나와의 약속을 끝까지 지켰다. 계속해서 나 자신을 내 이야기의 주인공으로 삼았다. 내 미래를 설계하는 새로운 아이디어와 사랑에 빠졌다. 난 엄마가 될 운명이었다. 그걸 뼈저리게 느꼈다. 그건 내가 푹 빠져 있던 사랑 이야기였고, 그 안에서 나 자신의 모습을 봤다. 내 인생 이야기를 해피 엔딩으로 쓸 수 있기를 기도하며 화면에서 깜박거리는 커서를 응시했다.

나는 엄마가 된다면 어떤 모습일지 꿈꾸기 시작했다. 가족과 함께 있는 엄마, 즐거운 엄마, 바쁜 엄마일 수도 있었다. 어려운 질문도 했다. 젖먹이 아기를 돌보면서도 현재 일하는 시간만큼 일할 수 있을까? 내가 창업한 이 사업은 가정생활을 유지하기에 충분할까? 아이들을 키우면서 이 일을 계속할 수 있을까?

솔직하고 진실해질 만큼 마음이 차분해지자 대답이 마음에 들지 않았다. 이론상으로는 우리 아기가 나와 드루의 삶에 자연스럽게 들어와 자리를 잘 잡으리라 확신했다. 하지만 이론과 현실은 별개의 문제다. 내 생활과 일을 살펴보았다. 나는 주말 내내 먼 곳에 있어서 집을 비워야 했고, 1년 후(때로는 2년 후)까지 촬영 예약이 잡혀 있는 빽빽한 일정 속에서 밤늦게 사진 편집을 해야 했다. 웨딩 사진 작가로서 할 일을 모두 처리하면서 동시에 아기까지 돌보는 일을 상상할 수 없었다.

현재 속도를 유지하며 아기를 낳아 기르는 걸 상상하는 데 어려움을 느끼면서도 나는 엄마가 된 후의 이야기가 펼쳐지기를 기다렸다. 그리고 그날을 위해 할 수 있는 일에는 무엇이 있을지 꿈꾸었다. 그 일이 어떤 일인지 정확히 알고 있었다.

몇 년 동안 사람들은 댓글로, 또 회의실에서 내게 어떻게 그리 빨리 성공했는지 질문했다. 난 부업으로 사진을 찍으며 즐거워하던 평범한 여성이었지만, 혼자 힘으로 열심히 노력해서 얼마 안 있어 미네소타 최고의 웨딩 사진 작가로 이름을 날렸다. 수입은 처음엔 전혀 없었지만, 정확히 3년 만에 수십만 달러로 뛰어올랐고, 다름 아닌 내 담당 은행원이 이 사실에 주목했다.

비즈니스를 전공한 데다 대학생 때 수강한 마케팅 수업에서 배운 방대한 지식이 있었으므로, 나는 사진 촬영 기술을 이해하는 만큼 내 기술 뒤에 숨겨진 전략 이해도 중요하게 생각했다. 하지만 가끔 이렇게 논리적인 좌뇌와 창의적인 우뇌를 동시에 활성화하는 방식이 다른 사람들에게도 통할지, 아니면 난 그저 운이 좋았을 뿐인지 궁금할 때가 있었다. 나는 마케팅 전략을 테스트해 보기로 하고, 사진작가들을 위한 멘토링 과정을 운영한다는 게시물을 온라인에 올렸다.

내 계획은 실패할 수도 있었지만 대담하게 한번 해 보자는 생각이었다. 몇 분 뒤 '띠링' 하고 알림이 왔다. 누군가 이 과정을 예약했다. 조금 있다가 또 예약이 들어왔다. 알고 보니 다른 사진작가들도 내가 게시한 이 온라인 멘토링에 관심이 있었다.

나는 그때 진행한 멘토링 과정을 어제 일처럼 생생하게 기억한다. 근방에 사는 사진작가들이 우리 집에 찾아와 우린 함께 식탁에 둘러앉았고, 나는 아무것도 없던 상태에서 사진 촬영 사업을 성공적으로 키워 낸 방법을 있는 그대로 자세히 설명했다.

나는 사람들이 하는 질문을 듣고 그들이 주로 어떤 주제에 관심이 있는지 알았고, 같은 전략을 몇 번이고 반복해서 알려 주었다. 그리고 이메일 양식에서 가격 책정 안내에 이르기까지 내가 아는 내용을 하나도 빠짐없이 전달했다. 이 과정을 수십 번 진행하자 얼마 안 있어 수요가 급증하리란 전망이 명백해졌다. 내가 아는 이 지식을 세상에 널리 퍼뜨릴 새로운 방법을 찾아야 했다! 하지만 내 시간을 돈과 맞바꿔 가며 새로운 사업을 또 시작하고 싶지 않았다. 따라 하기 쉬운 방식으로 믿을 만한 전략을 찾는 사람들을 도울 더 좋은 방법이 분명히 있었다.

돌이켜 생각해 보면 그때 진행한 멘토링 과정들은 내게 촉매제 역할을 했다. 그 과정들은 창의적인 방향으로 수없이 뿌리를 내렸고, 작은 아이디어 하나가 다른 쪽으로 가지를 치면서, 내 것이 되리라고는 꿈에도 생각지 못한 사업으로 발전해 갔다. 팟캐스트 사업이 있었고, 인스타그램 전략에서 핀터레스트 활용, 이메일 리스트 확보에 이르기까지 마케팅 방법에 관한 온라인 과정을 연달아 출시했다. 나는 아기를 트림시키고 수유하고 기저귀를 갈아 주면서도 어디서든 짬짬이 할 수 있는 일로 새로운 사업을 만들었다. 내 상황에 어울리는 일이었고, 휴식하는 동안에도 진행되는 일이었으며, 우리 가족에게도 어울리는 일이었다.

처음 하는 일에서 새로운 리듬을 개발하고 내 열정을 미지의 세계로 펼치는 일은 쉽지 않았다. 주말에는 웨딩 촬영을 하고 주중에는 실시간 웨비나를 진행하며 내 꿈을 향해 절반쯤 왔다. 어느덧 또다시 한꺼번에 여러 일을 처리하느라 기진맥진하는 생활로 돌아가 버렸다. 사진작가로서 성공적인 경력과 이 새로운 부업이라는 두 개의 공을 허공에 돌려 가며 떨어지지 않게 묘기를 부리는 듯했다. 이 새로운 아이디어가 직업으로 삼을 만한 선택지가 되기까지 시간이 걸렸다. (새로운 일이 자리 잡으려면 당연히 시간이 걸린다!) 하지만 내가 고수했던 비전, 일단 뭔가 만들어 내면 많은 사람에게 도움을 줄 수 있을 거라는 생각, 창업과 동시에 문 닫지 않는 사업을 만들어 낼 수 있을 거라는 비전이 있어서 계속할 수 있었다.

꿈이 무엇이 되었든 힘든 시기가 오면 그 비전을 포기하고 싶은 유혹에 빠지게 마련이다. "상황이 터프(tough)하다"라는 말이 트럭 광고에 나오는 약간 애매하고 거친 분위기의 터프함(toughness)을 의미하지 않는다는 걸 알 것이다. 해 봤자 실패할 거라고 생각하게 만드는 경험에 대해 말하고 있다. 의심이 든다는 건 당신이 현재 겪는 도전을 도저히 견딜 수 없다고 생각한다는 사실을 알려 주고 있을 가능성이 크다. 그렇다면 미래의 꿈을 향해 어떻게 일할 수 있을까? 당신의 비통한 슬픔은 당신에게 모든 책임은 그 상실에 있으며 앞으로 나아갈 수 없다고 알려 주려 애쓸 것이다. 당신이 겪은 트라우마는 미래에 맞이할 기쁨을 아무도 모르게 훔치려 들 것이다. 인간 본능은 고통이 멈추기만을 바랄 뿐이며 그것은 우리의 생존 모드다. 그러므로 더 큰 미지의 세계, 더 많은 실패와 모호함의 가능성을 향해 걸어 들어가는 것이 본능에 얼마나 저항하는 일인지 상상해 보자.

당신의 가장 깊은 꿈이 당신의 편안함을 빼앗고 당신의 능력이나 통제력을 완전히 넘어선다는 생각이 든다면 어떻게 해야 할까? 난 당신이 절대 하지 말아야 할 한 가지를 알고 있다. 가만히 앉아서 기다리지 말아야 한다는 것이다.

두려움이 저절로 사라지기만을 기다린다면 당신에게 주어진 모든 시간을 당장 빼앗기고 만다. 고통과 두려움, 비통함을 잊고 새롭게 출발하라는 뜻이 아니다. 일부러 떨쳐 내지 말고 함께 앞으로 나아가야 한다. 당신이 할 수 있는 유일한 선택이 지금 당신에게 있는 것, 당신이라는 존재 전체를 가지고 가는 것이라면 다음에 갈 곳으로 가지고 가자. 당신은 비통하고 두려운 감정을 옆자리에 태우고 함께 멀리 떠날 수 있다. 그 감정들을 이겨 낼 유일한 방법은 그 감정들을 피하는 것이 아니라 함께하는 것이라는 걸 이동하는 중에 알 수도 있다.

고통은 공감으로 가득한 당신의 우물을 확장할 수 있다. 두려움은 변화를 원하는 열망을 높일 수 있다. 비통한 감정은 앞으로 더 많은 경험을 하게 하고 그 경험을 더욱 풍부하게 해 주는 힘이 될 수도 있다. 고통과 두려움, 비통한 감정은 약점이 아니다. 당신을 변화하게 할 동반자다.

당신에게 이 말을 나직한 목소리로 들려주자. "넌 아주 마법 같은 선물을 받았어. 그건 바로 오늘이야. 네가 지금 살아가는 삶이야." 가장 어려우면서도 아름다운 진실이 한 가지 있다. 그건 바로 지금은 당신이 확실히 누릴 수 있는 시간이라는 사실이다. 밝은 미래? 난 그런 미래를 원한다. 난 당신도 그런 미래를 맞이하길 바란다! 하지만 그런 미래를 만들어 나가는 일은 바로 지금부터, 당신 마음속에서부터 시작해야 한다.

> **정말 잘 지내고 있나요?**
> 당신에게 어떤 미래가 보이나요?
> 그 미래가 두렵나요? 왜 그 미래가 두렵나요?
> 당신이 미래에 좀 더 가까이 가기 위해 오늘 할 수 있는 한 가지 일은 무엇인가요?

미래를 구축하는 일은 성공하는 데 필요한 움직임, 다시 말해 그것이 당신에게 어떻게 보이든 그걸 자신의 마음속에 그려 보는 일에서부터 시작된다. 심리 치료사 에이미 모린(Amy Morin)은 이런 글을 썼다. "생각하는 방식이 중요합니다. 느끼고 행동하는 방식에 영향을 주기 때문입니다. …… (하지만) 긍정적인 생각은 긍정적인 행동과 결합해야만 효과가 있습니다."[1]

믿음은 행동과 매우 잘 어울린다. 개중에는 "연습이 힘을 만들어 낸다"라고 말하는 사람이 있다. 물론 의도는 좋은 말이다. 하지만 틀린 말이다. 나는 행동이 힘을 만들어 낸다고 생각한다. 그건 당신이 믿음을 갖고 원하는 삶의 패턴에 발을 들여놓는 행동만이 그러한 삶을 만들어 낼 유일한 방법이라는 뜻이다.

현재 삶의 패턴을 한쪽으로 치워 두고 원하는 삶의 패턴에 집중해 보자. 예를 들어 특정 인간관계에 다시 새로운 활기를 불어넣을 수 있다는 믿음을 가져 보자. 당신은 어떤 선택을 할까? 자동차 계기판에 사랑한다는 메모 남기기? 두 사람 모두가 무척 좋아하는 밴드 공연 티켓 구매하기? 좋아하는 상대방을 위해 디저트를 구우려고 오후 시간 비우기? 믿음을 가지면 이미 오래전부터 일상에 이런 선택의 습관이 있었다는 듯 살아가면서 멀어만 보이는 목표를 오늘 행동으로 옮길 수 있다. 그 느낌이 얼마나 달라지는지 알겠는가?

때로는 혼자 힘으로 이 변화를 받아들일 수 있다. 하지만 도움이 필요할 때도 있다. 나 역시 그랬다. 내 비통한 감정을 털어놓고 부담을 함께 나누고 의지할 수 있는 누군가가 간절히 필요했다. 아이를 갖기 위해 고군분투한 과정을 솔직히 밝히고 두 번 유산한 일을 공개할 즈음에 나처럼 유산을 겪은 낯선 여성에게서 메시지를 받았다. "당신을 돕고 싶어요." 그의 말이었다. "6주 동안 온라인으로 만날 수 있을까요?" 그의 이름은 에린 트렐로어(Erin Treloar)였으며, 그 역시 유산하여 아이를 잃은 경험이 있었다. 에린은 그 후 유산한 여성들이 더 건강한 방법으로 대처하고 치유하도록 도와주고 싶은 열정에 불이 붙었다고 했다.

우리는 매주 통화하기로 했다. 통화할 때마다 목표가 달랐다.

예를 들면 내 몸과 다시 연결되는 방법이라든지, 내가 치유되는 과정을 정면으로 마주하는 방법이라든지, 다시 꿈꾸는 걸 배우는 방법 등이었다. 에린은 전화 통화로 내가 머리부터 발끝까지 내 몸의 각 부분과 신체 감각에 관심을 기울이며 집중하도록 이끌었고, 내 비통한 감정이 어떤 느낌인지, 내 몸 어디에 존재하는지, 내 몸 어디에서 그걸 짊어지고 있는지 등을 묘사하도록 유도했다. 몇 번이고 반복하며 우리는 깊이 뿌리내린 거짓말, 한계를 느끼게 하는 믿음, 이제 더는 인생에 도움이 되지 않는 여러 생각을 밝혀냈다. 이건 매우 힘든 작업이어서 건너뛰고 싶다는 생각이 들기도 했지만 한번 크게 심호흡한 뒤 그녀의 전화를 받았다. 한 시간 뒤 통화를 마칠 즈음이면 눈물범벅이 된 뺨을 닦고 다시 일을 시작했다.

에린은 이렇게 세션을 진행하던 중, 한번은 나를 혁신적인 시각화 연습의 세계로 이끌었다. 당신의 삶이 이제 막 변화했다는 걸 깨닫게 되는 순간들을 아는가? 변화 이전과 이후의 차이를 분명히 만들어 내는 경험을 아는가? 음, 이제부터 할 이야기는 그런 경험 중의 하나다.

나는 푸른색 안락의자에 앉아 있었다. 에린은 라디오 다이얼을 돌리듯이 직관의 강도를 높여 달라고 요청했다. 내게 다른 삶, 내 비전이 실현된 삶을 상상해 보라고 했다. 나는 눈을 감았고, 고통스럽긴 했지만 비전이 있는 그곳으로 마음을 이끌었다.

이 연습을 마치자 수화기에서 계속 침묵이 흘렀다. 그때 나에겐 나 자신과 마주할 그리고 내 인생에서 내가 본 모든 것을 마주할 몇 분의 시간이 필요했다.

마침내 치유 세션을 계속할 준비가 되었다는 생각이 들자, 에린은 나의 가장 활기찬 모습을 묘사해 달라고 청했다. "눈을 감으세요. 눈에 보이는 걸 모두 알려 주세요."

나는 흰색 리넨 상의에 메이드웰 청바지를 입고 환하게 미소 짓고 있었다. 나는 부엌 싱크대 밑에 깔린 페르시안 카펫 위에 맨발로 서서 설거지했고, 그 뒤로는 어린 여자아이가 아빠와 함께 접시에 담긴 팬케이크를 나눠 먹으며 키득키득 웃는 소리가 들렸다. 강아지들은 아이의 의자 밑에서 앞발을 들고 부스러기 또는 팬케이크 전체가 떨어지기만을 기다리고 있었다.

이 비전을 에린에게 들려줄 때 눈물이 뺨을 타고 내려와 목으로 떨어지는 걸 느꼈다. 현재 나의 삶에 비하면 너무나 순수하고 즐거우며 믿을 수 없을 만큼 다르게 느껴지는 비전을 잃고 싶지 않아서 아무 말 없이 앉아 있었다.

이 비전의 배경을 현재의 우리 집으로 옮기고, 내가 지금 있는 공간에서 이 장면이 나타나고 있다고 상상하며 비전을 수정하려 계속 노력했지만, 그 비전은 계속 다른 곳으로 장소를 옮겼다. 잠이 반쯤 깼을 때 머릿속에서 순식간에 흘러가는 꿈의 전개 방향을 통제하려 아무리 애써도 소용없는 것처럼 말이다.

나는 옛날 건축 방식으로 지어진 우리 집을 사랑했다. 특이하면서도 아름다웠다. 하지만 이 집 벽을 바라볼 때마다 마음의 고통이 밀려왔다. 처음 이사했을 때, 아기를 갖기로 하고 우리는 방 하나를 골라 아기방으로 정했었다. 그 방은 몇 년 동안 텅 빈 채였다. 옷장 속에는 스치듯 짧았던 임신 기간에 흥분에 겨워 구매한 아이용품들이 처박혀 있었다. 한 번도 사용하지 못했지만 도저히 버릴 수 없는 물건들이었다.

에린에게 내가 본 비전을 하나하나 자세히 얘기하고 통화를 끝냈다. 그리고 드루에게 이 말을 꺼냈다.

"이사해야 할 것 같아."

당신도 이러한 비전과 아이디어가 있다면, 누군가가 당신의 환상을 깨뜨리지 못하도록 가슴속으로 품고 싶지 않은가? 나도 그랬지만 이 비전은 달랐다. 이 비전은 너무나 생생했으므로 다른 사람들과 꼭 공유해야 했다. 방에서 아기가 키득키득 웃는 소리가 들리는 듯했다.

그날 밤 드루가 퇴근하고 집에 왔을 때 에린과 통화하며 내가 본 비전을 이야기하자 드루의 갈색 눈이 환하게 빛났다. 팬케이크, 아이가 키득거리며 웃는 소리와 멋진 페르시아 러그 얘기를 듣고도 좋아하지 않을 사람이 누가 있겠는가? (드루는 페르시아 러그에는 조금도 관심이 없었을 것이라 지금도 꽤 확신하지만, 어쨌든 그랬다.) 알고 보니 이 집에 꼼짝없이 갇혀 있다는 느낌을 받은 사람은 나뿐만이 아니었다. 복도를 걸어갈 때마다 이 집은 우리가 실현하지 못한 비전을 계속 생각나게 했다. 이곳에서의 삶은 우리의 미래 비전을 반영하지 않았다. 그리고 솔직히 말하면 우리 두 사람에게 뭔가 다르고 새로운 게 필요하다는 생각은 단순히 매력적인 것 그 이상이었다.

우린 많은 시간을 함께했으므로 이젠 드루를 깜짝 놀라게 하기는 어려웠다. 우린 위험을 감수하고 도약하는 일이 꽤 편했으므로 하면 안 된다거나 충격적인 일은 아무것도 없었다. 새집으로 이사하는 것도 마찬가지였다. 정신 나간 소리 같았지만, 이 비전을 이루고 싶다면 그 실현 과정에 적극적으로 임해야 한다는 생각을 도저히 떨칠 수 없었다. 나를 진정 행복하게 하는 삶의 비전을 마구 밀치며 시간을 보내고 싶지 않았다. 그 비전에서 본 미래를 원했다. 팬케이크가 있고 여유 있는 아침을 원했다. 키득거리며 웃던 그 꼬마 아가씨를 원했다. 하지만 그때 내 삶에서는 그 비전에서 본 모습을 조금도 찾아보기 힘들었다…… 아직은.

'메이드웰 청바지 입기부터 시작할 수 있을지도 몰라.' 이런 생각이 들었다. '이사까지 하기엔 너무 과해, 그렇지?'

하지만 어느 날 저녁, 드루가 달리기 운동을 하려 집을 비운 동안 나는 질로(Zillow, 부동산 거래 앱-옮긴이)를 스크롤하며 미네소타 친정집 근처 지역들을 검색하다가 드디어 괜찮은 집을 찾아냈다. 친정집에서 불과 몇 킬로미터 떨어진 덜루스(Duluth)에 있는 그 부동산 매물 정보 링크와 문자를 가족 채팅방에 재빨리 보냈다. "어쩌면 이건 커처 가족의 집이 될지도?" 윙크 이모티콘도 잊지 않고 달았다.

달리기를 마친 드루가 땀을 뻘뻘 흘리며 돌아왔을 무렵, 가족 모두가 내 생각에 반응을 보였다. 멋진 생각이라는 느낌표가 끝없이 이어졌고, 최고다, 환영한다는 이모티콘이 채팅방에 넘쳤다. 할아버지는 심지어 "당장 해, 당장 해, 집에 와야지!"라고 구호를 외치는 영상을 찍어 보내셨다.

"채팅방에서 그 내용 봤어?" 드루에게 물었다.

"무슨 내용?" 여전히 숨이 차 헐떡이던 드루가 말했다. "채팅방에서 무슨 일이 벌어지는 거야? 달리고 있는데 휴대전화가 계속 울렸어."

나는 컴퓨터를 켜고 그 집 사진들을 보여 줬다. 길쭉한 목제 테이블 사진을 가리켰다. 모두 옹기종기 모여 앉아 팬케이크를 먹을 공간이었다. "바로 이거야! 내가 본 비전에서 나왔던 팬케이크랑 우리 딸 모습과 비슷해!"

며칠 뒤 우리는 창문의 벌어진 틈을 메우고, 집 안 구석구석을 닦고, 잡초를 제거했다. 그리고 새 단장을 마친 사랑하는 우리 집을 부동산 시장에 내놓았다. 정확히 말하자면 내가 그런 비전을 갖고 있어서 이사하는 건 아니었다. 하지만 그 비전 때문에 이사하지 않을 수도 없었다.

자, 큰 목소리로 분명하게 말하겠으니 들어 달라. 당신은 새로운 꿈에 발을 들여놓기 위해 지금 살던 곳의 생활을 정리하고 이사할 필요가 없다. 할 수 있는 장소에서 할 수 있을 때 시작하자. 처음부터 크게 시작할 필요는 없지만 일단 시작해야 한다.

당신이 원하는 그 삶? 그건 지금 진행되고 있다. 이 책을 읽는 동안 그 삶이 펼쳐지고 있다. 오늘 아침 알람 시계가 울렸을 때 그 삶의 첫날을 시작한 셈이다. 이것이 바로 하나밖에 없는 아름다운 인생이다. 이불을 걷어차고 일어나자. 앞으로 나아가는 것은 누가 뭐래도 나아가는 것이며, 천천히 전진하더라도 그건 여전히 전진하는 것이다.

얼마 안 있어 드루와 내게 전진이란 가득 쌓인 짐 상자와 이삿짐 트럭 예약이라는 형태로 나타났다. 우린 새 출발을 위해 내가 태어난 곳, 나의 뿌리였던 곳으로 돌아갈 예정이었다. 넓고 탁 트인 공간과 미네소타 억양이 그리웠다. 고향에 돌아가기로 했다.

나는 '만약 의심과 부정적인 생각, 절망에 빠져 미래를 향한 내 비전을 흐리게 했다면 무슨 일이 일어졌을까?' 하고 종종 생각한다. 이곳 생활을 정리하고 그 많은 짐을 싼 뒤 머나먼 다른 주로 이사한다는 대대적인 실행 계획을 준비하며 힘들어하다가 그만 꼼짝도 하지 못하고 말았다면? 내 현실을 돌아보고 어깨를 한번 으쓱한 뒤 포기했더라면? 그랬다면 몇 달 뒤 이삿날이 닥쳤을 때 낯선 미네소타 집 부엌 바닥에 페르시아 카펫을 깔수 있었을까? 그날 갑자기 속이 메슥거려서 임신테스트기를 준비하고 드루에게 현관 옆에 잔뜩 쌓인 이삿짐 상자에서 두루마리 휴지를 찾아 달라고 부탁할 수 있었을까? 잔뜩 신이 나서 화장실에서 나와 메이드웰 청바지 차림으로 춤추며 분홍색 두 줄이 선명한 임신테스트기를 자랑스럽게 높이 쳐들 수 있었을까?

우리 딸 이름은 콘리 케이트(Conley Kate)다. 우리는 그냥 코코라고 부른다. 손가락 발가락 모두 열 개씩이고 잠잘 때가 되면 양미간을 살짝 찡그린다. 코코는 우리 부부가 꿈꾸던 모든 것이고, 세 번째 시도 끝에 세상에 나온 우리의 첫 번째 무지개 같은 존재다. 딸의 이름은 영웅이라는 뜻이다. 코코를 바라보고 있노라면 진실을 깨닫는다. 코코는 우리 모두를 구한 진실이다.

두 번 연속 유산하고 이루 말할 수 없는 고통을 겪으며 3년이라는 시간이 흐른 뒤, 참았던 숨을 홀가분하게 내쉬었다. 꼬물거리는 작은 기적을 우리 품에 안았던 날이었다. 기다렸던 시간은 우리가 기다렸던 것만큼 중요하다는, 이 세상에서 가장 깊은 교훈을 이해한 날이었다. 그날 나는 이루 말로 표현할 수 없이 심오한 그 말의 무게감을 느꼈고, 지금도 마찬가지다.

나는 가끔 눈을 감고 처음 임신했던 때를 떠올린다. 우리 부부가 하와이 호텔 수영장 옆 레스토랑에 앉아 앞으로 이 모든 걸 잘 해낼 수 있을까 고민했던 일도 기억한다. 어떻게 하면 인생을 재정비해서 이렇게 엄청나게 큰일을 위한 길을 낼 수 있을까? 부모가 되는 건 불가능해 보일 정도로 매우 대단한 일이었다. 마치 조그만 욕조에 커다란 보트를 정박하는 일 같았다.

우리의 비전은 우리가 처한 현실과 일치하지 않았고 인생 계획하고도 어긋났다. 드루는 9시부터 5시까지 일했지만, 나는 훨씬 오랫동안 바쁘게 일하는 전업 사진작가였다. 우리는 양가 가족을 거의 만나지 못했다. 테이크아웃 음식을 너무 자주 사 먹었다. 돌봐야 할 갓난아기가 있는 상황에서 눈코 뜰 새 없이 일이 밀려드는 웨딩 시즌을 어떻게 대처해야 할지, 충분하지는 않겠지만 그래도 출산 휴가를 내려면 고객들을 만나 일하는 시간을 어떻게 바꿔야 할지 등에 관해 이야기했다. 우리 두 사람의 마음은 미래 비전과 일치했지만, 임신테스트기가 명백하게 내가 '임신'한 사실을 확인해 준 순간, 우리가 처한 현실은 부모가 될 기회를 받아들이지 않았다.

나는 그때를 자주 회상한다. 그때는 기다리고 의문을 제기하고 죽을힘을 다해 버티던 시절이었다. 변함없는 희망을 품었고 수확이 확실히 보장되지 않는다는 걸 알아도 계속해서 씨앗을 심었던 시간이었다. 우리 인생에서 그 당시 몇 년은 우리 이야기의 매우 중요한 부분이다.

그동안 겪은 고통은 그만한 가치가 있었다. 우리가 걸어온 길에는 다 목적이 있었다. 모두 하나의 길로 이어져 있었다.

오늘, 느지막이 잠이 깬 우리는 침대에서 나온다. 드루는 커피를 내리고 내가 늘 마시는 레몬 워터를 만들려고 주전자로 물을 끓인다. 코코에게 줄 우유도 조금 데운다. 나는 작은 기적 같은 우리 아기가 옹알거리며 잠을 깨는 모습을 바라보며 미소를 짓는다. 매일 명상한다거나 해가 뜨기도 전에 8킬로미터씩 달리기를 한다고 자랑할 수 있다면 정말 좋으련만, 매일 아침 근육통 없이 가뿐하게 일어나는 게 더 좋다.

드루는 내게 따뜻한 레몬 워터를 건네고 나는 미소 짓는다. 이 사소한 행동도 내게는 사랑이다. 우리는 함께 보내는 시간이 정말 많다. 여기서 말하는 우리는 드루와 나, 이제 유아용 침대에서 데려올 귀여운 꼬마 아가씨까지 해서 세 명이다.

우리는 어떤 일이든 서두르는 법이 없다. 우리 집 달력은 적어 놓은 일정이 별로 없어서 마치 더 칙스(The Chicks)의 노래 〈넓은 공간(Wide Open Spaces)〉처럼 휑하다. 밤에는 푹 자고 충분히 쉰다. 서로의 손을 꼭 잡거나 상대방에게 다리를 걸친 채 베이비 모니터에서 들리는 백색소음을 자장가 삼아 잠이 든다. 이 세상에 진짜 급한 일이란 거의 없다고 믿는 곳에서 살고 있다. 내가 매우 좋아하고 꼭 필요한 속도로 살고 있다.

아, 혹시라도 궁금해할까 봐 알려 드리겠다. 그렇다, 우리 집에는 모두 앉을 수 있는 긴 식탁도 있다. 그렇다, 흰색 리넨 상의도 있다. (다림질은 거의 하지 않는다.) 그렇다, 조용한 음악도 들린다. 그렇다, 이건 빼먹으면 안 된다. 팬케이크도 있다.

난 휴대전화를 손에 들고 레몬 워터를 홀짝이며 화면을 스크롤한다. 페이스북 타임라인을 보던 중 팝업 화면이 뜬다. 전에 다녔던 회사 사무실 문에 내 이름과 직함이 쓰인 명판이 붙어 있는 사진이 보인다. 제나 커처, 인사부 수석 리더. 내가 직접 정하지 않은 직함이 있던 시절에는 내가 누구이고 무슨 일을 하는 사람인지 설명하는 일이 훨씬 쉬웠다. 알다시피 그 직함으로 불리면 어쩐지 중요한 사람처럼 들렸다.

하지만 난 진실을 안다. 나는 그때 일했던 사무실, 담당했던 역할 또는 그 직함을 전혀 그리워하지 않는다. 그 명판은 옷장 안에 둔 '잡동사니'라는 라벨을 붙인 상자 안에 처박혀 있다. 그 상자는 아마 언젠가 치워질 것이다. 최근 그 명판을 다시 보자 지금의 내가 그 시절에서 얼마나 멀리 왔는지뿐만 아니라, 남들에게 인정받고 싶어서 다른 사람이 만든 사다리를 타고 계속 올라갔다면 내 삶이 어땠을지를 다시 한번 알 수 있었다.

중요한 건, 계획이란 우리가 기대하는 대로 똑같이 진행되지 않는다는 점이다. 난 상상도 하지 못한 방식으로, 또 예상도 하지 못한 방식으로 나 자신을 변화시켰다. 나는 주변을 돌아본다. 음식물이 묻어 끈적끈적한 유아용 식탁 의자와 뜨거운 레몬 워터가 담긴 머그잔이 보인다. 한가한 주말이 날 기다린다. 난 아직도 이 모든 걸 받아들이려 애쓰고 있는 듯하다. 지난 30년이라는 세월은 고사하고 지난 3년 동안 살아온 과정을 아직도 이해하며 받아들이는 중이다.

나는 나중에 쉴 수 있도록 먼저 정신없이 바쁘게 일하는 인생부터 살아야겠다고 생각하곤 했다. 하지만 이제는 내 비전이 어떻게 달성되었는지 알 수 있다. 경력과 가족, 온전함에 관한 각각의 비전이 천천히 그리고 확실하게 인생을 다른 속도로 살게하고 새로운 삶의 방식으로 이끌었다.

이 집에서 남편과 딸과 함께 매일 시간을 보내리라고는 꿈에도 생각지 못했다. 전에는 내가 하는 일이 아이의 낮잠 시간을 중심으로 돌아가거나, 아이가 오후에 산책 가자고 하면 언제든지 응해야 한다는 규칙을 정할 줄 전혀 알지 못했다. 내게 성공이란 매일 밤 아이를 침대에 눕혀 재우고 다음 날 아침 아이를 깨우는 것이라는 생각이 들 줄은 예상하지 못했다. "정말 잘 지내고 있나요?"라는 질문을 내게 했더니 그렇게 신나고 즉흥적인 여정을 시작하게 될 줄은 꿈에도 생각하지 못했다.

그 질문에 대답하다 보면 지금 있는 자리에 가만히 있게 될 때도 있을 것이다. 하지만 아직 가 보지 않은 곳으로 이동할 때도 있을 것이다. 그건 당신의 꿈을 향하는 가장 작은 단계일 뿐이다. 아주 조금 진전을 이룬 것에 불과하다는 생각이 들 수 있다. 하지만 내 말을 믿어도 된다. 당신이 걸어갈 길과 목적이 일치하기 시작하면 눈앞에 펼쳐진 길이 확장되면서 이제부터는 속도가 달라진다. 그러면 계속 가 볼 만하다. 도망칠 필요가 없는 삶을 만들어 내고 있다는 걸 알게 되므로 전체적인 마음의 평화가 찾아올 것이다. 그것은 당신을 채워 주는 삶이지 고갈시키는 삶이 아니다. 즐거운 척할 필요가 없는 삶이다.

어느 주말, 나는 친구들 몇 명에게 만약 돈이 문제가 되지 않는다는 가정하에 어떤 일이든 할 수 있거나 어떤 사람이든 될 수 있다면 인생에서 뭘 해 보고 싶은지 물어봤다. 실험실에서 일하는 친구는 중학교 기술 교사가 되고 싶다고 했다. 이벤트를 기획하는 친구는 바텐더가 되고 싶다고 솔직히 말했다. 당뇨병 환자들을 도와주는 영양사 친구는 베이커리를 열고 싶다는 속마음을 밝혔다.

같은 질문을 당신에게 하고 싶다. 직감에 따른 반응을 거부하지 말고, 자꾸 변명하고 얼버무리지 말자. 만약 돈이 문제가 되지 않는다면 인생에서 뭘 하고 싶은가? 어떤 꿈을 추구하겠는가? 어떤 유산을 남기겠는가? 어떤 비전을 실현하겠는가?

5년 후 당신이 어떤 사람이 될지 나는 말할 수 없지만, 이것만은 분명히 말할 수 있다. 이 질문에 대답할 만큼 용감하다면 당신은 꿈을 추구하기 위해 한 걸음 내디딜 수 있는 사람이다.

오늘 아침 산책하려고 코코를 유모차에 태울 때 불현듯 어떤 생각이 떠올랐다. '바로 이거야.' 이것이 바로 내가 바라던 비전이었고 내게 풍요이자 기회였다. 이것은 내가 그토록 갈망하고 바라던 꿈이며 열심히 일하는 인생이기도 하다. 모두 다 해당한다. 짜증이 솟구치는 순간도 있고 의기양양한 순간도 있다. 기쁨에 겨워 울기도 하고 슬퍼서 울기도 한다. 과거에서 치유되는 순간이 있다. 극심한 슬픔도 여전히 존재한다. 지금까지 걸어온 길은 내게 고난을 가져다주었지만, 놀라움과 기쁨도 안겨 주었다. (그 과정 중에 간식도 물릴 만큼 많이 먹었다.)

아이와 함께 보도를 걸어갈 때 친절한 이웃 사람이 손을 흔들며 인사한다. 그녀의 집 앞에서 걸음을 멈추자 코코는 손을 하늘 높이 쭉 뻗고 외친다. "아아아안녀엉하세요!"

"잘 지내니?" 이웃 사람이 환하게 웃는다.

그 질문, 그 간단한 질문을 또 듣는다. 눈을 크게 뜨게 하고 심장이 터질 것 같게 하고 인생을 바꿔 주는 질문이다. 난 딸을 내려다본다. 뭔가 잔뜩 묻은 고사리손과 보조개가 움푹 들어간 뺨을 사랑스러운 눈길로 바라보며 아이가 자기 힘으로 다음 말을 이어서 하기를 기다린다.

나는 아이가 그 질문에 솔직히 대답하는 법을 배우는 데 몇 년이 더 걸리리란 걸 알고 있다. 그래서 오늘, 우리 둘을 위해 가장 진실한 대답을 나직이 속삭인다. "믿을 수 없을 만큼 깊이 감사하고 있어요."

만약 돈이 문제가 되지 않는다면
어떤 일이든 할 수 있거나
어떤 사람이든 될 수 있다면
인생에서 무엇을 해 보고 싶나요?

제2부

당신에게는
누가 있고,

당신은
누구를 위하는가?

제나가 보내는 편지 :

우리도 무엇인가 할 수 있다는 믿음을 구체적으로 만들어 보았어
요. 이제는 우리 삶에서 그 목적이 어떻게 실행되는지, 아이디어를
실제 행동으로 어떻게 바꿀 수 있을지 잘 알아 둬야 해요. 좋은 소
식이 있어요. 혼자 할 필요가 없다는 거예요. 지금은 당신의 삶에
누가 있고, 당신을 이끄는 사람이 누구이며, 당신이 다른 사람들을
어디로 이끄는지 차분하게 생각해 봐야 할 때예요. 또 당신 자신을
격려하고 변화시켜 가는 과정에 누가 도움의 손길을 줄지 곰곰이
생각해 봐야 할 때랍니다.
당신과 나는 각자 가야 할 길에서 시작해요. 사소한 행동이 모여 커
다란 움직임이 되고, 그 커다란 움직임이 기쁨으로 탄력을 받으면,
시작하는 데 왜 그리 오랫동안 꾸물거렸는지 의문이 들 거예요.

우린 이제 출발했어요,
제나

8장

전업주부 아빠 드루:
함께하는 꿈에 대하여

사랑은 돌처럼 가만히 두는 것이 아니라 빵처럼 만들어져야 한다.
항상 새로운 방식으로 다시 만들어져야 한다.
— 어슐러 르 귄(Ursula Le Guin)

정말 솔직히 말하겠다. 이쯤 되면 당신은 이 책을 침실에서
저 멀리 거실 바닥으로 힘껏 내팽개치고 싶은 충동을 느낄지도
모르겠다. (수영장 옆에서 읽고 있다면 물속으로 던져 버리고 싶을 수도 있
다.) 이렇게 생각할지도 모르기 때문이다. '제나, 다 좋은 얘기들
뿐이잖아요. 마음이 가는 대로 따라라! 꿈을 꿔라! 참된 모습으
로 당당하게 나타나라! 나 자신에게 100퍼센트 집중하라!'

하지만 당신의 주변 사람들 또는 평생을 함께하기로 약속한
사람은 어떨까? 결혼 생활은? 당신이 한 서약과 약속, 한 말을
지키는 것은? 온전한 모습으로 나타나 진실을 말했는데 당신의
꿈이 무시되고 거부된다면? 그러면 어떻게 해야 할까?

좋은 소식은, 아직은 그런 일이 일어날까 걱정할 필요가 없다

는 점이다. 우리의 뇌는 그런 식으로 '……하면 어쩌지?'를 떠올리고는 대비책을 마련하려고 재빨리 달려 나가길 좋아하지만, 지금은 그렇게 하지 말자. 당신은 인간으로서 변화하고 발전하면서, 몇 번이고 새로운 정체성으로 거듭나야 한다. 사랑과 수용은 늘 당신에게서 시작되어야 한다는 사실에 먼저 주목해야 한다. 제이슨 본(Jason Bourne) 같은 영화 주인공처럼 파란만장한 인생을 살아갈까 봐 걱정하지 말자. 배우자와 사이가 멀어질까 봐 걱정하지 말자. 룸메이트나 절친한 친구가 흘끔흘끔 곁눈질할까 봐 걱정하지 말자.

당신이 열정적인 모습을 보이고 비전을 받아들이며 활기에 넘칠수록, 당신은 당신 삶과 관련된 사람들, 가장 가깝게 지내는 사람들도 같은 방식으로 살도록 끌어들일 수 있다.

그렇다, 내 결혼 생활을 이야기하려 한다. 그런데 지금 파트너 혹은 배우자가 없거나, 애정 전선에 관해 말도 꺼내기 싫거나, 그냥 이런 종류의 대화에 큰맘 먹고 끼어들 마음이 전혀 없다고 해도 책을 덮어 버리지는 말자! 왜냐하면 이 대화가 어디로 향할지 당신은 감을 못 잡고 있을 수 있기 때문이다. (나쁜 버릇이긴 한데, 나는 대화 도중에 엉뚱한 이야기를 꺼낼 때가 많다.) 또한, 우리는 다른 사람에게서 배우려고 일부러 그들의 입장에 설 필요는 없다. 공감이란 우리를 대신해 깊은 강물을 건너는 재능이다. 나와 함께 가자. 난 당신에게 어떤 사람이 되라고 하지 않는다.

내가 누구인지 조금 보여 줌으로써 당신이 누구인지 묻고 있다고 믿어 주면 좋겠다.

신혼이었을 때 누군가가 성공적인 동반자 관계를 갖추려면 무엇이 필요한지 물었다면 나는 명언들을 인용해 가며 거침없이 답했을 것이다. "화를 풀지 않은 채 잠자리에 들지 말아야 해요!", "부부 싸움을 하려면 속 시원하게 싸우고 뒤끝이 없어야죠!", "소통이 핵심이에요!" 이런 말들은 나름대로 도움이 된다. 하지만 우리가 남편과 아내로 10년 이상 살아온 지금, 난 진실을 알고 있다. 내가 꿈에서도 바라는 이상형의 남자가 드루인 이유는 그가 자신의 꿈을 추구하길 두려워하지 않기 때문이다.

이렇게 꿈을 추구하는 일이란? 그건 정말이지 우리 두 사람의 관계를 굳건히 떠받치는 바로 그 토대에 쓰여 있다. 10여 년 전 웨딩드레스를 입고 버드케이지 베일을 썼던 결혼식 날, 내가 한 서약은 간단했다. "나는 당신이 꿈을 추구하도록 항상 격려하겠습니다. 당신의 영혼은 꿈을 실현하며 환하게 빛나기 때문입니다." 만약 오늘 그 서약에 내용을 추가할 수 있다면 이렇게 말할 것이다. "우리가 함께 추구하는 일이 당신 영혼을 어둡게 한다면? 자기야, 난 그걸 1초도 허용하지 않겠어."

드루와 나는 대학 다닐 때 만났다. 커뮤니케이션 강의실 뒷자리였다. 헬스장에 있는 심혈관 강화 센터에서 또 만났다. 나중에는 기숙사 밖에서도 만났다. 우리는 계속 마주쳤다. 내가 있는 곳 어디든 드루도 있었다. 나중에 알고 보니 우린 비즈니스와 커뮤니케이션 전공에서 같이 듣는 과목이 많았다.

시간이 흐르면서 우리는 절친한 친구가 되었다. 서로의 이야기를 들어 주고, 슬픔을 나누었으며, 패스트푸드를 먹으러 다녔다. 강의 때마다 상대방의 자리를 맡아 주었다. 만약을 대비해 각자 살던 아파트 열쇠를 교환하기도 했다. (맹세하건대 열쇠만 교환했다.) 나는 드루에게 내 아파트 말고 그 이상의 것(예를 들자면 내 마음)을 열 수 있는 열쇠를 너무 주고 싶었지만, 난 무서웠고 시기가 적절치 않았다. 주변 사람들은 우리 두 사람이 친구로서 누릴 수 있는 '좋은 일'을 놓치지도 망치지도 말라고 조언했다. 나 역시 내 인생에 드루가 없다는 걸 상상도 할 수 없었다. 하지만 솔직히 나는 우리 관계를 망칠 위험을 감수하고서라도 무슨 일이 일어날지 알고 싶었다.

그렇게 친구로 지낸 지 3년째에 접어들자 우리 둘 사이를 친구로 구분한 선이 공식적으로 흐릿해지기 시작했다. 한번은 크리스마스 휴일을 맞아 집에 있을 때 엄마가 말씀하셨다. "이 남자애와 친구 사이일 뿐이라고 확신하니?"

난 확신하지 않았다.

우린 그냥 평범한 친구 사이가 아니었다. 정말 아니었다. 난 그걸 단번에 알았다. 우린 어디에선가 이미 그 선을 넘었다. 나중에 우린 〈나 홀로 집에(Home Alone)〉를 같이 봤고, 그때 난 드루에게 깜짝 키스했다.

졸업 1주일 뒤 드루는 내게 깜짝 청혼했다.

모든 일이 순탄하게 잘 풀려 가고 있었다. 시기라든지, 우리 두 사람의 관계라든지, 오랫동안 유지한 우정이 어느새 사랑으로 바뀐 이야기……. 그런데 결혼식 열흘 전 사무실로 전화가 왔다. 창문이 없어서 숨 막힐 것 같고 초콜릿 그릇이 있는 사무실을 기억하는가? 내게 사무실 전화를 받으라는 누군가의 안내 소리가 스피커로 흘러나오자 나는 가슴이 철렁 내려앉았다. 비상사태가 아니면 아무도 사무실로 전화하지 않았다. 중요한 일인 게 분명하다는 걸 단번에 알았다. 수화기를 덥석 집어 들자 드루의 목소리가 떨렸다. "자기야, 나 방금 해고됐어."

드루의 말이 무슨 뜻인지 깨닫는 데 1분이 걸렸다. "그러니까, 직장에서?" 충격이 조금 가라앉고 나자 불현듯 깨달았다. 이제부터 나는 우리 가족을 혼자 먹여 살리고, 모든 청구서를 처리해야 하며, 학자금 대출도 갚으면서 신혼 생활을 시작해야 한다는 뜻이었다. 말을 타고 저녁노을을 향해 무작정 달려가지만, 다음으로 어딜 가야 하는지 전혀 모르는 신세 같았다.

나는 곧 결제해야 할 모든 청구서와 북쪽 해안가에서 보내기로 계획한 신혼여행을 생각했고, 결혼식 비용은 우리가 마련하고 있다는 사실을 떠올렸다. '오, 생각해 보니 다음 주말이 결혼식이야.' 내 머릿속은 곧바로 결혼식 비용 예산에 집중했으며,

예식을 코앞에 두고 버릴 만한 게 있는지 고민했다. 우리는 돈을 흥청망청 쓰는 사람들이 아니었으므로 결혼식 예산 중에서 없앨 만한 항목은 없었다. 여분으로 남는 것도, 절감할 것도 없었다. 피로연에는 피자와 시트 케이크를 준비할 예정이어서 큰돈이 들지는 않을 것이었다. 비용을 줄일 만한 항목이 아무것도 없었다. 몇 달에 걸쳐 결혼식을 준비하며 쓴 모든 수표와 결제일이 닥칠 청구서들을 하나하나 떠올리자 그날 하루 남은 시간 동안 일이 손에 잡히지 않았다.

그날 밤, 나는 또다시 열 시간 동안 일하느라 녹초가 된 몸으로 집을 향해 차를 몰았다. 머릿속이 터질 듯했다. 드루의 슬픈 목소리가 머릿속에서 떠나지 않았다. 내가 느낀 감정 대부분은 두려움이었지만, 또 다른 감정이 전류처럼 스치고 지나가는 게 느껴졌다. 나는 드루를 믿었고 나 자신을 믿었다. 우린 함께 이 상황을 해결할 것이다. 우리는 항상 그랬다.

결혼식 날, 웨딩 케이크는 조각조각 잘렸고 꽃 장식은 시들었으며 피자는 여기저기 굴러다니는 부스러기 몇 개만 빼고 다 사라졌다. 다음으로 우리는 상황이야 어찌 됐든 며칠 동안 우리 둘만 오붓하게 시간을 보내고 결혼을 축하하기 위해 슈피리어(Superior)호수를 따라 몇 시간 동안 운전해 갔다. 한 푼이라도 아껴 쓰려고 음식을 1인분만 사서 둘이 나눠 먹은 적도 몇 번 있었다. 디저트는 생략했지만 우린 즐겁게 시간을 보냈다. 앞날에 대한 걱정은 집에 가서 하기로 했다.

이후 두 달 동안 나는 드루에게 키스한 뒤 출근하면서 드루가 그날 꼭 면접을 볼 수 있기를 간절히 기도했다. 드루는 구인 광고들을 찾아보며 이력서를 업데이트하고 게시된 연락처로 연락했다. 하지만 어딜 가도 막다른 길이 계속 이어졌다. 2차 면접까지 갈 때도 있었다. 하지만 과거에 오랫동안 일한 경력이나 전문 경력이 없으면 채용 매니저는 다른 선택을 할 수밖에 없다. 드루는 답답해했고, 나는 스트레스를 받았다. 돈을 벌어야 하는 부담을 나 혼자 지고 있다는 사실이 우리 둘을 짓눌렀다.

또 몇 달의 시간이 쏜살같이 흘러갔고, 드루는 드디어 일이 잘 풀려 면접을 보고 나서 2차 면접도 봤다. 와인 판매 회사였다. 한동안은 진열대 담당자로 일해야 했지만 그 일은 유망해 보였다. 영업시간이 길다거나 휴일에 가장 바쁘다는 사실은 우리 눈에 들어오지 않았다. 우린 그저 안정적인 생활이 필요했고, 그 일은 우리에게 주어진 기회였다.

드루에 관한 이야기를 한 가지 하겠다. 드루는 못 하는 일이 없다. 드루는 자신의 능력을 확장하여 이미 다양한 업계에서 일했었다. 법률회사에서 커피를 배달하고 복사를 담당하며 잠시 일하는 동안 보험 판매 공식 자격시험을 준비해서 합격했다. 휴대전화를 판매하기도 했고 야외 광고판 수주 영업도 잠시 했었다. 드루가 거쳐 온 길을 돌아보면 한 가지 일을 꾸준하게 해 왔다고 할 수는 없어도 한 가지 주제는 분명히 있었다. 그것은 드루가 자신의 열정이 무엇인지 알아내려 고심할 때 도움이 되었다. 그건 바로, 드루는 무엇이든 팔 수 있는 남자라는 사실이다. (믿어도 된다. 온화한 갈색 눈을 바라보고 있노라면 정말 거절하기 어렵다.)

드루는 와인 회사에 취직했고, 이후 몇 년 만에 진열 담당자에서 실적이 매우 뛰어난 판매자 자리까지 올라갔다. 드루의 근면함과 성실함 덕분에 안정적인 생활이 가능해져 나는 두려웠어도 마음 놓고 회사원의 세계를 박차고 나와 전업 사진작가로 도약할 수 있었다. 이어달리기 경주를 할 때 손에 꽉 쥐고 달려나가야 할 배턴을 드루에게 받은 것 같았다.

다행히 우리는 생활의 리듬을 찾았으며 드루에게는 휴가가 매년 열흘씩만 주어진다는 사실에도 적응했다. 우리는 하와이 여행을 꼼꼼히 계획했다. (맞다, 그 여행이다.) 그때 하와이에서 우리 두 사람은 양성반응이 나온 임신테스트기를 손에 들고, 폴리네시아 댄서들이 공연하는 모습을 바라보며 갑작스레 닥친 이 모든 변화를 놓고 깊은 생각에 잠겨 있었다. 출산 예정일을 계산할 때 드루의 얼굴이 돌연 어두워졌다. 아기가 태어날 때는 드루가 단 하루도 휴가를 낼 수 없는 시기였다. 드루가 식료품점을 바삐 돌아다니며 와인을 진열하는 동안, 나는 홀로 남겨져 엄마라는 사람으로 새롭게 태어나야 한다는 현실을 깨달았다.

이것 때문에 우리가 그렇게 열심히 노력했던 걸까? 우리는 수영장 옆에 앉아 부모가 되면 어떤 모습일지, 우리가 선택한 길에 어떤 의미가 있을지 이야기를 나누었다. 그때 드루가 어떤 말을 꺼냈다. 그 말을 떠올리면 지금도 나는 깜짝 놀란다. "이 세상에서 무엇이든 할 수 있다면, 난 전업주부 아빠가 되고 싶어." 속삭이는 듯했던 드루의 말은 거의 고백의 말로 들렸다. 나는 무알코올 피나콜라다를 한 모금 마시고 잠시 드루를 바라봤다. '뭐라고? 이게 무슨 말이지? 드루는 자기가 한 말을 확신하는 걸까? 그게 정말 가능해?' 나는 드루가 그런 말을 하리라 전혀 예상치 않았다. 하지만 나는 드루가 진심으로 그 말을 했다는 걸 알았다.

솔직히 말하자면 드루가 한 말은 조금 충격으로 다가왔다. 우리는 아이를 갖기로 한 지 얼마 안 되었기 때문이었다. 다른 지역도 마찬가지겠지만, 중서부 지역에서는 유치원에서 소꿉놀이할 때 남자아이들은 일하러 나가고 여자아이들은 리틀타익스 장난감 집 안에 남아 집안일을 한다. 그 시절부터 성별 역할이 아이들 마음속 깊이 뿌리박힌다. 우리가 전통적인 결혼 생활을 하리라 예상한 사람들의 기대를 아무렇지도 않게 저버릴 수 있을까? 드루는 온종일 아이와 점토 놀이만 해도 정말 성취감을 느낄까? 못다 한 일을 마치려고 매일 슬그머니 집을 비우면 드루는 내게 화가 날까? 온종일 집에 있는 부모가 되고 싶다고 말하는 사람이 많지만, 그 역할을 맡은 사람들 모두가 성공하지는 않는다.

하지만 비전과 소명에 관한 핵심을 알려 주겠다. 당신의 비전을 잘 알아주는 건 다른 누구의 일이 아니다. 당신을 위해 당신의 비전을 알아내고 그걸 당신에게 알려 주는 건 어떤 누구의 책임도 아니다. 다른 사람들이 기꺼이 도움을 주기는 하겠지만 시작점은 당신이 되어야 한다.

드루와 나는 우리 자신에 대해 더 많이 알아 가면서 두 사람의 꿈을 엮어 하나의 비전으로 만들기 위해 최선을 다해 우리의 비전을 공유했다. 함께 달성하기 위해 늘 노력하던 비전이었고, 함께 추구하던 비전이었다.

우린 다른 사람들이 우리가 향하는 곳을 이해하지 못하거나 공감하지 못할 수도 있다는 걸 알고 있었다. 만약 다른 사람들이 그걸 보지 못하거나 이해하지 못한다면, 그건 그들이 아직 충분히 가까이 와 있지 않기 때문이다. 그러니 문제가 될 것이 없었다. '소명', 그러니까 '살아가고 싶은 방식'은 대형 광고판과 달리 거대하고 시끄러운 경우가 드물다. 그 소명을 발표하거나 공유하기에 적합하고 간결한 표현을 찾는 일이 늘 쉽지는 않다. 우리 대부분은 친밀한 관계, 다시 말해 속마음을 조그만 목소리로 고백할 수 있고 "네가 몰랐던 나의 다른 모습을 보여 줘도 될까?"라고 말할 수 있는 관계에서만 그렇게 한다.

나는 내 사업을 계속 키우고 드루는 어린 아기를 안고 다니는 전업주부 아빠의 삶에 완전히 발을 들여놓은 미래의 삶의 모습을 상상하자 나는 그 모습을 머릿속에서 떨칠 수 없었다. 드루에게는 아이들과 잘 놀아 주는 천부적인 재능이 있었다. 아기를 안아 본 적이 한 번도 없는 드루가 망설이지 않고 조막만 한 아기 신발, 특히 그 앙증맞은 나이키 신발만 보면 진짜 귀엽다며 좋아하는 남자로 변신하는 모습을 지켜봤다. 게다가 드루는 '가정 살림 기술자' 역할을 톡톡히 해냈다. 우리는 이미 오래전부터 드루가 나보다 훨씬 더 요리를 잘하고 청소도 더 잘한다는 사실을 인정하고 있었다! (카펫도 얼마나 깔끔하게 청소하는지 모른다!) 드루가 그 말을 꺼내자마자, 누군가가 내 머릿속에 앞으로 펼쳐질 나날들을 영화로 보여 주는 듯했다. 드루가 행복하고 평화롭게 성취감을 느끼는 모습이 보였다. 드루가 그 소박한 꿈을 내게 넘겨주자마자 나는 그게 바로 내 꿈도 된다는 걸 알았다. 그건 우리 두 사람의 목표가 되었다.

　나 역시 지난 몇 년 동안 내 꿈을 추구하던 사람이었으므로 다음으로 뭘 해야 하는지 알았다. 책임감과 소명감을 느꼈고 헌신해야 한다고 생각했다. 이제 드루의 꿈을 알았으니 이어달리기 배턴을 드루에게 넘기고 드루가 힘차게 달려가게 할 차례였다. 하지만 한 가지 작은 문제가 있었다. 전업주부 아빠가 되려면 아이가 있어야 하는데 그 중요한 한 가지가 빠져 있었다. 두 번의 유산을 겪을 때마다 나는 드루가 자신의 꿈을 내가 또 산산조각 냈다고 원망할까 봐 두려웠다. 드루의 꿈은 우리의 꿈이 되었기에, 첫 아이를 낳는다는 그 특별한 꿈에 있어서도 난 당연히 관련이 있었다. 커다란 응원 문구를 들고 인도에 서서 달리기 경주에 출전한 드루에게 "자기야, 할 수 있어!"라고 외치는 일과는 달랐다. 나는 이 꿈을 현실화하는 데 상당히 큰 역할을 맡고 있었다. 아기를 잃고 내 몸에 대한 배신감으로 몸부림치며 괴로워하는 동안, 드루의 몸부림도 그만큼 깊었다. 꿈의 실현이 미뤄졌다. 새로운 정체성은 실현되지 않았다.

물론 이것은 드루와 나의 이야기이지만, 모두의 이야기이기도 하다. 사랑이 우리 정체성 일부를 다른 사람의 정체성과 어떻게 연결하는지에 관한 이야기다. 비통한 감정을 나누며 누군가를 떠나보낸 상실감에 관한 이야기다. 어떻게 하면 희망을 잃지 않고 끝까지 살아가는지에 관한 이야기다. 사랑과 상실, 신뢰는 우리 모두가 겪는 일이다. 우리는 함께하기로 선택한 사람과 함께 아직 눈앞에 보이지 않지만 언젠가 맞이할 석양빛을 향해 힘차게 나아가야 한다.

하지만 누군가와 함께 살아가는 일이 석양빛을 바라보며 샴페인을 즐기는 것처럼 항상 여유롭지는 않다. 당신의 동반자는 인생이라는 무거운 짐을 짊어지고 가다 휘청할 때가 있을 것이며, 당신도 그럴 때가 있을 것이다. 당신과 동반자 둘 다, 혹은 둘 중 한 명의 영혼이 활기를 잃을 때가 있을 것이다. 당신은 당신만의 꿈을 추구하고, 동반자는 그만의 꿈을 추구할 때가 있을 것이다. 늘 동등하거나 공평하지는 않을 것이며 항상 편하지도 않을 것이다. 하지만 내가 알게 된 사실을 알려 주겠다. 있는 그대로의 광범위한 사랑은 그럴 때가 거의 없다는 사실이다.

'있는 그대로의'와 '광범위한'이라는 말은 커피 머그잔이나 모란꽃 프린트 위에 휘갈기듯 쓰인 글귀처럼 모호하게 들릴 것이다. 하지만 드루는 이런 종류의 사랑이 엣시(Etsy, 핸드메이드 상품 오픈마켓-옮긴이)에서 판매하는 티셔츠 글귀에서나 볼 수 있는 문구가 아니라는 걸 보여 주었다. 게다가 더 중요한 사실은, 드루는 그런 사랑이 어떻게 보이는지를 보여 주었다는 것이다.

드루는 한 가지 일을 하면서도 마음속으로는 다른 일을 갈망하며 애매한 곳에 갇힌 채 3년을 보냈다. 나도 직업을 선택하고 직무 경험을 쌓으며 고생한 적이 있으므로 그렇게 불확실한 상태에 갇혀 옴짝달싹 못 하는 게 어떤 느낌인지 정확히 알았다. 나도 전에 그렇게 산 적이 있었다. 미래의 꿈이 일단 고정되면 대개는 과거로 돌아갈 수 없다. 하지만 불평을 늘어놓거나 남과 비교하는 대신, 희망을 잃거나 포기하는 대신 드루는 열심히 와인 진열대를 채우고 판매하는 일에 집중했다. 고객에게 굽실거려야 할 때나 성이 차지 않아 불만일 때도 있었겠지만, 드루는 자신이 가는 길을 꿋꿋이 고수했다. 자신이 있어야 할 장소에 하루도 빠짐없이 나타났으며, 우리의 꿈은 이루어질 것이며 우리가 기뻐할 시간이 올 거라는 비전을 잃지 않았다.

지금 나는 그 시기를 비통한 감정이 두 번 연달아 찾아온 몹시 힘들었던 시기로 기억한다. 두 번의 유산으로 아기들을 잃고 꿈도 잃었다는 극심한 슬픔에 빠진 시기였다. 비통한 감정에 대해 알게 된 사실이 하나 있다면, 그건 사람마다 또 계절마다 다르게 보인다는 점이다. 우리의 결혼 생활은 기다란 스펙트럼의 양쪽 끝에서 각각 출발했고 그 중간 어디쯤에서 우리는 비통한 감정을 마주했다. 드루는 잘못된 게 있으면 뚝딱 고쳐서 모든 걸 더 좋게 만들고 싶어 했다. 나는 태아처럼 그저 몸을 웅크리고 엉엉 울고 싶었다.

임신 테스트를 해서 이제 곧 가족이 늘어날 것임을 알게 된 순간부터 나는 초고속으로 미래를 꿈꾸었다. 그런데 아기를 잃고 꿈도 잃자 우리 가족의 비전이 산산조각으로 부서졌다며 비통해했다. 하지만 드루는 달랐다. 드루도 나처럼 슬퍼했지만 그는 나를 더 걱정했다. 드루는 나를 위해 가장 단순하면서도 힘든 일을 했다. 말하자면 그는 내가 필요할 때마다 함께 있어 주었고 직장에도 계속 출근했다. 반면 슬픔에 빠진 나는 제대로 할 수 있는 일이 거의 없었다.

배우자, 파트너, 협력자, 가족, 이웃 또는 팀원, 누가 되었든, 상대방에게 모습을 나타내고 힘이 되어 주는 일은 자존심을 굽히고 와인을 진열 판매하는 일과 상당히 비슷하다. 당신이 슬픔과 좌절, 분노를 힘들게 끌고 가는 모습은 파트너가 자신의 슬픔과 좌절, 분노의 무게를 견디는 힘이 된다. 사랑이 안착하는 곳이면 어디든 결승선이 될 수 있다. 그걸 알면 두 사람 각자, 또는 함께 돌아가며 목표를 추구할 수 있다.

어쩌면 당신은 상대방을 앞으로 나아가게 하는 일이 불가능하다고, 그 무거운 부담을 함께 옮기거나 조금씩 움직이는 일이 불가능하다고 생각하는 지점에 이미 와 버렸을 수도 있다. 내게 효과가 있었던 방법을 알려 줘도 될까? 현재 상황 때문에 꼼짝도 하지 못할 때마다 나는 우리가 공유하는 비전의 실현이 얼마 안 남았다는 진실을 다시 한번 떠올렸다. 흥미진진한 미래가 코앞으로 다가왔으며 좋은 일들이 찾아오리라는 비전이었다.

내가 그 비전을 볼 수 없을 때 드루는 볼 수 있었다. 드루가 볼 수 없을 때 내가 볼 수 있었다. 우리 둘 다 볼 수 없을 때는? 그러면 그 비전을 말로 표현했다. 우린 잠시 하던 일을 멈추고 여유를 찾곤 했다. 한마음이 되어 같이 가지 않으면 '목표를 달성'하지 못하기 때문이었다. 당신은 파트너에게 솔직하게 말하고 싶을 때가 있을 것이다. "이건 너무 힘들어. 이걸 왜 해야 하는지 다시 말해 줘. 무엇을 위해 노력하고 있는지 알려 줘. 큰 그림을 그려 줘. 앞으로 펼쳐질 광경이 얼마나 아름다울지 말해 줘."

또 당신의 파트너도 당신이 같은 일을 해 주길 원할 때가 있을 것이다. 비결을 알려 주자면, 비전이 바뀌고 있다거나 시기가 불확실하다는 이유만으로 상대방을 포기하지 말아야 한다

는 것이다. 또 다른 비결은 여러 번 반복해서 진실을 말하는 것
이다. 서로의 공통된 꿈을 집 안 구석구석에 써 놓자. 종이에 마
커펜으로 굵게 써서 냉장고에 붙여 놓자. '빚 없는 인생'도 좋고
'두바이'도 좋고 뭐든 좋으니 컴퓨터 패스워드로 만들어 놓자.

　내 말을 믿어도 좋다. 그렇게 매일 잊지 않도록 상기하면
효과가 있다. 연구원이자 임상 심리학자인 존 고트먼(John
Gottman), 줄리 고트먼(Julie Gottman) 부부의 말을 들어 보자. 이
들은 성공적인 결혼 생활을 누리기 위한 고트먼 협회(Gottman
Institute) 훈련 모델의 최종 단계로 '(배우자와) 공유하는 공통된
의미(shared common meaning)'를 예로 든다. "부부가 그렇게 상대
방과 같은 꿈을 공유한다면 결혼 생활을 하며 겪을 수밖에 없는
우여곡절에 신경이 덜 쓰입니다. 인생에서 더 큰 의미의 맥락을
만들어 내면 부부는 사소한 일에 집착하지 않고 인생의 큰 그림
에 집중하게 됩니다."[1]

정말 잘 지내고 있나요?

당신에게 가장 중요한 인간관계를 살펴보세요.

당신과 상대방이 함께 공유하는 꿈은 무엇인가요?

그 꿈을 이루기 위해 어떤 조치를 취할 수 있나요?

창의력을 발휘해서 당신과 상대방 모두에게 의미가 있는 시

나리오를 만들 수 있나요?

우리 가족에게 꿈에 관한 이야기는 중요한 대화 주제다. 우리는 궂은일을 '서로 돌아가면서' 하지 않는다. 지출 부담을 정확히 반반씩 나누지 않는다. 산더미처럼 쌓인 빨랫감을 네 것 내 것 나누지 않는다. 수표를 쓸 때도 각자 똑같이 나누지 않는다. 우리는 마음의 평정을 추구한다. 그리고 늘 서로에게 질문한다. "어떻게 격려해 주면 좋을까? 필요한 게 뭐야?"

코코가 태어난 뒤 우리 삶은 어느 때보다 더 충만하면서도 한편으로는 잔뜩 어질러졌지만, 그 공통의 비전이 있었으므로 우리는 한 팀이 되어 육아와 집안일에 전념할 수 있었다. 그런데 갓난아기는 젖을 빠느라 온종일 내 가슴에 안겨 있을 텐데 전업주부 아빠는 무슨 일을 할까? 내가 코코에게 젖을 먹이며 재우면 한밤중에 잠에서 깬 코코가 울면서 나를 찾을 텐데, 드루는 꿈에서도 하고 싶었던 그 역할을 어떻게 담당할 수 있을까? 아마 코코가 젖을 끊기 전까지 드루는 자신의 역할을 제대로 하지 못한다며 긴장했을 것이다. 자기가 하지 않은 게 아니라 수유 같은 건 남자가 할 수 있는 일이 아니라 하더라도! 하지만 난 진실을 알고 있었다. 우린 둘 다 같은 목표를 향해 노력하고 있었다.

나는 콘퍼런스 콜을 하거나 팟캐스트 에피소드를 녹음하다가 드루가 우는 아기를 데리고 들어오면 하던 일을 잠시 멈추고 무음 상태로 만든 뒤 코코에게 젖을 먹였다. 그 뒤 하던 일을 계속했다. 드루와 나는 그런 순간마다 같은 팀 동료로서 소중함을

인식했고, 서로에게, 우리가 함께 구축한 인생에 대해 진심으로
고마움을 표시했다. 가장 혼란스러웠던 나날에도, 상황이 힘들
게 돌아갈 때도 마찬가지였다. 우리 둘에게 에너지와 사랑이 고
갈되었다는 느낌이 들 때도 마찬가지였다.

우리 대부분은 그런 나날이 너무나 익숙하다. 해가 바뀌고 책
임질 일이 늘어나면서 우리가 마땅히 받아야 할 인정을 받지 못
하거나, 필요한 도움을 받지 못하거나, 간절히 원하는 지원을
받지 못한다는 생각이 들면 앙심을 품고 억울해하며 분개하기
쉽다. 하지만 공통된 비전을 실현하기 위해 노력하는 일은 두
사람 모두가 완전함을 원한다는 의미이기도 하다. 나는 어떤 인
간관계에서든 존중받지 못한다는 느낌이 들 때마다 하던 일을
잠시 멈추고 내게 묻는다. 내가 나 자신에게 줄 수 있는 가치를
지금 나는 이 사람에게 받겠다고 기대하는 걸까? 이건 내가 살
아오면서 소홀히 했던 영역인가? 이건 내가 느끼지 못한 성취
감을 다른 누군가가 대신 충족해 주기를 바라는 상황인가?

최근 내 친구는 남편이 취미 생활을 즐기느라 시간 여유가 전
혀 없고, 남편의 삶에서 자기는 점점 더 뒷전이 되는 듯해서 불
만이었다. 남편은 친구의 말에 귀를 기울이더니 물었다. "당분
간 축구를 하지 말라는 거지?" 친구는 그렇다고 대답했다.

그렇게 남편의 주말 일정이 사라지고 친구 부부는 서로와 가
족을 위한 시간을 많이 보냈다. 하지만 몇 주 뒤, 친구는 남편의

취미 활동이 문제가 아니었음을 깨달았다. 축구는 남편에게 생활의 활력소였다. 남편은 축구를 사랑했다! 친구는 남편이 활기 넘치는 모습으로 살아가길 원했다. 하지만 남편이 자신의 열정을 행동으로 실천하는 모습을 보고 있으면 자신에게는 남편과 같은 열정이 없다는 사실이 뼈저리게 와닿았다. 결국, 친구는 남편이 취미 생활을 하는 걸 자기도 바란다는 사실을 깨달았다. 친구도 그런 취미를 꼭 갖고 싶었다.

인간관계에서 그런 일은 얼마나 자주 일어나는가? 우리는 성취하지 못한 욕망을 우리와 가장 가까운 사람들에게 투사한다. 그들의 상황 때문에 우리가 욕구를 계속 충족하지 못하고 있다고 주장하고, 기대와 분노라는 벽돌로 한 지붕 밑에 사는 그들을 내리친다.

이쯤 되면 우리 자신과 파트너 모두에게 솔직해야 한다. 우리는 "정말 잘 지내고 있어?"라고 묻고, 가장 진실한 대답을 하나도 놓치지 않고 들어야 한다. 이때 인간관계에는 기대와 욕구, 필요 사항이 아름답게 혼합되어 있음을 알아 두어야 한다. 우리는 이들 중 일부를 말로 표현하기도 하지만 입 밖에 내지 않기도 한다. 그런 것들을 모두 밝혀내는 것이 우리 일이다.

이렇게 솔직하게 대했기에 드루와 나는 둘 다 정체성을 새롭게 전환할 수 있었고 꿈을 당분간 미뤄 둘 수도 있었다. 우리의 공통된 비전에는 우리 자신의 필요 사항을 만족시키기 위해 일하는 것과, 사랑하는 사람의 요구 사항을 충족하기 위해 일하는 것이 모두 포함되어 있다. 그것이 바로 드루가 아침에 따뜻한 레몬 워터를 준비해 나를 맞이하는 이유다. 나 역시 드루가 매우 좋아하는 활동을 즐기도록 철인 3종 경기에 필요한 장비와 운동복을 몰래 준비해 드루를 깜짝 놀라게 한다.

살아가면서 하는 대부분의 일은 청중이 없어도, '좋아요' 혹은 이모티콘으로 가득한 댓글들이 없어도, 또 누군가가 우리의 노고를 인정한다고 알려 주는 황금빛 별표가 없어도 이루어진다. 우리는 맡은 일을 하면서 피곤함을 이겨 내야 하고, 인정받지 못하거나 무시당한다고 느끼는 날들을 과감히 밀어젖혀야 하며, 나아가 우리 자신을 비전에 단단히 묶어 두어야 한다. 우리는 매일 한 걸음씩 더 가까워진다. 만약 운이 좋다면, 세상이 너무 어두워 비전이 보이지 않을 때 우리 옆에 누군가가 그 비전이 있는 곳을 향해 촛불을 들고 나란히 있어 줄 것이다.

오래전 혼전 상담 시간에 목사님께, 얼마 전 드루와 내가 크리비지(cribbage) 카드 게임을 하면서 누가 더 많이 이겼는지 보드판 뒤에 일일이 표시했다고 말했다. 결혼식 당일은 기억이 흐릿해서 모두 다 생각나지는 않지만 목사님이 크리비지 게임에 대해 말씀하신 내용은 생생하게 기억한다. "여기 두 사람은 경쟁자가 아닙니다. 점수를 계산하거나 승패를 기록할 필요가 없습니다. 이제 두 사람은 같은 목표를 위해 싸우는 한 팀입니다."

인생 여정에서 우리는 누군가의 경쟁자가 아니라는 사실을 깨닫는 순간이 얼마나 아름다운지 모른다. 몇 점을 땄는지 계산하거나 몇 번 이겼는지 기록하지 말고, 같은 팀 동료로서 서로를 응원하고 함께 가야 한다. 무엇보다도 같은 편에 서서 꿈을 제시하고 추구하는 파트너가 옆에 있다니 얼마나 다행인가?

인생은 게임이 아니다. 아침 시간이 정신없이 시끄럽고 식사 시간도 너무 산만해서 밥이 입으로 들어가는지 코로 들어가는지 모를 때도 있다. 거친 말도 오간다. 하지만 매일 밤 잠자리에 들면 드루와 난 우리 삶을 순수하고 놀라운 시선으로 바라보고, 우리가 감사해하는 몇 가지를 놓고 돌아가며 수다 떨기에 바쁘다. 가령 코코가 '바나나'를 잘못 발음할 때 내는 소리가 얼마나 귀여운지, 오후에 산책할 때 날씨가 얼마나 좋았는지, 라즈베리가 요즘 제철이라든지 등이다.

그렇다, 우리는 주어진 성 역할을 따르지 않는 사람들이다. 우리 가족을 모르는 사람들이 드루가 요리와 육아, 식사 준비와 청소를(솔직히 난 내 남편만큼 진공청소기를 사랑하는 남자를 지금까지 본 적이 없다) 대부분 다 한다는 걸 알게 되면, 나는 보통 그다음에 닥칠 이 피할 수 없는 질문에 대답할 마음의 준비를 한다. "그럼 제가 하는 일은 도대체 뭔가요?"

나는 드루가 꿈을 추구하도록 내 꿈을 추구한다.

드루는 내가 꿈을 추구하도록 자신의 꿈을 추구한다.

9장

타코벨에서 만난 친구:
우정에 대하여

> 친구들은 각자 우리 안에 있는 세계,
> 어쩌면 그들이 도착하기 전에는 태어나지 않았을 수도 있는
> 세계를 나타낸다. 그리고 이 만남을 통해서만 새로운 세계가 탄생한다.
> – 아나이스 닌(Anaïs Nin)

"오랫동안 우정을 유지하는 게 가능한 건지 의심이 들어." 내 친구 브리트니는 마르가리타를 한 모금 홀짝이며 말했다. 우리가 벌써 15년이나 친구로 지냈다고 강조하자 이렇게 말했다. "그건 다른 얘기고." 난 그 말의 숨은 의미를 알아들었다. 인생의 각 단계에서 진정한 친구를 찾고 계속 함께할 친구를 만나는 일은 쉽지 않다는 의미였다.

당신도 이런 생각을 할 것이다. 바쁘게 사는 우리는 아이들 놀이 약속과 식사 모임, 생일 축하 파티 일정을 이미 다른 약속으로 꽉 찬 달력에 어떻게든 추가한다. 괜찮아 보이는 새로운 동료에게 오늘 기분이 어떠냐고 묻는 이모티콘을 보내면서 이걸 계기로 언젠가 친해지길 바란다. 아이가 데굴데굴 구르며 떼

를 쓰고 울거나, 비행기를 갈아타려고 대기하는 중에도 옛 친구들에게 다시 연락하려 애쓴다. 하지만 우리의 노력은 결국 흐지부지되고 만다. 우린 그 까닭을 궁금해한다.

어떻게 하면 우정을 유지할 수 있을까? 나이를 먹어 정체성이 점점 변화하면 과거의 우정 공동체는 어떤 모습으로 바뀔까? 항상 눈코 뜰 새 없이 바쁜데 어떻게 자신의 참모습을 보일 수 있는 인간관계를 만들 수 있을까?

살다 보니 10년을 주기로 우리가 걷는 길에 갈림길이 나타나는 듯하다. 그 갈림길은 우리가 이제 선택할 길과 내릴 결정이 어떻게 우리를 서로 갈라놓을지 보여 준다. 직장 경력, 각종 인간관계, 자녀, 건강, 지리적인 거리와 익숙하고 편리한 삶 같은 것들은 모두 우리 우정의 생명력, 우리가 갈망하는 친밀함을 조성하거나 유지하는 힘에 영향을 준다. 해가 갈수록 우리는 우정 공동체를 만들기가 더 힘들어진다.

우정을 쉽게 쌓던 때를 기억하는가? 새 친구를 사귀는 기준이 울긋불긋한 리사 프랭크 지우개를 수집하거나 트윙키 과자를 좋아하거나 〈풀하우스〉 드라마를 보며 열광하는지 여부였던 때를 기억하는가? 그런데 언제부터 이렇게 복잡해졌을까? 성인이 되고 나니 우정을 쌓는 데 따질 것이 많아져 버렸다. "우리는 가치관이 서로 비슷할까?", "내가 부담스러워하는 곳에 그녀는 자주 갈까?", "아이들이나 배우자가 상대방 가족을 싫어하고 도저히 못 참겠다고 하면 어떻게 해야 할까?"

우리는 주변에 가깝게 지내는 친구가 많지 않은 이유를 이른바 고상한 문제 탓으로 돌리고 싶어 한다. 이런 이유에는 업무가 너무 많아 피곤하다거나, 부모가 되어 생활이 바뀌었다거나, 직장 문제로 다른 도시로 이사해야 한다거나 등이 있다. 자기 문제는 자기 스스로 해결하려는 것도 이 이유에 포함된다.

사람들은 흔히 잡동사니부터 먼저 치울 필요가 없는 즉각적인 우정을 쌓고 싶어 한다. 잘 모르는 사람끼리도 공개적으로 아무런 조건 없이 사랑받는 절친한 친구(BEF, Best Friends Forever) 영역으로 슬며시 들어갈 수 있기 때문이다. 우리 중에는 밤에 여자들끼리만 놀러 나가 마티니를 마시면서 세상의 현실을 폭로하며 밤새도록 깔깔 웃어 대고 싶어 하는 사람이 무척 많다. 하지만 우리 인간관계 대부분은 형식적인 안부 인사만 나누거나 두어 달에 한 번씩 뜬금없이 "우리 언제 한번 봐야지!"라는 문자메시지만 보내는 사이로 희석되고 만다. '언제 한번'이라는 순간은 절대 찾아오지 않는 듯하다.

풍부하고 활기찬 인간관계를 유지하려면 열심히 노력해야 하고, 상대방에게 헌신해야 하며, 같은 기대 사항을 공유해야 한다. 이건 하루아침에 할 수 있는 일이 아니다. 그렇게 하려면 일상의 사소한 순간에 서로에게 모습을 보이고 함께하며 천천히 가야 한다. 그래야만 큰일이 벌어진 순간에도 서로에게 나타나 함께하는 법을 배울 수 있다. 그리고 여러 해 동안 서로에게 시간과 노력을 투자해야 하며, 서로의 인생 맨 앞줄에 앉으라고 자리를 조금씩 비켜 주어야 한다.

일상에서 만나는 사람들과 더 친해지기 위해 노력하는 일은 시간을 두고 서로의 속마음을 꿰뚫어 보는 법을 배우는 유일한 방법이다. 이것은 우리가 다른 이들을 도와주는 방식을 정확히 아는 사람이 되는 방법이기도 하다. 우리는 작고 지속적인 상호 작용을 통해 그 사람이 잘되기를 바라며 잘못을 지적해야 할 때와, 입 다물고 그냥 넘어가야 할 때를 배운다. 우리는 제왕절개로 아기를 출산한 친구가 무슨 음식을 정말 먹고 싶어 할지 안다. 우리는 그 친구를 새로 알게 된 사람들에게 친구가 깜짝 파티를 좋아하지 않는다는 걸 알려 줘야 한다. 우리는 그 친구가 키우는 개가 죽는 순간 어떤 꽃을 보내 줘야 할지 안다. (그 친구의 개가 죽자마자 그 소식도 금방 안다.)

물론 우리는 가끔 실수를 한다. 갈등을 겪고 오해도 하며 의사소통에 문제도 발생한다. 생각했던 것보다 훨씬 더 많이 사과해야 한다. 그렇게 해야 할 때를 알기 때문이다. 친구를 위해 있어야 할 때와 장소에 나타나지 못할 수도 있다. 그건 우리 친구들도 마찬가지다! 서로 신뢰하는 친구들은 여러 가지 도전, 반발, 감정, 혼란 그리고 모든 것들, 심지어 추악한 부분도 이야기하려는 의지로 가득 차 있다. 그것이 바로 신뢰하는 친구 관계의 좋은 점이다.

하지만 그걸 어떻게 성취할까? 우린 일상생활의 상호작용을
더 깊은 인간관계로 바꿀 수 있을까? 어떻게 하면 가볍게 라테
를 마시면서 새로 사귄 친구에게 비난받을 걱정 없이 직장이 너
무 싫다거나 결혼 생활이 위기에 빠졌다거나 아이들에게 화를
퍼붓지 않으려 애쓰고 있다고 속마음을 털어놓을 수 있을까?

열심히 노력해야 하고, 목적도 있어야 하며, 인내심도 가져야
한다. 하지만 무엇보다도 솔직해져야 한다. 왜 그럴까? 우리부
터 먼저 진정한 사람이 되려고 노력해야 진정한 친구를 찾을 수
있기 때문이다. 우리가 누구인지 솔직해지는 과정은 불편한 여
정이 될 수 있다. 특히 마음의 벽 뒤에 숨어 버리거나, 유별난 성
격을 감추거나, 주위 사람들에게 받아들여지고 싶어서 우리 자
신을 바꾸는 데 익숙하다면 더욱 그러하다. 하지만 그렇게 해서
는 절대로 진정한 친구를 사귈 수 없다. 솔직한 나의 모습으로
진정한 친구를 사귀는 건 나에게도 결코 쉬운 과정이 아니었다.

나는 성장 과정에서 누가 뭐래도 규칙대로 따르길 좋아하는
아이였다. 마약에 절대 손대지 않았고, 항상 우등생이었으며,
귀가 시간을 5분 이상 어겨 본 적이 한 번도 없었다. 대학 입학
전까진 술도 입에 대지 않았다.

내가 다닌 대학을 선택한 이유 중 하나는 대학교 수영팀 다이
빙선수로 뽑혔기 때문이었다. 우리 수영팀은 전국대학체육협

회 3부(Division III) 소속팀 중에서 최상위권이었던 데다, 수영장 밖에서도 굉장히 잘하는 게 있어서 더 유명했다. 우리 수영팀은 파티광이었으며 술고래였다. 때로는 지붕 위에서 뒷마당 수영장으로 뛰어들며 다이빙 실력을 과시했다. (그건 절대 바람직한 선택이 아니었다.)

어린 시절 안전하게 지낸 보금자리를 떠나자 새로운 호기심을 느꼈다. 쿨한 여학생이 되고 싶었고, 오랫동안 규칙을 지키며 살아왔으니 이제부터는 원칙에서 조금 벗어나 융통성 있게 살아 보겠다는 생각에 잔뜩 신이 났다. 나는 빨간 맥주컵에 맥주를 가득 채우고 주는 대로 다 마셨다. 입학 후 첫 학기는 즐기며 살았다. 기숙사에서는 파티를 좋아하는 친구들을 사귀었다. 소파 옆 이케아 테이블에 둘러앉아 술 파티를 벌이다가 또 다른 파티장에 가곤 했다. 떠들썩하게 웃으며 안 해 본 일들을 해 보고 바보짓을 하는 게 무척 재미있었다.

한번은 수영 코치께서 이렇게 농담하셨다. "너희들은 음주 문제가 있는 수영팀이냐? 아니면 수영 문제가 있는 음주팀이냐?" 주말이 끝나 갈 무렵 그 농담은 날 크게 한 방 먹였다. '전에는 술이 없어도 재미있게 놀았는데, 뭐가 달라진 걸까?' 반성하는 마음이 든 나는 변명을 둘러대고 그날 밤 놀러 나가지 않았다. 그 대신 기숙사에 남아 DVD로 〈The O.C.〉 예전 시즌을 보며 빈둥거렸다. 밤 10시쯤 되자 배가 고팠다. (대학생들은 이때를

'네 번째 식사 시간'이라고 부른다.) 여기저기 돌아다니다 타코벨(Taco Bell)에 들어갔고, 거기서 브리트니와 마주쳤다. (맞다. 시작 부분에 나왔던 그 친구다!) 브리트니는 파티에 같이 놀러 다니는 술친구였지만, 이상하게도 그날 밤에는 나처럼 맨정신이었고 또 배고픈 상태였다(배고픈 소녀들은 어딜 가나 있다). 나는 타코를 집어 들었고, 우리는 자리에 앉아 이런저런 얘기를 시작했다.

우린 둘 다 눈을 동그랗게 뜨고 상대방에게 집중했다. 패스트 푸드를 먹으며 대학 입학 전에는 어떻게 살아왔는지, 그날 밤 왜 놀러 나가지 않았는지, 둘 다 앞으로 어떻게 바뀌고 싶은지 등에 관한 이야기를 나눴다. 우린 데님 미니스커트에 얇은 어깨 끈이 달린 민소매 티셔츠를 입고 숱하게 함께 놀러 다녔는데도 서로에 대해 잘 알지 못했다는 사실을 깨달았다. 그날 밤 우리는 몇 시간이나 수다를 떨었고, 나중에는 기숙사 밖 보도 가장자리로 자리를 옮겨 비슷한 생각과 겪었던 일들을 공유했다. 술에 취한 친구들이 파티에서 돌아와 기숙사를 향해 비틀거리며 옆을 지나갈 때도 그 자리에 계속 앉아 있었다. 우린 그날 이후 서로를 하나로 묶어 준 표정으로 상대방을 바라봤다.

두 번째 학기 내내 술을 한 모금도 마시지 않았다. 브릿과 나는 함께 신앙 단체를 찾아다녔다. 그리고 가입했다. 목요일 밤 하우스 파티는 건너뛰고 기숙사에서 하는 성경 공부에 참여했다. 일요일 오전에는 버스를 타고 함께 교회에 다녔다. 나는 항상 함께하는 친구가 있어서 무척 기분이 좋았다. 궁금해지거나 다시 한번 알려 줘야 하거나 나중에 불평할 필요 없이 항상 있어야 할 곳에 나타나는 그런 친구 말이다. 우린 가장 적합한 방식을 찾았고, 그건 아직 얼마 되진 않았어도 우리 자신에게 솔직한 방식이었다. 이렇게 유대감이 생기자 이후 우리의 대학 생활이 바뀌었다. (게다가 숙취에 시달리지 않아서 좋았다.) 브릿은 15년이 지난 지금도 절친한 친구다. 우리는 운명이 어떻게 그 금요일 밤 우리 두 사람을 타코벨로 이끌었는지 종종 이야기를 나눈다. 우리에겐 서로가 있었으므로 걸어가던 길을 바꿀 용기를 키울 수 있었다.

"친구를 사귀고 싶으면 친구가 되어라"라는 말을 귀가 닳도록 들었을 것이다. 그런데 나는 그 오래된 격언에 더 많은 의미가 담겨 있다고 믿는다. 당신을 지지하고 응원할 사람들을 찾으려면 당신이 먼저 자신을 그렇게 대하는 사람이 되어야 한다.

당신은 진정한 모습으로 나타나야 한다. 완전하고 진실하며 전체적인 모습을 말한다. 옷을 전부 갖춰 입었어도 마치 벌거벗은 듯한 모습이다. 그건 매우 어렵고 중요한 일 중 하나이며, 빈틈없이 연결된 현대의 디지털 사회에서 좀처럼 보기 힘든 모습 중 하나이기도 하다. 왜 그럴까? 우린 끊임없이 오해하기 때문이다. 우린 매일 낯익은 얼굴들로 가득한 바다를 스크롤하며 지나간다. 인스타그램에 '좋아요'를 누르고 긍정적인 이모티콘을 보낸다. 끊임없이 확장하는 네트워크에 밤낮을 가리지 않고 접속한다. 그렇게 하면 절대 외롭지 않으리라 추측한다.

그런데 한 가지 진실을 알려 줘도 될까? 외로움의 반대말은 단순한 연결이 아니다. 사실 외로움의 반대말을 우린 이미 알고 있다. 그건 당신을 진정 잘 아는 사람들과의 연결이다.

최근 실시한 한 연구에서 18세 미만 청소년의 80퍼센트, 65세 이상 성인의 40퍼센트에 달하는 사람들이 외롭다고 응답했다.[1] 이 연구에 따르면 외로움이란 객관적인 사회적 고립이 아니라 개인이 느끼는 사회적 고립이라고 한다. 연구원들은 이런 의견을 냈다. "사람들은 비교적 고독하게 살아가더라도 외로움을 타지 않을 수 있습니다. 반대로, 겉으로는 활발하게 사회생활을 하는데도 외로움을 느낄 수 있습니다."

그런 적이 있었는가? 해피아워(happy hour)에 술을 마실 때 테이블을 둘러보며 여기 앉은 동료 중에 당신 생일이 언제인지 아는 사람이 과연 있을지 궁금해한 적이 있는가? 모두 모여 브런치를 먹는데 유독 존재감이 없는 여성이 당신이었던 적이 있는가? 누군가 큰 소리로 외친다. "새로 들어온 남자 직원을 누구랑 연결해 줄까?" 나 좀 봐 달라고 열심히 손을 흔들고 싶다. '나 여기 있다고!'

한마디로 외로움이란 우리가 얼마나 알려져 있다고 느끼는지로 요약된다. 가장 솔직하고 진정한 자신의 모습으로 나타나지 않으면 어떻게 될까? 우리는 덜 알려진다.

정말 잘 지내고 있나요?

당신이 주위 사람들에게 필요할 때 당신은 충분히 그 사람들과 함께 있어 주나요?

당신은 오래된 친구들이나 새로 사귄 사람들에게 당신 자신을 솔직하게 보여 주나요?

그렇지 못하다면 무엇이 당신을 방해하나요?

솔직하고 진정한 인간관계를 맺으려면 단 한 가지가 필요하다. 솔직하고 진정한 우리 자신이다. 완벽한 사람은 아니어도 마음이 열린 사람이어야 한다. 우리 자신을 충분히 알고 받아들일 수 없다면, 서로를 어떻게 충분히 알고 받아들일 수 있을까? 가식적인 행동은 자주 보이는 습관이다. 우리 자신과 친구들을 위해서라도 그런 습관을 버리는 방법을 배우지 않는다면, 나이와 관계없이 진정한 우정을 쌓을 기회를 얻을 수 없다.

우리는 결핍의 사고방식(scarcity mindset)을 지닌 채 우정을 쌓으려 할 때가 너무 많다. 우리가 하는 말과 선택 이면에는 다른 사람들을 판단하려는 부정적인 저의가 깔려 있다. 그리고 이미 결정한 사항이나 가치관에 의문을 제기한다. '직접 만든 고구마 퓌레를 아이 친구들에게 나눠 줬다고 그 엄마들이 내가 너무 유별나다고 생각하면 어쩌지?' 또는 '술을 끊어서 해피아워 때 술을 못 마신다는 말을 동료들에게 언제 해야 할까?' 혹은 '복잡한 이유가 있어서 추수감사절 때 집에 가지 못한다는 걸 어떻게 설명할까?', '나를 너무 진지한 사람이라 생각하면 어쩌지?', '자기가 한 선택을 두고 내가 비난하리라 생각하면 어쩌지?', '내가⋯⋯ 나이기 때문에 그녀와의 새로운 우정을 놓치면 어쩌지?'

그런 생각들을 떠올리면 두려울 수 있지만, 거짓 현실을 보여 줘야 한다는 생각을 하면 훨씬 더 겁날 것이다. 그러니 앞으로 닥칠지 모를 비판이나 혼란 앞에서 진실을 선택하는 편이 더 낫다. 바로 우리의 진실이다. 우리의 진정한 모습을 숨김없이 보여 주는 용감한 행동을 해야 사람들이 있는 그대로 나타날 수 있는 공간도 더욱 넓어진다.

나는 얼마나 많은 사람이 이 문제로 힘겨워하는지 안다. 우리가 갈망하는 우정 그리고 우리가 지금 줄 수 있다고 생각하는 우정 사이에는 장벽이 있다. 여기에는 우리가 통제할 수 없는 시간과 거리, 역학 관계 같은 외부 요소 외에도 어쩌면 다른 뭔가가 작용한다. 다른 사람들과 친밀한 관계를 유지하고 또 새로 시작하는 일을 힘들어하는 까닭은 우리가 포용하는 기술을 배우지 못했기 때문이다. 그런데 이것은 누가 선사해 주는 것이 아니다. 우리 스스로 발휘해야 하는 재능이다.

다른 이들을 받아들이기 위해 우리 자신부터 받아들이는 일을 생각하면 즉시 어떤 추억이 밀려온다. 어린 딸을 데리고 친정 엄마와 함께 어떤 방 안으로 걸어 들어간 적이 있다. 내 왼쪽에는 토니상을 받은 여배우가 있었고 오른쪽에는 올림픽 금메달리스트가 있었다. 나는 금방 기가 죽었다. 방 안 가득 옷이 걸린 옷걸이가 줄지어 있었고, 의자들이 놓인 응접실에는 미용사와 메이크업 담당자들이 대기 중이었으며, 탈의실과 사진 촬영 세트도 보였다. 나는 방금 뉴욕시에서 열리는 에어리 롤모델(Aerie Role Model) 사진 촬영장에 도착했다. 사회 각계각층의 영향력 있는 여성들을 처음으로 만나는 자리였다. 자그마치 롤모델이라니.

의자에 앉아 코코에게 수유하면서 외모와 몸집, 인종과 배경이 모두 다르고 자신감 넘치는 여성들을 바라보자 나는 여기에 전혀 어울리지 않는 사람 같았다. '다시 묻겠는데, 나는 왜 여기 있지?' 나는 미네소타의 작은 동네에 살면서 집에서 일하고 매주 마이크 앞에서 혼자 주절주절하는 애 엄마에 불과했다. (이런, 내 인생을 걸고 하는 일인데 이렇게 성급히 과소평가하다니 우습다!)

행사 관계자들이 우릴 서로에게 소개하며 분위기를 띄웠다. 그리고 단체 사진 촬영을 준비했다. 우리는 긴장한 채 서로 인사하고 가볍게 이야기를 나눴다. 사진 촬영장은 밝은 녹색이었고 커다란 소파가 놓여 있었다. 관계자들이 한 사람 한 사람 우리의 자리를 배치하는 동안 나머지는 옆에서 대기했다. 나는 지금은 내 친구인 몰리 버크(Molly Burke)와 그녀의 안내견 갤럽이 바닥에 자리 잡고 앉는 모습을 바라봤다. 알리 스트로커(Ali Stroker)가 거칠거칠한 카펫 위에 휠체어를 타고 들어오자 미소로 맞았다. 알리 레이즈먼(Aly Raisman)이 우아하고 침착하게 자리 잡는 모습도 봤다. 티프 맥피어스(Tiff McFierce)가 촬영장으로 춤추며 들어오자 킥킥 웃었다. 우리는 그렇게 모두 한 명씩 사진 프레임 안으로 들어갔다.

그때 불현듯 이런 생각이 들었다. 우린 서로 매우 다른 인생의 길을 택하여 살아오다 오늘 뉴욕에 도착했을 것이다. 각자 살아온 과거 이야기도 다르고 미래 이야기도 다르게 써 내려가고 있는 게 확실했다. 그래도 우린 이곳에 모였다. 우리 인생의 길이 이곳에서 서로 교차한 데에는 분명 이유가 있었다. 그리고 서로에게서 배울 점이 있었다. 나도 이 여성들에게 직접 가르칠 것이 있었다. 그렇지 않았다면 나는 이 방에 없었을 것이다.

그때 찍은 사진들을 지금 찾아본다. 처음엔 낯설었지만 이젠 친구가 된 사람들이 보인다. 이제는 가끔 전화해서 안부를 묻고 생일 선물을 보내고 가족의 크리스마스카드를 받는 친한 사이가 되었다. 우리는 어떤 브랜드가 선별한 '롤모델' 그룹이며, 모두 리더일 뿐만 아니라 서로에게서 배우는 학생이기도 하다. 그날은 사진 촬영 때문에 어색하게 웃었지만, 지금은 같이 저녁 식사를 하며 풍부한 주제로 대화를 나누고 문자로 줄기차게 연락하며 같은 도시에 있으면 어김없이 만나는 사이로 발전했다.

그날 계속 긴장해서 그 친구들을 경계했다면 어떻게 되었을지 안다. 있는 그대로의 내 모습을 충분히 보여 주겠다는 생각을 거부했다면, 이곳은 내게 너무 과분하다는 생각을 멈추지 않았다면, 새로 만난 사람들에게 마음을 열지 않았다면 무슨 일이 일어났을지 안다. 나는 이 여성들을 친구라고 부를 수 없었을 것이며, 무척 아름다운 무엇인가를 놓쳤을 것이다.

뉴욕에서 진행한 사진 촬영 행사는 당신에게 해당하지 않을 수도 있다. 어쩌면 카풀 차선이나 요가 수업, 회사 복사실이 당신에게 더 맞는 상황일 수도 있다. 인간관계가 어떻게 시작되었는지에 관한 이야기는 사람마다 다를 것이다. 어떤 이야기는 서로 첫눈에 반한 남녀의 이야기처럼 정신없이 빠르게 전개될 것이다. 어떤 이야기는 오랜 세월에 걸쳐 아주 조금씩 전개될 것이다. 어떤 우정은 영원히 지속되겠지만, 어떤 우정은 잠깐 동안만 유지될 것이다. 오늘 당신의 우정이 어떻게 보이든 복잡하게 뒤얽힌 인간관계에서 앞으로 나아갈 때, 그 모든 것에서 배우려 할 때 찾을 수 있는 장점은 상당히 많다.

하지만 오늘 가장 들려주고 싶은 말은 인간관계의 폭이 좁더라도 아무런 문제가 없다는 사실이다. 당신은 사랑받고 있으며 사랑받을 만한 사람이다. 시간이 있다. 배우고 성장할 수 있는 시간이며, 과거에서 치유될 시간을 말한다. 더 현명해진 당신에게는 과거가 아니라 현재, 또 미래가 필요하기 때문이다. 〈골든 걸스(The Golden Girls, 1985년에서 1992년까지 미국에서 방영된 인기 시트콤-옮긴이)〉 등장인물들도 60세가 넘어 식료품점 게시판에 붙은 룸메이트 광고를 보고 연락하기 전까지는 서로에 대해 전혀 몰랐다! 인간관계에는 그런 타이밍도 있다.

각종 연구 결과, 일반인들은 살아가면서 세 건에서 다섯 건 정도의 아주 친밀한 인간관계를 맺는다고 한다. 그게 전부다.[2] 그 정도면 절친한 친구가 많다고 할 수 있지 않을까? 하지만 인스타그램을 훑어보면 열 명의 들러리에게 둘러싸인 신부, 수영복을 맞춰 입은 친구들로 가득한 예비 신부 파티 사진들을 확인할 수 있다. 그래서 친밀한 인간관계가 더 많았으면 하고 바라기 쉽다. 우리는 다른 사람들이 그들의 헌신적인 친구들과 함께 있는 모습을 본다. 나를 제외한 모든 사람은 주변 사람들에게 끊임없는 지지를 받으며 살아가는 듯하다. 우리는 알고 싶다. '왜 내게는 그런 친구들이 없지? 내가 잘못된 건가?'

영화에서나 볼 듯한 우정이나 인스타그램에 올리기 딱 좋은 라스베이거스 여행을 떠나길 꿈꾸다 보니 우리는 매일 일상에서 벌어지는 작은 상호작용을 못 보고 넘어간다. 우린 그 모든 일을 너무 빨리 복잡하게 만들어 버린다. 그렇지 않은가? 우리는 오늘, 지금의 주변 사람들이 내일의 위대한 우정을 쌓는 데 필요한 요소를 전부 갖췄다는 걸 알아보지 못한다.

오늘 아침, 코코가 학교 가기 전에 우리 둘은 함께 산책하다가 이웃 하워드 아저씨, 샌디 아주머니와 얘기를 나눴다. 두 분은 코코에게 금붕어 모양 크래커를 선물로 주셨다. 우리는 또 다른 이웃 캐시 아주머니도 만나 잠시 가볍게 대화했고, 우리가 이야기하는 동안 캐시 아주머니의 강아지 매니는 옆에서 꼬리를 흔들며 기다렸다. 아주머니는 코코의 세발자전거 바구니에 넣으라고 분홍색 수국꽃을 주셨다. 이번 주 토요일, 우리는 또 다른 이웃들과 커피를 마시며 즐겁게 시간을 보낼 것이다.

이렇게 기분 좋은 인간관계도 모두 우정으로 여길 수 있다. 시트콤이나 소셜미디어 피드에서 볼 수 있는 종류는 아닐지라도 똑같이 의미가 있다. 여기 사는 우리는 모두 세대가 다르며, 살아온 배경과 관점도 제각각이다. 파자마 파티에 초대하거나 충동에 휩쓸려 라스베이거스로 함께 여행을 떠나지는 않을 것이다. (이곳 사람들 대부분은 인스타그램도 하지 않으니 수영복을 단체로 맞춰 입고 사진 찍어 올릴 일도 없다.) 하지만 서로에게 의지할 수 있다. 서로의 안부를 묻고 잘 지내는지 확인할 수 있다. 서로에게 배우고 함께 성장할 수 있다.

그건 우정을 향한 다른 접근 방식이라고 인정하겠다. 그건 8세에서 88세에 이르는 다양한 사람들을 단단히 하나로 묶어 준다. 이런 종류의 진정한 공동체를 만든다는 건 우리 모두 상대방을 위해 온전하면서도 다양한 모습으로 나타날 수 있다는 뜻이다. 서로 다른 상황에 맞춰 다른 선물을 가져온다는 뜻이다. 실컷 울고 싶으면 한 친구에게 연락해서 얘기를 들어 달라고 할 수 있다. 정신이 번쩍 들고 싶으면 다른 친구에게 혼내 달라고 부탁할 수 있다. 기가 막히게 맛있는 칠리 요리에 필요한 비법 재료가 무엇인지 자꾸 잊어버리면 또 다른 친구에게 마음 편하게 물어볼 수 있다. (자꾸 깜박하는 그 재료는 늘 코코아 파우더였다.)

우정이란 억지로 들어가라고 밀어 넣는 스포트라이트가 아니다. 다른 사람들과 함께 나누는 커다란 투광 조명등이다. 그렇다, 우리는 다른 후보에게 투표하고 다른 방식으로 옷을 입고 다르게 생각할 수 있다. 이건 불가능하게 들리겠지만, 우린 서로 열광적으로 사랑하고 집에 바래다줄 수 있다.

과감하게 먼저 나서자. 용기를 내서 우정이란 단어의 정의를 확대하자. 준 것을 되받는다고 믿어 보자. 새로 알게 된 사람이 당신과 생각이 다르더라도 대담하게 가까이 다가가 보자. 일정이 꽉 차 있더라도 함께 어울리는 걸 우선순위에 넣어 보자. 자립심을 찬양하는 이 세상에서 과감하게 우정을 선택해 보자.

용감하게 더 깊이 들어가 보자. 용기를 내서 진짜 질문을 하고 어려운 질문에 답해 보자.

식당 테이블 너머로 혹은 집 현관 베란다에서 또는 줌 화면을 향해 살짝 몸을 굽히고 속삭여 보자. "정말 잘 지내고 있나요?"

외로움의 반대말은 단순한 연결이 아니다.
우린 이미 알고 있다.
그건 당신을 진정 잘 아는 사람들과의 연결이다.

10장

케이틀린의 이메일:
도움을 받는 일에 대하여

당신이 어떤 업적을 이루었든 도와준 사람이 있다.
– 앨시아 깁슨(Althea Gibson)

내가 원했던 거의 모든 것. 드루를 원했을 때 그에게 키스했다. 일감이나 프로젝트, 고객을 원했을 땐 잘 차려입고 그 일에 목숨이라도 걸렸다는 듯 나 자신을 홍보했다. 어제만 해도, 으깬 감자를 얹은 피자(그게 뭐냐고 트집 잡지 말아 달라. 먹어 보면 생각이 바뀐다)를 먹고 싶다는 생각이 들자마자 부리나케 주문했다.

입 밖으로 꺼내기 늘 싫어했던 네 글자로 된 단어가 있다. 바로 '도와달라(H-E-L-P)'이다. 내 자존심은 끈질기다. 자존심을 지키려는 내 욕구는 도저히 채워지지 않을 것이다. 내 자립심은 날 다른 차원의 세계로 날려 보낼 준비를 마친 로켓 부스터 같다. (로켓 부스터 칵테일이 아니다!)

하지만 "아기 심장이 뛰지 않아요"라는 말을 두 번째 들었을 때 모든 게 변했다. 의사가 조용히 그렇게 말했을 때 내 심장도 멎은 듯했다. 바로 그 순간, 케이틀린이라는 여성이 네 번째 이메일을 보냈다.

몇 년 전, 그러니까 2016년에 케이틀린은 처음 이메일을 보냈고 두 번째, 세 번째 이메일로 이어졌다. 그녀는 원격으로 비서 업무를 하는 가상 비서(virtual assistant)였다. 그녀는 나 혼자 사업을 운영하는 데 따르는 부담을 일부 덜어 줄 준비가 되어 있었고, 나를 돕고 싶어 했다.

그녀의 완강한 고집은 거부하기 힘들 만큼 셌지만, 내 자존심과는 비교가 되지 않았다. 연락이 올 때마다 나는 "감사합니다, 하지만 괜찮아요!"라고 답했다. 말 그대로 그렇다는 게 아니라 기본적으로 도움이 필요 없다고 생각했기 때문이었다. 난 어깨를 한 번 으쓱한 뒤 전부터 항상 그랬듯이 혼자서도 다 잘할 수 있다고 믿으며 내 갈 길을 갔다.

그때까지 사람을 채용한 적이 없었다. 내가 일하는 방식이 얼마나 엉성하고 또 당황스러운지 다른 사람에게 들키는 게 두려웠을뿐더러(똑같은 내용을 담은 스프레드시트가 14개나 있었으니 말 다 했다) 누군가의 상사가 되자니 두려웠다. 내 사업을 '책임지고 운영'하다 보니 일이 상당히 많아졌지만, 직원에게 신경 쓰고 급여를 지급하는 책임을 진다고 생각하자 겁에 질렸다. 그녀가 보낸 이메일을 보면 그녀는 뛰어난 가상 비서가 되리란 걸 알 수 있었다. 난 그녀가 자신감에 넘치고 인내심이 강하며 속마음은 왠지 따뜻하리라는 인상을 받았다. 하지만 그녀를 고용했는데 내가 준비되지 않아 일을 죄다 망쳐 버린다면 어떻게 될까?

난 전에도 이런 생각을 여러 번 했었다. 그런데 그때 케이틀 린의 이메일이 도착했다. 나만 괜찮다면 자신은 언제든지 날 도울 준비가 되어 있고 기꺼이 돕겠다고 다시 한번 강조하는 연락을 받은 지 1분 뒤, 난 이번엔 와락 울음을 터뜨렸다. 그때 나는 그 어느 때보다도 도움이 절실했기 때문이었다. 아기를 또 잃었다는 비통한 감정에 빠져 헤어나지 못하던 나는 어떻게 하면 현상 유지만이라도 할 수 있을지 머리를 쥐어짜고 있던 차였다. 오늘까지도 나는 그녀가 내게 여러 번 거부당하고도 다시 연락하게 한 뭔가 훨씬 강력한 계기가 있었다고 확신한다.

솔직히 말하면 내 인생에서 뭔가 끝까지 해낼 수 없었던 적은 그때가 처음이었다. 그때는 그렇게 할 수 없었다. 극심한 슬픔의 파도가 나를 덮쳐 엉망으로 만들었고, 간신히 할 수 있는 일이라고는 조그만 강아지 터커를 가슴에 꼭 껴안고 침대에 누워 있는 것뿐이었다. 이런저런 요청이 들어와도 반응하지 않았다. 소셜미디어를 확인하는 일도 귀찮았다. 모든 일정과 시간표, 생산성은 고통에 묻혀 버렸다. 그땐 정말 쥐 죽은 듯 가만히 있기로 다짐했었다. '띠링, 딩동' 하며 울리는 문자와 각종 알림은 물론 그 무엇도 나의 비통함을 방해하지 못하게 하겠다고 약속했다. 일 대신 고통과 함께하기로 작정했었다.

우린 모두 그렇게 고통을 겪은 적이 있다. 그렇지 않은가? 우리에게 타격을 입히는 것들은 세월이 흐르면서 달라질 수 있지만, 그 현장에서 패배했다는 느낌은 그대로 남는다. 13세 때와 30세 때 각각 겪은 마음의 고통은 형태가 다를 수 있지만, 상처 자국은 둘 다 영원히 남는다. 이 상처 자국들은 별 생각 없이 인생의 길을 걸어오던 당신에게 뭔가 깨닫게 하고, 그동안 앞으로 나아갔던 게 아니라 빙빙 원을 그리며 제자리걸음을 했던 건 아닌지 궁금하게 만든다. 인생이란 그저 고통이 한없이 계속되는 고리에 불과할까?

그런데 뜻밖의 순간에 도와줄 사람이 나타나 모든 걸 바꾼다. 초인종이 울려 나가 보니 문밖에 따뜻한 음식이 놓여 있다거나, 의사 진료를 받으러 갈 때 친구가 데려다주겠다는 제안을 하기도 한다. 마음이 암흑처럼 어두운 날, 낯선 사람이 당신의 삶에 환한 빛을 불어넣는 칭찬으로 도움을 줄 수도 있고, 또는 정신없이 바쁜 아침을 보낸 후 스타벅스에 갔는데 드라이브스루에서 커피 주문을 받는 사람이 당신에게 도움을 줄 수도 있다.

나는 케이틀린의 이메일에 답장 버튼을 클릭해서 짧은 글을 쓴 뒤 큰 대(大) 자 모양으로 침대에 누워 천장을 가만히 응시했다. 그 순간 어깨를 짓누르던 무거운 부담이 떨어져 나가며 속이 후련했다. 한편 긴 설명을 달 여유가 없었기에 하고 싶은 말만 간단하게 써서 답장한 게 생각나 웃음이 터졌다.

그때 내 답장은 보통 때라면 거의 입에도 올리지 않는 말이었다. "난 도움이 필요해요."

여기서 잠시 멈추고 한 가지 알려 드리겠다. 당신도 지금 이렇게 힘든 상황이라면 그 말 외에는 다른 말을 할 필요가 없다. 당신을 결국 굴복하게 한 일련의 사건들이 왜 벌어졌는지 정당화하거나 구구절절 설명할 필요가 없다. 그 말이면 충분하다. 그 말을 입 밖으로 꺼내는 건 내일을 헤쳐 나가기 위해 오늘 할 수 있는 가장 용감한 조치일 수도 있다. 그리고 누군가가 당신에게 그 말을 한다면 온 힘을 다해 귀를 기울이자.

이메일을 보내자마자 나는 새로운 시작을 했다는 걸 알았다. 내 삶을 옥죄고 있던 자존심, 모든 역할을 혼자 떠맡겠다고 고집부리는 짜증 나는 욕구, 모든 상황을 통제하겠다는 욕망이 느슨하게 풀렸다. 그렇게 되어야만 했다. "넌 해냈어. 혼자 힘으로 세상을 구했어! 여기 네 왕관을 써!"라고 나 자신을 격려하며 지난 몇 년 동안 혼자 황야를 헤치고 눈앞의 장애물을 불사르며 살아온 걸 생각하니 속이 쓰렸다.

그런 사고방식을 해체하기 힘들었다. 특히 나는 매우 불편한 상태에 있을 때 끔찍하게도 편했기 때문이었다. 사실을 말하자면, 무슨 대단한 상이라도 받을 줄 알고 일거리를 더 높이 쌓아 올려 나를 고문하는 일에 중독되어 있었다. 나는 어떤 분야의 챔피언이 되려 한 걸까? 압박감 오래 견디기 대회? '밤에 푹 잘 수 없는 사람' 종목에서 금메달이라도 따려 한 걸까? '스트레스성 여드름 대마왕' 트로피라도 차지하고 싶었던 걸까?

몇 년 뒤 한 친구는 이런 음성메시지를 보냈다. "쌓인 일들을 간소하게 만들고 싶어 하는 게 잘못된 걸까? 늘 성장해야 한다는 생각을 접고 잠시…… 쉬어 간다면 잘못된 걸까?" 이 친구가 누군지 궁금한가? 그는 사업가이자 크게 성공한 여성이었다. 새로운 것들을 만들어 내고 출시하는 사람이기도 했다. 하지만 첫 아이 출산을 앞두고 이젠 여유를 갖고 싶어 했으며 끊임없이 뭔가 만들어 내고 싶다는 욕구에서 벗어나고 싶어 했다.

나는 문자로 이렇게 답했다. "브레이크를 밟아도 나중에 다시 액셀을 밟을 수 있다는 거 알지?"

우리는 끊임없이 일을 하고 더 많이 추구하고 우리 삶에 더 많은 것을 쌓아 가지만, 속도를 늦추어 여유를 찾거나 잠시 멈춰도 된다는 생각을 좀처럼 하지 않는다. 한번 추진력을 잃으면 중단했던 지점에서 다시 시작하는 게 불가능하다고 생각한다. 그래서 지속적인 동기부여는 착한 일벌에게 꼭 필요한 성격 특성이라는 거짓말을 다른 사람들처럼 믿고 만다.

게다가 우리는 더 많은 시간과 관심을 요구하는 새로운 요청이 들어올 때마다 그것이 돌파구가 될 수도 있고, 또 원하는 걸 모두 가질 기회가 될 수도 있다고 생각하며 우리 자신을 속인다. 그래서 방금 받은 이메일이나 네트워킹 이벤트에서 그런 기회를 찾을 수 있기를 기대하며 모든 초대에 응한다. 우리는 꺼져 가던 불꽃을 활활 타오르는 불길로 탈바꿈시키는 단 한 번의 만남, 단 한 번의 기회가 누군가의 인생을 바꿨다는 이야기들을 여러 번 들어 왔다. 그래서 요청들 중 하나라도 거부하면 기회를 놓칠까 봐 불안해한다. '기회가 우리 곁을 그냥 지나쳐 버리면 어쩌지?', '꽉 쥐었던 주먹을 휴식하느라 잠깐 펴면 힘들게 성취한 일이 마치 손바닥 위의 모래처럼 줄줄 새어 나가지 않을까?' 그래서 우리는 두려움 때문에 계속해서 수많은 요청을 가능한 한 많이 받아들인다.

어떤 일이 바로 내가 진정 원했던 것이거나 손꼽아 기다리던 중요한 변화처럼 생각될 때, 난 나 자신을 혹사했고, 심지어 내가 생각하는 성공의 정의에 맞지 않는 다른 사람의 비전을 어느새 대신 실현하고 있었다. 그런 것들은 우리의 기를 꺾고 따분하게 만들며 겉만 번지르르한 기회들이다. 그 이유는 다른 사람의 게임에서 우리는 주로 졸병 역할에 그칠 때가 대부분이기 때문이다. 우리는 그 게임을 여전히 몇 번이고 반복한다.

그렇게 기회를 놓칠까 봐 불안해하며 살아가는 것은, 우리가 신고 있는 부츠 속에 시멘트를 붓고 우릴 제외한 모든 사람을 위해 '예스맨'으로 쪼그라들어 우리 자신을 짓누르는 짓이다. 자세히 살펴보면 우리가 "예스"라는 대답을 우리 자신에게 하는 경우는 거의 없다. "예스"는 자유를 상징하는 대표적인 단어라는 느낌을 주지만, 실제로는 당신이 진짜 느끼는 것과 실제 원하는 것을 감추고 당신이 진정 누구인지 나타내지 않는 삶에 당신을 속박하는 데 더 자주 사용된다.

그때 내 친구에게 들려준 말을 지금 하고 싶다. "속도를 늦추고 간소하고 여유 있게 살고 싶다고 해서 그 생각이 틀린 건 아니야. 사실 경주를 벌이듯 숨 가쁘게 돌아가는 이 세상에서, 바쁘게 살면 잘했다고 훈장을 달아 주며 칭찬하는 이 세상에서 네가 그런 소망을 표현하고 있다니 칭찬해 주고 싶어. 속도를 늦추고 싶거나 쉬고 싶을 때 허락받을 필요는 없어."

우리가 아는 어떤 사실이 있다. 우린 시작이 가장 힘들다는 걸 알고 있다. 하지만 시작하고 난 다음에는? 지금까지 상황을 잘 파악할 만큼 빈틈없이 똑똑했다는 걸 잊은 채 우리는 헛수고하며 시간만 낭비한다. 또 일단 추진력이 약해지면 다시 성공할 수 있다는 믿음이 약해지고 그렇게 할 수 있는 우리의 능력을 의심한다. 하지만 우리를 오늘날의 위치에 이르게 한 재주와 기술, 재능은 미래에도 역시 우리를 우리가 가고 싶은 곳에 도달하게 할 수 있다. 이 점을 인정하지 않는다면, 우리는 우리의 소명에 종사할 자격이 되어 주는 그 능력들을 과소평가하고 만다.

이렇게 나중에 깨달은 진실은 내 삶에 관한 매우 중요한 퍼즐을 짜 맞출 때 분명하고 친절하게 도움이 되었다. 그리고 이건 내 습관이 되기도 했다.

성취자 제나에게서 흔히 일어나는 일이다. 난 독립적인 여성이면서 통제광이다. 도움을 절실히 원하지만, 도움을 주려는 사람들의 손길을 뿌리친다. 그 모든 걸 갖고 있지 않다는 사실을 그들이 알아낼까 봐 두려워서다. 만약, 그들이 내가 일하는 방식대로 일하지 않는다면? 그들이 나만큼 신경 쓰지 않는다면?

자존심이 자꾸 나를 방해했다. 도와주려는 사람, 도와줄 사람이 부족했던 것이 아니다. 내가 속한 공동체에는 봉사 정신이 투철하고 마음이 넓으며 도와주려는 마음을 가진 사람들이 있다. 문제는 그들이 아니라 바로 나였다.

내 힘으로 성취한 것만이 나를 계속 살아 있게 한다고 생각했다. 나는 자존심이 셌다. 사람들이 나를 찾길 바랐고, 사랑받고 싶었고, 또 널리 알려지고 싶었다. 다 내가 하는 일로 그렇게 되고 싶었다. 그런데 이렇게 살다 보면 아주 사소한 '실패'를 한 번만 해도 A 플러스만 받던 우등생에서 순식간에 낙제생이 된 것 같은 느낌이 든다. 사실 자존심 덕분에 난 내가 한 모든 일이 높은 등급을 받았다고 생각했다. 그래서 도움을 요청해야 하는 일은 '실패'로 분류했다. "이 일 좀 도와줄 수 있어? 어떻게 해야 할지 모르겠어"라는 말은 "어떤 일이든 성공하지 못할 것 같아! 넌 이기고 난 졌어. 이 일을 못 하겠어. 게임 끝"처럼 들렸다.

그렇다, 그 모든 걸 나 혼자 처리하지 않고 도움을 청하면 게임에서 패배하고 많은 것을 잃을 것 같았다. 뭘 잃을 거라고 생각했을까? 내 정체성이었다. (내 생각에) 사람들이 날 사랑하는 이유를 잃을 것 같았다. 사람들이 나와 함께 일하고 싶은 이유, 그들이 나를 믿는 이유도 잃을 것 같았다.

하지만 그날은 진실을 거부할 수 없었다. 난 한 치의 의심도 없이 도움이 필요했다. 케이틀린이 돕겠다고 했을 때 난 다른 사람들의 도움을 충분히 받아들일 준비가 되어 있었다. 그리고 정말 부담 없이 도움을 요청할 마음의 준비도 되어 있었다.

당시에는 나의 변화를 축하하고 싶은 생각이 들지 않았다. 하지만 지금은 다른 사람들을 받아들이기로 하고, 다른 가능성을 찾을 수 있도록 철통같이 유지했던 통제력을 느슨하게 하기로 한 그 순간을 기념하는 축배를 들고 싶다.

케이틀린은 내가 처음 고용한 사람이었다. 동네 커피숍에서 몇 번 만나 대화했을 때부터 빛이 보이기 시작했다. 커피를 마시며 스콘을 먹는 동안 그녀를 서서히 내 세계로 받아들였다. 그녀의 질문에 답하고 내가 해내기 힘든 분야가 무엇인지 알려 줬으며, 우리 둘의 관계가 어디로 향하길 원하는지 비전을 제시했다. 만남이 끝나 갈 무렵, 나는 불안해하며 이메일 패스워드를 알려 주고 이렇게 말했다. "아주 작은 일부터 시작하기로 하죠. 사람들에게 답장하는 일을 도와줄래요? 지금은 메일 수신함도 열지 못하겠어요." 꽉 잡고 놓치지 않던 내 통제력이 살짝 풀리면서 그동안 막혀 있던 혈류가 손발 끝까지 다시 흐르는 듯했다.

다음 날 나는 여전히 힘없이 침대에 누워 있었다. 계속 슬프고 그냥 멍한 기분이었다. 그런데 쉬는 동안 케이틀린이 이미 고객들에게 연락했으며 내 일을 꾸려 가고 있다는 걸 알았다. 간신히 힘을 내서 이메일 계정에 접속한 뒤 미확인 메일 개수를 보고 헉하고 놀랐다. 0개였다. 벌써 다 처리했다는 건가? '발송' 폴더를 확인하니 발송된 메시지들은 하나도 빠짐없이 친절하고 효율적으로 작성되어 있었다. 그렇게 작은 부분부터 확인하자 나는 사업가로서 그때까지 겪어 보지 못한 어떤 느낌이 들었다. 그건 자유롭다는 느낌이었다. 케이틀린에게 혹시 불편한 건 없는지 물으니 그녀는 매우 즐거워하며 답했다. "다 잘하고 있어요, 제나!" 나는 사방으로 뻗친 부스스한 머리 그대로 고개를 끄덕였다. '오오, 알겠어.' 드디어 알았다!

저 멀리서 영롱한 성당 종소리와 천사들의 노랫소리가 들려오는 듯했다! 기쁨으로 가득한 나는 커피를 끓였고, 그 주에 생길 여유 시간을 최대한 활용할 방법을 곰곰이 생각했다. 그건 내가 존재할 시간, 두 번째 유산으로 비통해할 시간, 푹 잘 시간, 슬픔을 치유할 시간, 지옥에서 로그아웃할 시간이었다.

케이틀린을 고용한 첫 주가 끝나 갈 무렵, 그녀에게 내가 가진 패스워드를 거의 다 알려 주었다. (내 아이폰을 통째로 건넬 수만 있었더라면 진짜 그렇게 했을 것이다.) 또 그녀에게 맡길 모든 업무를 목록으로 만들어 전달했다. 아주 오랜만에 나는 하던 일을 멈추고 외부와 단절될 수 있었다. 내가 일하지 않으면 내 사업도 전부 멈춰 버리지는 않을까 걱정하지 않았기 때문이었다.

이렇게 형성된 우리 두 사람의 업무 관계는 이후에도 내내 좋았을까? 당연히 아니었다. 난 간섭하지 않고 뒤로 물러나는 법을 배워야 했다. 그리고 나라면 어떻게 하겠다는 말을 앵무새처럼 되풀이하기보다는, 그녀가 자신의 통찰력을 활용하고 창의적인 과정을 적용해서 프로젝트에 접근하는 모습을 가만히 지켜보는 법도 배워야 했다. 그렇게 해서 우리는 작은 실수를 해도 웃어넘기는 일에 익숙해졌다. 얼마 안 있어 우린 서로를 믿고 각자 생각을 말하며 즐겁게 지낼 수 있었고, 사람들을 도우려고 이 사업을 한다는 사실에 의지할 수 있었다. 새롭게 형성된 인간관계가 다 그렇듯이 우리는 오랫동안 매일 과제를 수행하면서 서로를 알아 가야 했다.

당신이 만약 도움과 지지를 요청하길 힘들어하는 사람이라면 용기를 내라고 격려하고 싶다. 타인의 도움을 받으며 당신을 지지하는 일부터 연습하면 사람들에게 사랑과 지지, 격려와 인정을 받는 일이 더 쉬워진다. 도움을 받고 싶다는 말이 오늘 힘들게 나왔다면 내일은 좀 더 쉽게 나올 것이다.

이제 나는 옛날 사고방식의 허점을 잡아내고 예전 신념의 결점을 알 수 있다. 케이틀린 덕분이다. 그녀는 내가 두 손을 활짝 펴고 도움을 받아들이도록 내 통제력을 느슨하게 했다. 그녀는 우리가 이 삶을 혼자 살아가서는 안 되며, 특히 우리에게 선택지가 있는 문제에 대해서는 더욱 그렇다는 걸 가르쳐 주었다.

조용히 다시 알려 주겠다. 당신의 여정은 멋진 경치를 혼자만 감상하도록 산 정상에 당신만 올라가야 하는 외로운 등반이 되어야 할 필요가 없다.

내 말을 믿어도 된다. 놓아 버리고 받아들이는 일에는 숨 막힐 듯한 매력이 있다. 통제를 놓아 버리면 스카이다이빙이라는 신나는 모험을 즐기려고 비행기에서 뛰어내리기 직전 사람들이 느끼는 기분을 느낄 수 있다.

받아들인다는 말은 누군가 도와주겠다고 하기 전에 당신이 먼저 도와달라고 과감하게 요청하는 것을 말한다. 도움은 당신이 살아가는 모든 공간에서 자잘한 형태로 나타날 수 있다. 식료품 배달을 받는 것부터 이웃집 아이에게 10달러를 주고 잔디를 깎게 하는 일까지 다양하다. 업무 한 가지를 외부 용역으로 돌리거나 상근 직원을 채용할 수도 있다. 친구나 파트너에게 여기저기 쌓인 잡일을 처리해 달라고 부탁해도 될 것이다.

당신만의 '도움 요청하기' 모험을 어디서부터 시작해야 할지 몰라 헤매고 있다면, 가장 필요한 게 무엇인지부터 파악하자. 먼저 한시름 놓고 처음으로 자유를 맛보고 싶은 일이 무엇인지 선택한 뒤, 그 일을 도와줄 사람을 찾아보자. 그다음 큰일에 도움을 받고 또 그다음 큰일, 이렇게 계속 도움을 받도록 하자.

내 삶의 모든 면은 '놓아 버리기'와 '받아들이기'라는 이 두 가지를 허용하는 순간마다 몇 번씩이고 확장했다. 진정한 자유를 누리고 싶어서 사람들의 도움을 받아들였고, 자유를 붙잡을 준비가 되었을 때는 놓아 버리고 다른 사람들에게 맡겼다.

나는 내 사업을 수백만 명의 사람이 온라인에서 시청할 만큼 크게 키울 생각이 전혀 없었다. 내 1인 사업을 10명의 여성으로 구성된 팀으로 확장하거나 훨씬 더 큰 무언가를 구축할 계획 따위는 전혀 없었다. 사업가가 되어 팟캐스트 에피소드나 블로그 게시물을 통해 다른 사람들에게 나처럼 창업하는 방법을 가르치리라고는 꿈에도 생각하지 않았다. 자유를 추구하고 내 운명을 통제하겠다는 비전을 품고서 이 모든 일을 시작했을 뿐 다른 사람들에게 자신의 비전을 실현할 공간을 만들 기회를 내가 제공하게 될 줄은 상상도 하지 못했다.

시간이 흐르면서 적극적으로 도움을 구할 수도 있게 되었다. 직원을 새로 고용할 때마다 우리는 성장했다. 회사 규모가 커지고 역량도 향상되었다. 재능도 많아졌고 우리가 맡은 사명도 늘어났다. 사업은 백만 달러 규모로 성장했고, 백만 명이 우리를 지켜봤으며, 다운로드 역시 백만 건이 넘었고, 백만 명 이상의 삶에 영향을 주었다. 매주 다양한 개성을 가진 백만 명의 훌륭한 사람들이 나를 중심으로 모였다. 혼자서는 결코 생각하지 못했을 백만 건의 창의적인 아이디어와 의견이 만들어졌다.

도움을 요청하고 받는 일에 관한 사고방식을 재구성하자 마법 같은 힘을 찾아냈다. 난 이제 내 사업을 혼자 다 운영하겠다고 고집부리는 사람이 아니다. 그 모든 부담을 혼자서 짊어져야 할 필요가 없다는 걸 배웠다! 게다가 보너스로 알려 드리자면, 인생의 업적은 다른 사람들과 공유할 때 훨씬 더 달콤해진다.

마법의 힘이 작용하거나 운이 따라서가 아니다. 거기엔 과학적인 근거가 있다. 심리치료사 줄리 행크스 박사(Dr. Julie Hanks)는 이렇게 말한다. "도움을 요청한다는 말은 상대방을 신뢰한다는 뜻입니다. 친구들과의 우정에서 친밀한 유대관계를 쌓는 데 도움이 됩니다. 인간적인 한계를 남들에게 보여 준다는 건, 취약한 모습을 그들에게 기꺼이 보여 주겠다는 뜻입니다."[1]

취약한 모습을 숨기지 않고 진심에서 우러난 행동을 하면서, 우리는 우리 자신보다 더 큰, 우리 모두보다 더 큰 무엇인가를 만들고 있다. 그건 우리가 하는 일의 핵심이 되었다. 우리는 비전을 일치시키고 각자의 재능을 존중하면서 오늘 당신이 보는 것을 만들고 안 보는 것도 만든다. 사실 나 혼자일 때보다 팀과 함께하면 우리가 만들어 내는 모든 결과물에서 훨씬 더 많은 것을 볼 수 있다. 글쓰기에서 자료 조사에 이르기까지, 웨비나에서 편집에 이르기까지 우리 팀은 우리의 비전을 실현하기 위해서뿐만 아니라 세상에 좋은 영향을 끼치기 위해 노력한다.

팀원들은 각자 자신이 추가하고 기여하는 부분에 대해 소유권과 자부심이 있다. 그리고 자신의 재능을 발휘하여 전체 업무에 도움을 준다. 우리는 생활 양식, 양육 방식, 과거 경험, 열정과 꿈이 다양하다. 그래서 5년 전의 나 같은 여성들뿐만 아니라 다른 여성들에게도 상상력을 자유롭게 펼치며 뭔가 성취하고 있는 자신의 모습을 확인하는 데 도움을 줄 수 있다. 혼자 힘으로 성공을 거뒀다고 주장하는 그 누구에게도 속지 말자. 성공을 이룬 모든 사람 뒤에는 비전을 공유하며 자신의 재능을 발휘한 사람들로 구성된 팀이 있다. "정말 잘 지내고 있나요?"라고 질문하길 두려워하지 않으며, 대답에 상관없이 힘이 되어 주기 위해 주위에 결집하는 팀 말이다.

마음속에 꾹꾹 눌러 두었던 "난 도움이 필요해요"라는 말을 들릴락 말락 한 소리로라도(또는 이메일이라도 좋으니) 입밖으로 꺼내면, 더는 혼자 싸우지 않아도 된다. 누군가 당신 편에 서서 긴 칼을 집어 들고 외친다. "나도 같이 싸울게."

주변 사람들에게 도움을 요청한다는 것은 그들이 가진 재능을 존중하고 받아들이겠다는 것이다. 다른 이들과 팔짱을 낄 기회는 늘 우리 주위에서 발생한다. 어쩌면 매일 발생할 수도 있다. 상사에게 당신이 자원봉사를 하는 자선 행사를 후원해 달라고 요청하자, 그녀는 행사 목적에 깊이 감동하여 흔쾌히 승낙한다. 이웃에게 바람직한 식습관에 대한 조언을 구하자 생각지도 않게 그 사람은 당신과 달리기를 하기로 한다. 어쩌면 새로운 절친한 친구가 될지도 모른다.

인생은 그런 식으로 돌아갈 때가 많다. 우리 자신을 확장하면 꿈도 확장된다. 꿈이 활짝 펼쳐지거나 완전히 변화하기도 한다. 그 모든 일은 도움을 요청하는 데에서 비롯된다.

모든 CEO 뒤에는 아기 기저귀를 갈면서 아기를 돌봐 주는 남자가 있을 수 있다. 열심히 일하는 시장님 뒤에는 지붕 홈통에 쌓인 낙엽을 대신 치워 주는 장모님이 있을 수 있다. 기술 천재 뒤에는 시간 맞춰 라면을 끓여 준 요리사가 있을 수 있고, 그 요리사 뒤에는 그의 강아지를 대신 산책시켜 준 동네에서 개를 가장 잘 다루는 10대 학생이 있을 수도 있다.

믿지 못하겠는가? 도움을 요청해 보자.

11장

샘록모텔의 다이빙보드: 경험에 대하여

> 계속해서 인생을 모험으로 생각하세요.
> 용감하고 신나게 상상력을 발휘하며 살 수 없다면
> 당신은 안전하지 않습니다.
> – 엘리너 루스벨트(Eleanor Roosevelt)

"난 네가 기회를 놓칠까 불안해한다고 생각하지 않아. 코코가 예쁘게 자라는 모습을 못 볼까 봐 불안에 떤다고 생각해!" 코코가 아장아장 걸어 다니는 아기였을 때 친구가 한 말이었다.

나는 새로운 콘텐츠 출시를 준비하거나 웨비나를 진행하거나 팀원들과 통화하느라 아이가 커 가는 모습을 놓치는 순간들이 있어서 눈시울이 붉어질 때가 가끔 있다. 난 내 일을 사랑하고 우리 딸도 사랑한다. 일과 사생활 모두 하나로 통합하려고 최선을 다한다. 에어로스미스(Aerosmith)의 그 유명한 노래 가사처럼 난 "하나도 놓치고 싶지 않다(I don't wanna miss a thing)".

이것은 존재의 기술을 배우는 중에 느낀 감정이다. 내가 어디에 있든, 스프레드시트를 확인하든 침대 시트를 세탁하든, 무엇을 하든 완전히 몰입해 있는 순간에도 나는 그걸 느낀다.

내게 그런 존재의 순간은 주로 토요일 아침, 나와 우리 딸이 팬케이크를 먹고 난 후에 나타날 때가 많다. 그런 날엔 하루 대부분을 쿠키를 먹고 커피를 마시고 추억을 쌓으며 행복하게 지낸다. 코코는 '팬시 밀크(계핏가루를 위에 살짝 뿌린 거품 낸 우유)'를 주문한다. 솔직히 그건 시리얼 우유만큼 맛있다. 나는 오트밀 라테를 들고 조심스럽게 한 모금 마신다. 바리스타들은 토요일마다 오는 우리에게 윙크하고 고개를 끄덕이며 알은체한다.

그다음 우리는 발길이 이끄는 대로 천천히 거닌다. 슈피리어호수를 향해 돌멩이를 던지고 퐁당 소리를 듣는다. 책을 읽고 노래를 부르며 강아지 그림을 그린다. (내 특기다!) 그랜드 마레(Grand Marais) 큰길을 따라 빠른 걸음으로 걷거나 덜루스(Duluth) 시내를 돌아다니며 산책 나온 강아지들을 찾아보고 길거리 가수 노래를 듣고 농산물 직거래 시장을 구경한다.

이렇게 보내는 하루는 화려하진 않아도(코코의 팬시 밀크는 제외) 너무나 좋아하는 시간이다.

이런 순간들을 맞이하면 나는 남몰래 마법사가 된 듯한 느낌이다. 주변을 둘러보면 시간이 느리게 가는 듯하기 때문이다. 그런데 오래가지 못한다. 얼마 안 있어 팬시 밀크는 흘러 넘치거나 다 마셔서 바닥을 보이고 낮잠을 자러 집에 가야 하기 때문이다. 잠깐이라도 시간을 멈출 수 있다면 얼마나 좋을까. 이 순간들을 언제까지나 즐기고 세세한 기억 하나하나 모두 붙잡을 수 있으면 좋을 텐데. 나는 이 순간들이 순식간에 지나가는 걸 알고 있으므로 이 순간들을 그리워하고 감사해한다.

질문이 있다. 어떤 일을 할 때 열중한 나머지 시간이 멈춘 듯한 느낌이 든 적이 있는가? 놓치고 싶지 않은 열중의 순간은 언제인가? 게임이라면 사족을 못 쓰는 이모와 밤늦도록 빙고 게임을 할 때인가? 금요일 밤에 가라오케에서 놀 때인가? 일요일 아침 사랑하는 이의 손을 잡고 나란히 걸을 때인가? 여자 친구들과 해피아워 드링크를 즐길 때인가? 어느 순간에 가장 몰두하는가? 어느 순간에 살아 있다는 느낌이 충만해지는가?

그런 순간들이 언제이든 그 순간을 즐기는 데 엄청나게 많은 것이 필요하지는 않다. 오트밀 라테, 컬러 펜, 봉사료 정도면 된다. 추억을 만드는 재료는 간단하다. 그렇지 않은가? 그 순간에 몰두한다면 흥미진진한 모험을 떠날 수 있다. 그런데 우리는 왜 일을 복잡하게 만들까? 왜 차고와 옷장을 소중한 경험이 아니라 물건으로 가득 채우면서 영원한 행복을 찾을까?

난 선물이나 물건보다는(사실 어렸을 때 보라색 폴리 포켓 장난감들을 무척 좋아하긴 했다) 경험을 늘 선택해 왔다고 믿고 싶다. 나에게는 의심의 여지 없이 올바른 결정을 내리고 옳은 선택을 한 걸 알았던 특별한 순간이 있었다.

어릴 때 우리 가족은 미네소타 작은 마을의 비포장도로를 따라가면 나타나는 시골에서 약 5천 평에 달하는 땅에 집을 짓고 살았다. 잔디 깎기는 아빠가 굉장히 좋아하는 일이었고, 잔디밭은 아빠가 제지 공장에서 교대 근무를 마칠 때마다 시간을 보내는 행복한 곳이었다. 강조하겠다. 우리 집 마당은 흠잡을 데가 없었다. 진공청소기로 청소를 마치면 카펫에 깔끔하게 표시가 나듯, 잔디 깎는 기계가 지나간 자리가 매끈하고 선명하게 보이는 마당이었다.

아빠는 할아버지께서 쓰신 방법을 그대로 따르셨다. 그건 집에 넓은 잔디밭이 있는 중서부 지역 사람이라면 누구나 쓰는 방법이었다. 일주일 동안 동쪽에서 서쪽으로, 다음 주에는 북쪽에서 남쪽으로 우렁차게 기계 돌아가는 소리가 들린다. 그러면 지나간 자리 뒤로 풀잎 하나 남지 않는다!

아빠가 잔디를 깎고 나면 우리 남매들은 잔디 깎는 기계가 지나간 자리에 흩어진 풀잎들을 갈퀴로 긁어모아 쌓은 뒤 치웠다. 그렇게 갈퀴질을 하다 보면 엄지와 검지 사이에 조그만 물집이 잡혀 미키마우스 밴드에이드를 붙여야 했다. 우린 그렇게 긁어모은 잎들을 트레일러에 실어 숲속 오솔길에 치워 놓곤 했다.

난 갈퀴질이 너무 싫었다. 내가 진짜 싫어하는 집안일 목록에서 갈퀴질은 변기 청소나 잡동사니 서랍을 정리하는 일보다 더 높은 순위였다. 갈퀴질은 고통스러웠고 날씨는 늘 너무 덥거나 추웠으며 잔디밭에는 징그러운 벌레들이 넘쳤다. 친구들에게 너희들도 잔디밭에서 갈퀴질을 하느냐고 물어볼 때마다 다들 이상하다는 눈빛으로 쳐다봤다. (아빠는 그 친구들 집 잔디밭이 우리 잔디밭만큼 깔끔해 보이지 않을 거라 주장하셨고, 나는 대답 대신 어깨를 으쓱하기만 했다. 시골에 사는 우릴 방문하는 사람은 아무도 없었는데, 어쨌든!)

어느 날, 엄마 아빠는 진지한 표정으로 계산기를 두드리시더니 우릴 불러 자리에 앉으라 하셨다. 그리고 신나는 목소리로 깜짝 선물이 있다고 하셨다! 텔레비전의 게임 쇼처럼 두 가지 선택지를 공개하셨고, 우리는 둘 중 한 가지를 선택하기로 했다. 첫 번째는 잔디 깎는 기계 옆에 부착해서 잘려 나간 잎들을 담을 커다란 통을 사는 것이었다. 그러면 우리는 앞으로 갈퀴질을 할 필요가 전혀 없었다. 또 하나는 차에 짐을 싣고 위스콘신 델스로 가족 휴가 여행을 떠나는 것이었다. (어른이 된 지금, 당시 대화를 떠올리면 이 생각이 든다. '어휴, 그 통이 비싸 봤자 얼마나 비쌌겠어!')

우리 남매들은 둘 중 뭘 선택할지 조금도 망설이지 않았던 것 같다. 멀리 놀러 갈 생각에 신나서 모두 꺄악 비명을 질렀다. 우린 모텔에서 잘 거야! 수영장도 있겠지! 차를 타고 오랫동안 가면서 게임도 하고 군것질도 할 거야. 어릴 때 차 안에서 즐기는 군것질은 최고였다! 정해진 취침 시간도 없다. 기뻐서 꽥꽥거리고 꺄악거리는 소리는 부모님이 아셔야 할 우리의 대답이었다. 협상이 타결되었다. 갈퀴질하느라 생긴 물집은 뭐 시간이 지나면 낫는다. 우리 가족의 모험이 시작되었다!

난 지금도 5시간 동안 차를 타고 가던 여정을 생생하게 기억한다. 아빠가 좋아하시는 빨간색 쫀득쫀득 젤리 과자와 다이어트 마운틴듀가 앞자리에 있었고, 우리 남매들은 뒷자리에서 눈깔사탕을 쪽쪽 빨아 먹었다. (몇 시간 동안 빨아 먹어야 부드러운 부분이 나왔다. 부모님 귀가 떨어질 듯이 너무 시끄럽게 떠들지 말라는 뜻이었다.) 또 보드게임을 하고 게임보이로 테트리스를 하느라 바빴다! 오, 1990년대에 즐겼던 자동차 여행을 또 할 수 있으면 좋을 텐데.

숙소는 그냥 그랬다. 적갈색 카펫이 깔리고 침대에는 꽃무늬 이불이 덮여 있으며 미니 유니콘 슬라이드가 있는 야외 수영장이 딸린 샘록모텔(Shamrock은 토끼풀이라는 뜻이다-옮긴이) 모습이 아직도 생생하다. 그렇다, 토끼풀과 꽃, 유니콘은 완벽한 조합이다. 그곳은 분명 마법 같은 곳이었다(조금 과하긴 했다). 며칠 동안 우리 가족은 잊지 못할 신나는 모험을 하나씩 즐겼다. 오빠는 미니 골프장에서 뛰어난 실력을 보여 주위를 놀라게 했고, 우리는 근처 워터 파크에 있는 워터슬라이드를 전혀 겁먹지 않고 모두 타고 내려왔다. 밤에는 모텔에 있는 조그만 야외 수영장에서 놀았고, 거기서 나는 뻣뻣한 미니 다이빙보드에서 체조 묘기를 선보였다. "젠, 옆으로 재주넘다가 물로 뛰어들 수 있어?", "뒤로 뛰어들 수 있어?", "옆으로 공중제비 넘을 수 있어?" 내 실력은 갈수록 좋아졌다.

물로 뛰어들며 최고로 재미있는 시간을 보내고 있던 그때, 아빠는 다이빙보드 위에 있던 날 보고 엄마에게 말씀하셨다. "와, 제나는 진짜 잘하는걸. 다이빙선수가 되면 괜찮겠어."

가족 휴가를 보내고 집으로 돌아오는 동안 생각지도 않게 전혀 새로운 애정의 대상을 찾았다. 바로 다이빙이었다. 나는 다이빙선수가 되는 게 어떻겠냐는 제안을 받아들였고 바로 실행에 옮겼다. 그 후 4년 내내, 고등학교 시절 동안 내 금발은 수영장 물 소독약의 영향을 받아 전체적으로 초록빛으로 살짝 물들었다. 그리고 다이빙보드 위에서는 옆으로 재주넘기를 할 수 없다는 것도 알았다. 실망이었다.

그다음 이야기는 당신도 알고 있을 것이다. 나는 다이빙 특기생으로 위스콘신 대학 스티븐스 포인트에 진학했으며, 드루를 만나 사랑에 빠졌고 그 밖의 다른 이야기들은 다 지나간 일이다. 그런데 가끔은, 그때 자동차 여행 대신 잔디 깎는 기계에 붙일 커다란 통을 사자고 했다면 무슨 일이 일어났을까 하고 궁금해할 때가 있다. 현재의 내 인생 대부분은 위스콘신 델스에 있는 조그만 모텔 수영장에서 시작되었다고 할 수 있다. 가족 여행이라는 경험보다 잔디 담는 통이라는 물건을 선택했다면 어떻게 되었을까?

그렇다고 나를 미니멀리즘에 빠진 여자, 또는 물건을 소유했으니 죄책감을 느껴야 한다고 강요하는 잔소리꾼으로 오해하지는 말아 달라. 우리 집에서 잘 쓰지 않는 옷장에는 아주 당당하게 '잡동사니'라고 이름 붙인 커다란 상자들이 보관되어 있다. 부엌에는 적어도 네 종류의 주걱이 있지만, 난 항상 쓰던 것만 쓴다. 고등학생 때 용돈을 악착같이 모아 산 아베크롬비 & 피치 브랜드의 찢어진 청바지를 지금도 잘 입고 다닌다.

지금부터 물건들을 덜 사자고 주장하는 건 더더욱 아니다. 난 물건을 싫어하는 사람이 절대 아니다! 당신에게 기쁨을 안겨 주는 물건이라면 계속 사자. (자, 나는 여기서 편한 실내복, 강력 접착테이프, 마늘 다지기를 발명한 사람들에게 고맙다고 진지하게 악수를 청하고 싶다.) 당신이 미니멀리즘을 실천하며 살겠다거나 반대로 싸구려 장신구들을 고집스럽게 쌓아 놓고 살겠다고 하면 난 어느 쪽이든 잘했네! 못했네! 하고 판단하지 않는다. 난 당신의 삶에 집중하는 재능, 그리고 현재에 완전히 몰두하며 풍요로움을 경험하고 순식간에 지나치는 본성을 인식하는 재능에 대해 말하고 있다.

이제부터 설명하겠다. 좀 더 비전 있는 인생을 살아간다는 것과 관련하여 바로 지금 이 순간, 나는 몇 년 뒤 떠올릴 현재의 추억을 만들고 있다는 사실을 배우고 있다. 그건 말이 된다. 공상과학소설에서나 나올 법한 얘기는 아니다. 우린 이해할 수 있다. 그런데 뒤집어 생각해 본다면 어떨까? 난 지금 떠올릴 수 있는 미래의 기억을 만들어 내고 있다면 어떨까? 시럽이 줄줄 흘러 끈적끈적한 팬케이크를 보며 킥킥대는 꼬마 아가씨가 보여 주었던 내 첫 번째 비전처럼.

이것은 어떤 모임에 참석했을 때 처음 배운 연습이었다. 내 친구 브렌던 버차드(Brendon Burchard)가 내게 인생을 바꾸는 연습을 하도록 도와줬던 때였다. 브렌던이 우리에게 자리에 앉아 마음을 편하게 하고 눈을 감으라고 하자 모두 일순간 조용해졌다. 그는 존재와 경험의 중요성에 관한, 또 성공했다는 느낌을 유지하기 위해 우리가 얼마나 자주 치열한 생존경쟁에 휘말려 더 힘들고 빠르게 달려가야 하는지에 관한 이야기를 들려주었다. 그리고 그 과정에서 많은 사람이 물건들을 계속 쌓아 놓고 싶어서 인생의 중요한 순간을 일로 대체하는 경향이 있다고도 했다. 그런 다음 우리가 들인 노력, 쏟아부은 에너지, 투자한 시간을 시각적으로 표현하면 무엇이든, 어떤 것이든 의미할 수 있다고 했다.

계속 눈을 감은 채 우리는 각자 인생에서 특정 장면 몇 가지를 상상한 뒤, 머릿속에서 영화처럼 자연스럽게 전개되도록 했다. 이미 가지고 있는 기억뿐만 아니라, 꼭 만들고 싶은 기억과 현실로 만들고 싶은 순간들도 떠올리기로 했다.

정말 잘 지내고 있나요?

당신은 어떤 추억을 만들고 싶은가요?

당신은 무엇을, 누구와 함께 경험하고 싶은가요?

어디에 가고 싶은가요? 무엇을 보고, 무엇을 듣고, 무엇을 맛보고 싶은가요?

나는 그때 몇 번이고 반복해서 보고 싶은 장면들을 마음속으로 상상했다. 지금도 그때 그려 본 장면들이 꽤 소박하다는 사실이 놀랍다. 내 작은 비전에는 물건이 많이 필요하지 않았고, 놀랍게도 여권도 필요하지 않았다. 게다가 일하고는 별로 관련이 없었다. 물론 비전을 실현하려면 당연히 일을 해야 하지만, 내가 본 장면은 일에 관한 내용이 아니었다. 그 장면은 내가 살면서 겪었던 일이었거나 살아가는 동안 전적으로 몰입할 경험이었다. '아빠는 음악을 조금 크게 틀고 사람들로 가득한 보트를 몰고 어디론가 가신다. 토요일 아침 우리 가족은 호숫가에서 팬케이크로 아침 식사를 한다. 고요한 아침, 슈피리어호수를 향해 돌을 던진다. 머리가 희끗희끗하고 주근깨가 거무칙칙한 드루와 나는 뒷마당에서 손주들이 탄 그네를 힘껏 민다.'

이 장면들은 화려하지 않았고 소박했다. 실현할 수 없는 것도 비용이 많이 드는 것도 아니었다. 내 삶을 선명하게 볼 수 있는 앞 좌석에서 내가 살아온 삶과 내 미래의 꿈을 엿본 찰나의 경험이었다. 과거를 마음속에 떠올려서 중심을 찾고 감사하는 마음을 품게 되었다는 생각이 중요하다. 그리고 미래에 원하는 걸 상상할 때 소박하면서도 기쁘게 살아가는 모습이 보이면 그 모습을 받아들일지도 모른다.

여기서 중요한 것은, 우리는 소비지상주의가 권하는 위시 리스트에 속을 때가 많다는 점이다. 우리의 비전 보드는 필요한 만큼의 스토리 대신, 포상과 트로피, 노드스트롬백화점 세일 때 점찍어 둔 신상 소렐 부츠 같은 소품들로 꽉 차 있다. 그런 것들이 있다고 해서 나쁘다는 게 아니다. 다만 그것들은 우리 인생의 마지막 나날에 가장 소중히 여길 만한 것은 아니라는 거다.

우리는 꿈을 실현한다는 말이 값비싼 키친에이드 믹서기를 사들이는 것이라고 오해한다. 하지만 꿈을 정말 실현한다는 말은 토요일 아침에 또다시 즐기고 싶은 팬케이크 식사 시간을 마련하는 것이다. 부드러운 팬케이크 부스러기와 오랫동안 계속되는 웃음소리는 지금도 내 위시 리스트의 맨 윗부분에 있다. 행복해지고 싶어서, 성공했다고 느끼고 싶어서 또는 위로받고 싶어서 사들인 물건들을 돌아보면 너무 후회되어 웃음이 터진다. 최신 입식 책상도 샀고 립스틱도 종류별로 색상별로 사 모았다. 아기 띠도 무려 14개나 되고 해치멀(Hatchimals) 장난감도 커다란 상자를 꽉 채울 만큼 샀다.

자, 오해하지는 말아 달라. 그런 물건들이 일시적인 행복만을 준다고 비웃으면 안 된다. 이번 주 내내 안 좋은 일들이 있었는데, 마침 당신을 위해 장만한 부드러운 이불은 힘든 몸을 이끌고 침대로 기어드는 당신에게 무척 위안이 되는 물건이다. 코코가 해치멀 장난감을 갖고 노는 모습은 유치해 보여도 무척 귀엽다. 하지만 포괄적이며 일반적인 의미로 보면 '물건들을 많이 소유하는' 경험은 사실 기대에 미치지 못한다. 이 지혜로운 말을 오랫동안 들었어도 우리는 여전히 물건들 뒤를 쫓아다닌다. 그렇지 않은가? 우리는 원하던 물건을 마침내 손에 넣을 때의 황홀감에 빠지길 갈망한다.

하지만 그 느낌은 지속되지 않는다(덧붙이자면, 환경도 마찬가지다). 코넬대 심리학과 교수인 토머스 길로비치 박사(Dr. Thomas Gilovich)는 지난 20년간 연구한 결과를 근거로, 행복은 우리가 원하는 물건들을 산다고 해서 지속되지 않는다는 결론을 냈다. 우리가 무척 갖고 싶어 하는 물건들이거나 우리만의 독특한 개성을 표현하는 물건들이라 하더라도 마찬가지다. 왜 그럴까? 길로비치 박사가 설명한다. "행복을 가로막는 장애물 중의 하나는 적응(adaptation)입니다. 우리는 행복해지고 싶어서 물건들을 삽니다. 그리고 성공합니다. 하지만 잠깐에 불과합니다. 새로운 것들은 처음엔 무척 흥미롭지만 우리는 곧 적응합니다."[1]

그것이 바로 오랫동안 공백 상태에 있던 만족감을 채우려 사는 물건 대부분이 결국에는 다락방이나 차고에 쌓이거나 기부되거나 부서져 쓰레기통으로 직행하는 이유다. 그 물건이 멀쩡한 상태로 있었을 때는 즐거웠지만, 우리처럼 그 물건 역시 먼지로 변한다(실제로는 그렇게 버려진 많은 물건은 먼지로 변하지 않는다. 그래서 우리는 전 세계적으로 쓰레기 위기를 겪고 있지만, 그건 다른 책에서 다뤄야 할 소재다).

그래서 나는 내 삶을 바꿔 놓은 개인적인 깨달음을 여기에 공유하겠다. 내 과거의 경험을 매번 똑같이 후회하기란 매우 어렵다. 힘든 경험이었어도 마찬가지다. 한 가지씩 경험할 때마다 나는 변했고 교훈을 얻었으며 추억을 쌓았고 새로운 활기를 얻었다. 비통에 빠졌을 땐 감사하는 법을 배웠다. 분노에 차올랐을 땐 정의를 배웠다. 실패했을 땐 관대한 마음을 배웠다.

길로비치 박사도 이런 글을 남겼다. "물질적인 상품보다 경험이 우리의 더 큰 부분을 구성합니다. 당신은 물건들을 정말 좋아할 수는 있습니다. 심지어 당신의 정체성이 그런 물건들과 연결되어 있다고 생각하기도 합니다. 하지만 그것들은 당신과 분리되어 있습니다. 그와 반대로, 당신의 경험은 진실로 당신의 일부입니다. 우리는 우리가 한 경험의 총합입니다."[2]

간단히 말해 우리의 경험은 수익이 점점 늘어나는 투자와 같다. 경험이 가져오는 수익은 우리가 살아 있는 한 절대 그치지 않는다. 최첨단 기술, 기발한 장난감 또는 어느 날 우연히 본 인스타그램 광고가 내 관심을 끌어도 나는 그 물건을 사지는 않는다. 그 대신, 내 경험과 그에 따른 교훈은 내가 매일 활용하는 주요 구성 요소가 되었다(특히 토요일에).

토요일 아침에 팬케이크를 구울 때마다 그때 가졌던 비전을 떠올리고 이게 꿈인지 생시인지 믿어지지 않아 뺨을 꼬집어 본다. 드루는 내 표정과 붉어진 눈시울을 보고서, 내가 처음 이런 순간을 상상하며 메이드웰 청바지와 흰색 리넨 상의 차림으로 페르시아 양탄자 위에 서 있던 모습을 떠올리고 있다는 걸 안다. 이런 감정으로 벅차오를 때, 나는 무엇인가를 대담하게 꿈꿨던 나 자신에게 감사한다. 그리고 이 삶이 얼마나 예측할 수 없을 만큼 놀랍게 진행될 수 있는지를 알고 웃음이 절로 나온다. 시럽을 건넬 때 나는 과거의 내가 속삭이는 소리를 듣는다. "제나, 이건 네가 원했던 거야. 기억하지? 이건 네 꿈이었어. 여기 있어. 가만히 있어 봐. 이게 바로 네가 원했던 삶이야."

존재 혹은 선물 중 하나를 선택해야 하는 문제가 아니다. 둘 다 선택하고 가질 수 있다. 원한다면 이불장을 깨끗이 정리해도 되지만, 기쁨을 안겨 주는 물건들을 찾아내는 과정을 즐겨도 된다. 다만 이제 더는 도움이 되지 않는 삶의 일부분은 작별 인사를 하고 놓아주자.

그렇다면 앞으로 펼쳐질 인생 시나리오 작성을 어디서부터 시작해야 할까? 알겠다. 당신은 이미 바쁜 사람이고 매일 몇 분씩 시간을 내어 미래를 마음속에 그리는 일은 당연히 에너지 낭비처럼 보일 수도 있다. 어쩌면 당신은 이 책에 담긴 비전을 볼 때마다, 신비한 사례를 알게 될 때마다 말도 안 된다며 눈을 굴렸을 수도 있다. 그 아이디어 자체에 반발했을 수도 있다. "당신 제정신이에요? 누가 시간이 있겠어요? 당신은 어디서 정신적인 공간을 얻는데요? 이메일 도착 알림이 계속 울려요. 아이는 부엌에서 냄비들을 봉고 드럼처럼 두들겨요. 어떻게 꿈을 꿀 엄두를 내겠어요?" 이해한다.

하지만 여기 진짜 비밀 아닌 비밀이 있다. 몇 분 시간 내서 꿈을 꾸고 당신에게 정말 중요한 것이 무엇인지 물어보면 시간과 에너지, 공간을 모두 되찾는다(일부 찾을 수도 있다). 당신은 오늘의 걱정을 내일의 기적과 맞바꿀 수 있기 때문이다. 긴장을 풀고 다음에 원하는 것 그리고 어떤 사람이 되고 있는지를 받아들이면, 당신은 자신이 어떤 사람이 될지를 미리 인식할 수 있다. 이제는 서둘러 한 주를 마치고 주말이 오기만 기다리며 살까 봐 걱정하지 않아도 된다. 당신은 매 순간 현실을 충실하게 보내게 된다. 그동안 시간과 노력을 투자한 결과로 최종 이익을 얻게 된다. 바로 진정한 경험을 할 수 있는 존재라는 선물이다.

이제 나는 코코의 예쁜 모습을 놓치면 어쩌나 하는 예전의 두려움에 공감하지 않는다. 난 코코와 함께 있을 때 진실로 함께 있기 때문이다. 시간은 잠잠해지고 더 느리게 흐른다. 매 순간이 길게 확장된다. 여유롭게 보내는 토요일 오전이건, 정신없이 바쁜 화요일 오후건 나는 많이 들어 본 리듬, 조용한 드럼 소리를 느낄 수 있다. '당신은 전에도 이랬던 적이 있어요. 이걸 상상해 본 적이 있어요.'

'당신은 그야말로 꿈을 실현하고 있어요.'

제3부

당신은
뭘 해야 할까?

제나가 보내는 편지:

지금까지 함께한 여정이 얼마나 굉장한지 아시나요? 페이지를 거듭하며 당신에게 수많은 질문을 했어요. 이제 여기까지 왔군요. 계속 함께해 줘서 고마워요. 3부에서는 구체적으로 뭔가 만들어 보려고 해요. 당신과 주변 세상의 든든한 버팀목이 되어 줄 삶을 만들어 내기 위해 행동에 돌입할 거예요.

이 책을 열었을 때 당신이 어떤 상황에 있었든, 지금까지 이 책을 읽으며 그전에는 필요한 줄 미처 몰랐던 것들로 당신의 내면이 가득 채워졌기를 진심으로 바라고 있어요. 당신은 머리부터 발끝까지 감사하는 마음으로 3부 내용을 받아들일 거예요.

지금은 구체적인 실행의 핵심 방법을 더 자세히 알아볼 시간이에요. 당신이 아는 것과 당신이 스스로에게 물었던 그 어려운 질문들이 필요해요. 답을 찾아낸 뒤 행동에 옮길 거예요.

강렬한 대사와 스토리텔링은 멋진 무대 공연을 만들어 내지만, 이건 공연이 아니라 당신의 인생이에요. 여기 초대장이 있어요. 소매를 걷어붙이세요. 그리고 실행하세요. 하나씩 둘씩 생겨나는 그 답들을 실현하는 일에 전념하세요.

준비하세요,
제나

12장

브룩 실즈가 남긴 것:
자신의 이야기에 대하여

우리 여성들이 우리의 경험을 진실로, 인간의 진실로 제공하면
세상의 모든 지도는 바뀔 것이다. 새로운 산이 나타날 것이다.
– 어슐러 르 귄(Ursula Le Guin)

"엄마, 코코가 아기였을 때 얘기 해 줘!" 잠자리에 든 코코가
속삭인다. 코코는 요즘 스토리텔링에 푹 빠졌다(그런데 자신을 3인
칭으로 묘사한다). 나는 코코가 아기들이 내는 소리를 많이 냈으며,
발가락은 오밀조밀 귀여웠고, 미소는 반짝였다고 전부 말해 준
다. 코코가 이번에는 엄마와 아빠가 아기였을 때 어땠는지, 유
기견이었던 우리 집 개들이 아기 강아지였을 땐 어땠는지 알고
싶어 한다(그때 이야기를 우린 절대 알 수 없겠지만 걱정하지 말자. 난 상상
력이 풍부하다).

코코가 이렇게 알고 싶어 하는 것은 생명을 이해하고, 또 내
배 속에서 자라고 있는 새로운 생명을 이해하는 방식이다. 이
책이 당신 손에 들어갈 즈음이면 옹알대는 아기가 세상에 나와

있을 것이다. 배워야 할 또 다른 영혼이자 이마에 입 맞춰 줄 또 다른 사람이다.

또 다른 이야기를 하나 들려주겠다.

우리 모두에게는 이 세상 사람들에게 기억되고, 어떤 유산을 남기고, 흔적을 만들고 싶은 욕망이 있다. 우리가 태어났을 때보다 떠날 때 이 지구의 상태가 더 나아져 있기를 대부분 바란다. 동의하는가? 하지만 부엌 조리대를 어지럽힌 커피 찌꺼기와 토스트 부스러기를 닦아 내는 동시에 아이들을 챙기고 출근하거나 할 일들을 처리하고 인터넷 회사도 변경하는 등 정신없이 바쁘고 산만하게 지내는 사람이 많다.

하지만 바로 지금, 오늘, 심지어 인터넷 설치 기사가 라우터를 껐다가 다시 켜기를 기다리고 있는 이 순간에도 당신의 유산이 세상에 펼쳐지고 있다면 어떨까?

우리 사회에는 유산의 개념을 지나치게 중시하는 경향이 있다. 우리는 유산을 지위와 관련지어 생각할 때가 많다. 가령 우리 이름을 딴 큰 건물, 선한 목적을 위한 백만 달러 기부 같은 것이다. 유산이라는 말은 무게감이 느껴지고 대단해 보인다.

우리는 TV나 영화에서 유산이 언급되는 장면들을 본다. 주로 화려한 저택이다. 바닥에서 천장까지 책으로 꽉 들어찬 서재에서 할아버지와 손자가 유산 관련 대화를 나눈다. 소중히 간직했던 반지 또는 나무 상자를 주고받는 장면도 이어질 수 있다. 할리우드 영화에서나 볼 법한 장면인 건 알겠다. 하지만 일상 대화에서 '유산'이라는 말은 정말 들리지 않는다. 식사 자리에서도 대화 주제로 올라오지 않으며, 어렵게 말을 꺼내더라도 "아빠가 또 은퇴니 유산이니 그러고 있어!"라며 눈총을 받을 것이다.

하지만 유산은 우리 주변 어디에나 있으며 매일 확인할 수 있다. 유산은 우리가 만든 흔적이고 바로 이 순간 공들여 만들고 있는 표식이기도 하다. 우리가 아무리 유산을 크다 작다 생각하더라도 그건 우리의 이야기다.·세상을 정복하거나 질병을 치료하거나 막대한 부를 쌓는다는 내용이 아니다. 유산은 그야말로 당신이 이 세상에 남기는 것을 말한다.

손자가 할아버지의 낡은 작업 부츠를 신고 물고기를 잡는 동안, 어렸을 때 처음으로 카누를 탄 얘기를 들려주는 할아버지도 유산이 될 수 있다. 다락방을 뒤지다가 어머니의 옛날 일기장, 편지, 고등학교 시절 사진들을 우연히 발견하는 딸도 유산이 될 수 있다. 가장 좋아하는 도시를 걸어가며 거리마다 서린 옛이야기들, 모퉁이의 단풍나무에 새겨진 이름 또는 보도 시멘트가 굳기 전에 새겨 넣어 영원히 보존될 이름 또는 식당 의자 등받이에 누군가 긁어 놓은 이름을 접하는 당신도 유산이 될 수 있다.

유산은 매우 간단한 방식으로 시작된다. 유산은 이야기를 동반한다. 흥미롭고 오래된 옛날이야기는 보통 "옛날 옛적에……"

라는 말로 시작하며, 그 말은 공주 이야기나 동화에서만 쓰이지는 않는다. 열정을 나타내고 변화를 보여 주며 힘들게 배운 교훈을 전달하는 이야기들을 자신 있게 다른 사람들과 나눌 여지가 있을 때, 우리는 우리 자신을 사람들에게 개방한다.

내 말을 믿어도 된다. 증거가 있다. 하나의 문장으로 마무리되는 이야기다. 변화한 인생을 열 개의 어절로 나타냈다. "그녀가 여덟 번 시도했다면, 나도 할 수 있다는 걸 알았어요."

어느 날 밤 뉴욕에서 누군가 내게 속삭이듯 그 말을 했다. 나는 주로 요가 바지 차림으로 집에서 일하는데, 간혹 비행기를 타고 멀리 날아가 테이블이 예쁘게 세팅된 방에 화려한 드레스를 입고 들어갈 때도 있다. 어느 날 저녁이었다. 사회 각계각층에서 활약하는 여성들을 초대하여 새해를 축하하는 행사가 열린 바로 그 장소에 나도 있었다. 미디어 종사자에서 자선사업가에 이르기까지, 비영리재단 리더에서 인플루언서에 이르기까지 이 세상에 선한 영향을 끼치기로 단단히 마음먹은 여성들이었던 우리는 함께 새해, 새로운 10년을 시작하기 위해 한자리에 모였다. 스웨터드레스 안에 몸매 보정용 압박 속옷을 입은 나는 지금껏 만나 본 사람 중에서 가장 훌륭하고 사회적 성취를 이룬 여성들이 둘러앉은 테이블에 자리를 잡았다. 테이블 주위에서 지혜로운 대화가 오갔다. 오랜 세월에 걸쳐 축적된 삶의 지혜에 관한 대화였다. 난 무척 놀랐다.

짤막한 대화와 스스럼없이 밝히는 사업상의 비밀, 서로 주고받는 덕담을 듣고 인맥이 만들어지는 광경을 보면서 나는 이 모든 것을 보존할 방법이 있기를 바랐다. 너무 늦지 않게 이 순간을 우리가 다시 체험할 뿐만 아니라 미래 세대들에게도 도움이 되도록 그대로 저장하고 싶었다. 방 안을 둘러보자 난 이 여성들이 가진 소중한 지식의 상당 부분이 그들이 세상을 떠날 때 같이 사라지리라는 걸 깨달았다. 중심을 잡고 자신을 지탱했으며 고통을 이겨 내고 시행착오를 거쳐 승리를 거두고 보물을 축적한 그들의 오랜 세월은 옛날 왕의 무덤에 같이 매장된 금은보화처럼 그들과 함께 땅에 묻힐 운명이었다. 내가 할 수 있는 것이라고는 아직 기회가 있을 때 이 세상이 그들 한 명 한 명에게서 최대한 많은 것을 얻어야 한다고 생각하는 게 다였다.

그날 저녁, 내 인생에 지워지지 않을 흔적을 남긴 대화를 나눴다. 나는 대형 의류 회사의 글로벌 브랜드 사장인 젠 포일(Jen Foyle)이라는 여성과 이야기 중이었다. 그녀는 친절했고 사람들을 사로잡는 매력이 있었지만, 그녀를 지금의 자리로 끌어올렸을 개척자이자 보스로서의 억세고 질긴 모습은 누가 봐도 명백했다. 그녀가 내게 딸은 어디 있느냐고 물어 나는 미소 지었다. "아빠와 함께 하와이에 있어요. 전 이 행사에 참석하려고 비행기를 타고 여기 왔지요. 빨리 하와이 해변으로 돌아가고 싶어요!" 그리고 서로의 유리잔을 맞부딪쳤다. 그러자 그녀는 내 눈을 똑바로 바라보며 말했다. "내가 내 딸 매기를 낳으려고 시험 관아기 시술을 여덟 번이나 했다는 걸 알았나요?" 나는 그 자리에 얼어붙은 채 고개를 가로저었다. 전혀 몰랐다.

물론 어떤 면에서 보면 나도 관련이 있었다. 꿈을 이루지 못했다는 고통스럽고 혼란스러운 몸부림, 다시 시도했으나 또다시 같은 결과를 얻은 고통은 내게 너무나 익숙했다. 젠에게 하고 싶은 말이 목구멍까지 차올랐고, 손을 뻗어 그녀의 손을 잡고 싶었지만 너무 대담한 행동일까 염려했다. 나는 숨을 고르고 그녀에게 그 과정에서 포기할 생각을 몇 번이나 했는지 물었다. 그녀가 "수도 없이 많이 했답니다"라고 대답하리라 예상했다. 하지만 그녀는 날 똑바로 바라보며 작지만 힘 있는 목소리로 답했다. "한 번도 없었어요."

나는 어안이 벙벙했다. 시험관아기 시술은 상당히 힘든 과정이다. 감정을 상하게 하고, 상상을 초월할 정도로 비싸며, 모든 면에서 사람을 기진맥진하게 한다. 그리고 희망과 극심한 슬픔의 순환 속에 영원히 갇히리라 믿게 한다. 온몸을 쥐어짜고 마구 씹어 대는 고통을 준다. 그렇다고 임신을 보장하지도 않는다. 솔직히 나는 그녀가 허물어지지 않고 그렇게 여러 번 시술을 받았다는 얘기를 듣고 너무 놀라 할 말을 잃었다. 궁금증을 참을 수 없어 느닷없이 이렇게 질문했다. "도대체 어떻게 계속 하신 거예요?"

그러자 젠은 예상 밖의 이야기를 들려주었다. "일곱 번째 시도도 실패하자 의사는 이제 포기할 때가 되었다고 했어요. 다 끝났고 내 인생에 아기는 없다는 거였죠. 그렇지만 한 번 더 시도하겠다고 했어요. 마지막으로 한 번만 더요. 옛날에 TV에서 브룩 실즈의 임신 과정 이야기를 본 적이 있어요. 용감하게도 그녀는 시험관아기 시술을 여덟 번이나 받고 나서 임신에 성공했다고 온 세상에 알렸어요. 그녀가 여덟 번 할 수 있다면 나도 할 수 있으리라 생각했죠."

나는 잠시 멈추고 그 모든 이야기를 받아들이려 애썼다. 다시 술을 한 모금 마시며 어떻게 대답해야 할지 고민하느라 잠시 시간을 버는 동안 머릿속은 온갖 생각으로 가득했다. "만약 브룩 실즈가 그녀의 이야기를 절대 말하지 않았다면 어떻게 했을지 상상할 수 있나요? 그렇게 고생하며 임신을 시도한 이야기를 세상에 알리지 않았다면 매기가 태어났을까요?"

"이런, 그것까진 생각해 본 적은 없는 것 같네요. 아뇨, 포기했을 거예요. 아주 확실히." (브룩 실즈에게 이메일을 보내서 뉴욕에 사는 15세 소녀가 오늘 이렇게 잘 지내는 건 그녀가 자기 인생의 고통스러웠던 부분을 공개할 용기가 있었기 때문이라고 알려 줘야겠다. 그렇게 해서 브룩 실즈는 낯선 사람에게 희망을 잃지 않고 뭔가 배울 수 있는 이야기를 들려주었으며, 포기하지 말아야 할 이유를 알려 주었다.)

몇 분 뒤 젠은 행사 진행을 시작했고, 우리가 나눈 대화를 방

안을 꽉 메운 여성들에게 공개했다. 그들 중에는 그녀 회사 직원도 있었고 오랜 친구도 있었다. 이제까지 젠은 아기를 낳기 위해 그동안 어떤 일을 겪어야 했는지 누구에게도 밝히지 않았다고 했다. 그녀의 오른팔 격인 한 여성이 그날 밤 내게 살짝 귀띔했다. "난 젠의 모든 걸 손바닥 들여다보듯 훤하게 알고 있어요. 그런데 그렇게 힘든 일을 겪었다는 사실은 전혀 몰랐어요."

자신의 약한 부분을 솔직히 공개하는 일은 전염성이 있다. 밤이 점점 깊어지면서 나는 방 안 곳곳에서 서로 질문하고 마음을 터놓고 대화하는 광경을 목격했다. 우리의 대화 주제는 처음엔 직장이나 직함, 주요 성과였으나 이제는 잘 알지 못하는 영역인 "정말 잘 지내고 있나요?"로 서서히 바뀌었다. 테이블에서 진행되던 대화 내용은 사랑과 고통, 비통함, 또 그걸 벗어나려는 노력으로 더 깊이 옮겨 갔다. 모두 서로의 진솔한 이야기를 듣지 못한 채 그날 밤이 지나가기를 원치 않았다. 하이라이트 편집부분 말고 진짜 이야기를 듣고 싶어 했다. 숨겨 둔 이야기를 나누고 진실을 말하고 취약한 부분을 대담하게 공개해서 우리가 만들어 낸 이렇게 보기 드문 기회를 최대한 활용하자는 무언의 약속이 있었다. 서로의 유산 일부를 우리 마음에 새기겠다는 욕망이었다. 나는 진실하고 솔직한 대화 소리가 부드럽게 들리는 중에 희망과 호기심, 믿음이 그 방에 자리 잡는 모습을 바라봤다.

이것이 바로 우리 이야기가 중요한 이유다. 우리 여성들의 시련과 승리, 사랑과 상실 같은 일상 이야기가 여러 방과 경기장, 지역사회 전체를 산소로 가득 채우고도 남는 이유가 된다.

우리의 이야기를 할 때, 우리는 목소리가 가장 크고 좋거나 가장 많은 청중이 공감하거나 칭찬을 많이 받는 사람에게 책임을 넘길 때가 많다. 우리는 세상에 영향을 끼치려면 학위가 있어야 하고, 직함도 여러 개 있어야 하며, 인터넷에서 그 이름을 수천 군데에서 찾아볼 수 있어야 한다고 생각한다. 하지만 그건 정말 사실이 아니다. 인생은 우리에게 매일 교훈을 준다. 우리는 유산을 만들어 나가고 있으며 한 번에 하나씩 용감하게 선택한다. 내가 전에 배운 '인생을 바꿔 주는 것들' 대부분은 학위를 여러 개 딴 사람들이 가르쳐 준 게 아니다. 그런 것이 꼭 필요하지는 않다. 내가 신체 자신감(Body Confidence) 분야를 학문적으로 연구한 사람도 아니고, 학부 때 팟캐스트를 전공한 사람도 아니라는 사실은 당신에게 별로 놀랍지 않을 것이다.

나는 입소문을 타고 있는 셀룰라이트 또는 불필요한 정보를 너무 많이 담은 게시물뿐만 아니라 사람들이 용기를 내어 DM으로 보낸 이야기들을 수없이 많이 읽었다. 그들은 내가 자신감 있게 모습을 나타내는 방식 덕분에 일상의 안주에서 벗어났을 뿐 아니라 그들만의 아름다운 삶을 누리게 되었다고 했다. 내 블로그 게시물을 읽거나 팟캐스트 에피소드를 보고 작은 희망의 불꽃을 얻은 뒤, 경외심을 불러일으키는 커다란 불길로 키웠다는 여성들의 이야기도 읽었다. 환한 미소를 지으며 키득키득 웃는 작은 기적 같은 내 아기 모습을 본 덕분에 상실을 겪은 후에도 희망을 잃지 않았다는 여성들의 이야기도 접했다.

그러니 조금 강하게 말하겠다. 당신이 이야기를 들려주지 않고 오늘 이 세상을 떠난다면 그건 비극이 될 것이기 때문이다. 비극은 우리의 허락 없이, 경고도 없이 저절로 일어난다.

확실하게 짚고 넘어가자. 당신도 누군가에게 브룩 실즈 같은 사람이 될 수 있다. 당신이 있어서 오랫동안 기다렸던 아기를 마침내 얻은 누군가가 있을 수도 있다. 당신 덕분에 어떤 사람은 자신감이 새로 생길 수도 있다. 당신의 이야기와 자신의 이야기가 일치하는 부분이 있어서 외로움을 덜 느끼는 사람이 있을 수도 있다.

당신 인생에서 일어났던 일들, 다시 말해 발 담그고 싶지 않았던 세계로 어쩔 수 없이 깊이 잠수해 들어간 순간 갑자기 솟아나 아침잠을 깨우는 열정, 도저히 떨쳐 버릴 수 없는 집착, 그 모든 것이 알고 보니 다른 사람의 하루, 심지어 인생 경로까지 바꿀 기회를 준다면 어떨까? 당신이 겪은 일을 모두 받아들이고 그 과정에서 배운 것을 다른 사람이 시간을 벌 수 있도록, 마음의 상처를 예방하고 다시 일어날 수 있도록, 기쁨을 찾고 인정받을 수 있도록 과감하게 나누는 것은 어떨까?

> **정말 잘 지내고 있나요?**
>
> 당신의 이야기 한 가지를 종이에 적어 보세요.
>
> 당신은 어떤 꿈을 위해 싸웠나요? 어떤 꿈을 축하했나요?
>
> 어떤 꿈에서 배웠나요? 또 당신은 어떤 순간에 변화했나요?
>
> 그리고 그 이야기가 필요한 누군가(그 누군가가 당신이더라도)를
>
> 만날 때까지 그 종이를 항상 가지고 다니세요.
>
> 그 누군가를 만난다면 당신의 이야기를 들려주세요.

이쯤에서 잠시 멈추자. 모든 이야기가 '좋은' 이야기여야 한다는 압박감에서 벗어나자. 모든 이야기가 반드시 "그리고 모두 행복하게 살았습니다"로 끝날 필요는 없다. 당신의 이야기가 모든 사람을 만족시킬 수 있는 것은 아니다. 어떤 이야기는 바로 지금, 또는 영원히 당신만을 위한 것일 수도 있다. 당신에게 일어난 모든 일이 인생에 형형색색의 아름다운 실타래를 엮어 주지는 않는다. 당신이 겪지 말았어야 할 수많은 일이 있었던 건 의심의 여지가 없다. 그리고 훨씬 더 많은 일이 일어날 것이다. 당신의 이야기는 아직 끝나지 않았다. 그건 모든 걸 깔끔하게 마무리해야 한다는 압박감을 버려도 된다는 의미다.

우리가 겪은 순간들, 우리가 과거에 어떤 사람이었고 또 지금은 어떤 사람인지 만들어 주는 움직임, 우리 몸에 줄지어 늘어선 상처와 흉터, 우리가 쓰고 또 쓰며 내용을 고친 글에서 배우

면서…… 우리는 우리 힘으로 새로운 이야기를 만든다.

우리 이야기를 세상과 나누며 우리는 그동안 겪은 고통의 잠재력을 확인하고, 우리가 거쳐 온 길을 재건하며, 그 잠재력을 목적 달성을 위해 어떻게 사용할 수 있는지 알게 된다. 겉보기에는 별 볼 일 없는 이야기라도 마찬가지다. 치유에 관한 이야기를 하면 치유 과정의 작은 부분이 다른 사람에게 전달된다. 좋은 교훈에는 자체적으로 어떤 '물리법칙'이 있어서 좋은 것을 급격히 증가시킨다고 나는 굳게 믿는다. 우리가 배운 걸 내면화할 때 우리는 우리 자신에게 흔적을 남길 수 있으며, 우리가 내는 목소리에는 들을 가치가 있다는 점을 다시 한번 강조한다. 그뿐만 아니라 우리 공동체, 더 나아가 우리가 사는 세상에도 흔적을 남길 수 있다.

그 모든 것은 크게 한번 심호흡을 한 뒤 용기 내어 말을 꺼낼 수 있는 믿을 만한 공간에서 시작된다. "어떻게 지내나요?"라는 질문에 대한 일상적이고 표면적인 반응 아래로 깊이 들어가 "정말 잘 지내고 있나요?"라는 질문으로 향한다. 이것이 내가 이 책 제목을 "정말 잘 지내고 있나요?"로 선택한 이유 중 하나다. 그 질문을 하거나 대답하는 게 어색할 수 있지만, 그 질문을 받으면 날것 그대로 솔직하게 대답하게 되기 때문이다.

그렇다면 어디에서 용기 있게 당신의 이야기를 사람들과 나눌까? 지금 있는 공간에서부터 시작하자. 당신이 처음으로 소외감을 느꼈던 시절의 이야기를 아이에게 말해 줄 수도 있다. 끔찍한 데이트 상대를 만났지만, 테이블 건너편에 앉은 그 낯선 사람에게 당신의 솔직한 모습을 보였다고 친구에게 말할 수도 있다. 동료와 함께 나초를 먹으며 직장 생활의 고충을 털어놓을 수도 있다. 이야기에 의미를 부여하겠다고 거창하고 완벽하게 말할 필요도 없고 잘 정리해서 말할 필요도 없다.

당신의 이야기는 당신을 자유롭게 할 뿐만 아니라 듣는 사람들도 참여하도록 초대한다. 그날 밤 뉴욕에서 젠이 자신의 이야기를 사람들에게 공개한 순간, 그 방의 전체 분위기는 "어떻게 지내나요?"에서 "정말 잘 지내고 있나요?"로 순식간에 돌변했다. 당신이 "이 이야기를 당신에게 해도 마음이 놓여요" 또는 "당신에게 하고 싶은 말이 있어요" 또는 "당신이 들어야 할 이야기가 있어요"라고 말하면 그 사람도 당신처럼 솔직히 말해도 자유롭고 안전하다고 생각하게 될 것이다.

미소 짓게 하거나 땀나게 하거나 민망하게 하거나 울게 하는 유치한 이야기들은 현재의 당신이 되기까지 거친 과정이기도 하다. 실패한 이야기를 사람들에게 공개한다는 말은 모든 혼란은 중요한 메시지로 바뀔 가능성이 있다는 뜻이다. 마음의 상처를 들려준다는 말은 치유하기 위해 열심히 노력한 당신의 일부를 공개한다는 뜻이다. 승리한 이야기를 함께 나눈다는 말은 함께 축하하기 위해 다른 사람들을 초대한다는 뜻이다. 당신의 인생을 다큐멘터리나 책에서 소개할 일은 아마 없겠지만 당신의 유산, 당신의 이야기를 나누면 그것은 다른 누군가를 덜 외롭게 만드는 힘이 된다. 공허한 연결로 가득한 세상에서 자신을 있는 그대로 내보이는 능력은 일종의 재능이라 할 수 있다.

뉴욕에서 열린 그날 밤 모임에서 글로벌 브랜드 사장인 젠 포일이 낯선 사람들과 친구들로 가득한 방에서 자신의 험난했던 임신 여정을 처음부터 공개할 계획은 없었다고 나는 확신하지만, 그 방 안에 있던 사람 중에서 (나 말고도) 그 이야기를 자주 떠올리는 사람이 있다고 믿는다. 브룩 실즈가 젠의 삶을 바꿨듯이 젠의 이야기는 다른 누군가의 삶을 바꿨을 수도 있다.

그러니 이제 당신 차례다. 당신의 열정이 어디에서 나왔는지 다시 한번 강조할 시간이다. 당신의 뿌리에 관한 이야기를 직접 해 보고 당신이 어떻게 시작되었는지 다시 주목할 때다. 이제는 오랫동안 간직해 온 비밀을 털어놓을 때가 됐다. 이것은 당신이 누군가에게 브룩 실즈가 되어 달라는, 또 무섭지만 아름다운 일을 할 수 있게 용기를 불어넣어 달라는 공식 초대장이다.

목소리를 가다듬고 나를 따라 말해 보자.

"아주 오래전에······"

유산은 당신의 이야기다.
당신의 유산, 당신의 이야기를 나누면
그것은 다른 누군가를 덜 외롭게 만드는 힘이 된다.

13장
완벽한 계획이라는 착각: 실천에 대하여

> 참된 모습을 찾을 때까지 몇 번이고 당신의 다른 모습을 보여라.
> 시간은 당신을 기다리지 않는다.
> – 말레보 세포디(Malebo Sephodi)

"하지만 아직 완벽하지 않은데 어떻게 계속해 보라는 거니?" 최근 한 친구가 내게 한 질문이다. 나는 웃고 말았다. 내 첫 번째 대답은 "다른 선택지라도 있어?"였다. 내 경험상 인생은 당신에게 선택지를 주지 않는다.

완벽해질 때까지 기다리겠다면 우린 영원히 기다려야 한다. 시간도 많이 낭비하게 된다. 완벽해질 때를 기다린다는 말은 이미 오래전 흥미를 잃은 인간관계, 직업, 집 또는 도시에 계속 머무르겠다는 뜻이다. 그리고 지금처럼 좁은 세상에서 편히 지내겠다고 아름답고 대담한 미래를 포기하겠다는 의미다.

오래전 볼테르가 한 말이 있다. 나는 내 완벽주의자 같은 측면에 휘어잡힐 것 같으면 억지로라도 그 명언을 떠올린다. "최선은 선의 적이다." 상당히 직설적이고 그냥 지나치기 어려우며 핵심을 찌르는 명언이다. 그 말은 실패가 두려워 그대로 멈춰 버리고 싶은 순간에 많은 것을 알려 준다. 위험이 하나도 없는지 확인하느라 일을 지체한다면 시도할 기회조차 얻지 못하기 때문이다.

내 친구 에마는 그 명언을 잘 알고 있다.

에마는 이른바 '아이디어 걸(idea girl)'로서 머릿속이 여러 가지 사업 계획과 기발한 발명, 중요한 발상으로 넘치는 사람이다. 지역 행사를 활성화하겠다는 비전에서부터 전 세계 여성들에게 힘을 주고 서로를 연결하겠다는 비전에 이르기까지, 에마의 아이디어는 훌륭하고 과감하며 강력하다. 하지만 전부 아이디어에 그치고 만다. 머릿속에만 존재하는 생각에 불과하여 이 세상은 그녀의 꿈을 알지 못하거나 경험하지 못한다.

나는 몇 년 전 어떤 회사의 외부 행사에서 에마를 처음 만났다. 우리는 호텔 로비에서 따뜻한 레몬 워터를 함께 마시며 유대감을 형성했다. 행사가 시작되고 며칠 뒤, 에마는 잘 풀리지 않는 몇 가지 아이디어에 대해 내게 머리를 좀 빌려 달라고 부탁했다. 그래서 행사 마지막 날, 우리는 집으로 향하는 비행기를 타기 전 이른 아침에 함께 해 뜨는 모습을 보며 산책했다.

에마는 자신의 아이디어(자그마치 수십 개!)를 가로막는 모든 장애물에 관해 설명했다. 우리는 대화했고 나는 귀를 기울였다.

그런데 약 1.5킬로미터 정도 걸어가자 뭔가 다른 큰 문제가 작용하고 있다는 게 분명해 보였다. 에마는 두려워했고 실패를 방지하는 안전장치를 원했다. 앞으로 나아가기 위한 모든 행동이 100퍼센트 효과가 보장되기를 바랐다. 진심으로 목표를 추구한다면 좋은 결과를 얻을 수 있을지 알고 싶어 했다. 에마를 방해하는 장애물 대부분은 에마의 머릿속에 있는 '어떻게 하지?'라는 걱정거리에 불과했다. 그건 출퇴근 시간 교통체증처럼 생각의 흐름을 막아 행동으로 옮기지 못하게 했다.

이것은 에마만의 문제가 아니라 인간이라면 누구나 가지고 있는 문제다. 나는 에마가 그러는 걸 여러 번 봤다. 에마의 본질적인 문제는 계획을 너무 복잡하게 만들어서 계획을 실행할 시기를 조금씩 지연시키는 것이었다. 완벽한 목표를 추구하다 보니 에마는 실행을 자꾸 뒤로 미뤘고, 그러다 보니 아무것도 하지 못하고 있었다. 에마의 말을 듣고 있자니 손바닥에 땀이 차기 시작했다. 에마의 마음속에 얼마나 많은 생각이 자리 잡고 있는지 떠올려 보기만 해도 그녀의 불안을 느낄 수 있었다. 실패하면 어쩌나 하는 두려움이 에마의 발목을 잡고 있었다.

"네가 실천하지 않는 아이디어를 전부 듣고 있자니 내가 다 불안해." 나는 에마에게 조언했다. "너는 문제가 발생할지도 모르네, 완벽한 걸 원하네 하는 핑계를 대면서 네 꿈을 뒤로 미루고 있어. 가장 쉬운 일부터 시작하는 건 어때? 네 인생에서 가장 위대한 소명이거나 세상을 변화시킬 아이디어가 될 필요는 없어. 대신 지금 불완전해도 행동에 옮길 수 있고 시작할 수 있고 추진할 수 있다는 걸 너 자신에게 증명해야 해."

에마는 눈을 크게 뜬 채 고개를 끄덕였다. 우린 둘 다 에마가 최종적으로 어디에 이르고 싶어 하는지 알았지만, 에마가 한 걸음이라도 내딛지 않으면 결코 그곳에 도달할 수 없다는 것도 잘 알고 있었다.

이 첫 번째 단계를 종종 복잡하게 만들어 버리는 사람이 무척 많다. 지금 당장은 실행할 수 없다는 이유로 적어도 책임감 있고 성숙한 인생을 살 수 있을 때까지, 필요한 돈이 생길 때까지, 일정에 여유가 생길 때까지, 언제인지 모르겠지만 그때가 올 때까지 마냥 기다리며 점점 목표로부터 멀어져 간다. 우리는 아이디어 자체를 놓고 일하는 것이지, 아이디어를 위해 우리를 바꾸는 일을 하는 게 아니다. 우리는 우리가 가진 아이디어가 너무 대단하므로 우리가 완전히 다른 사람으로 바뀌어야만 그 아이디어에 감히 접근할 수 있다고 믿고 만다!

하지만 이렇게 믿어 버리면 우리는 두 발을 내려다보는 걸 잊는다. 오늘 아침 우리가 신고 온 신발은 한 걸음 내디딜 준비가 되어 있다. 아마 작은 걸음일 것이다! 하지만 우리를 목표와 조금 더 가깝게 만드는 걸음이다. 어쩌면 다섯 번째 걸음에서 넘어질 수도 있다. 열두 번째 걸음에서 크게 넘어질 수도 있다. 서

른여덟 번째 걸음에서는 휘청거릴지도 모른다. 하지만 우린 몇 번이고 다시 일어난다. 넘어진다고 땅에 달라붙는 건 아니니까. 우린 큰 미션에서 생겨난 우리의 아이디어를 구체적으로 실천함으로써 그날그날을 목표를 향하는 여정으로 바꿀 수 있다.

구체적으로 실천하는 일은 무엇이든 될 수 있다. 이웃과 독서 모임을 만들든, 당신이 쓴 책을 이 세상에 내놓든, 아이를 입양하든, 식단을 바꾸든, 헤어스타일을 바꾸든 새로운 길은 모두 한 걸음부터 시작된다. 작은 행동 하나는 꿈을 향해 좀 더 가까이 다가가게 하고 앞으로 나아가게 한다. 하지만 주의해야 할 문제가 있다. 당신을 대신해 실행할 사람은 아무도 없다는 것이다. 무릎이 덜덜 떨릴 만큼 두려워도 당신이 실행해야 한다.

불행하게도, 꿈을 찾아 달려갈 때마다 인생은 우리에게 깔끔하게 포장된 길이나 규칙적인 리듬을 반드시 제공하지는 않는다. 우리는 제안서에 무슨 내용을 담아야 하는지, 위기가 닥친 결혼 생활을 어떻게 하면 원래대로 돌릴지, 중병에 걸렸다는 무서운 진단을 받고 어찌해야 하는지 늘 알지는 못한다. 우리는 답답해하고 방황한다. 그리고 변명한다. 그러다가 위대한 모험을 떠날 기회를 놓치고, 더 나은 길을 추구하기 위한 어떠한 진전도 결코 이루지 못한다.

바로 이 순간 당신이 있는 위치는 다음 장소로 이동하는 데 도움을 준다. 손이 닿는 곳에 있는 도구들은 대략적인 초안, 첫 번째 라운드, 초기 프로토타입을 만들 때 사용할 수 있다. 지난 몇 년 동안 나는 지금 작업 중인 것을 활용하지 않으면 의미 있는 경험을 하지 못하거나 자잘한 결과도 얻을 수 없다는 사실을 깨달았다. 백만 달러짜리 인생이 찾아올 수도 있지만, 그때까지 마냥 기다리겠는가? 백 달러짜리 인생부터 어서 시작하자.

내 말을 믿어도 된다. 나는 허접스러운 첫걸음을 내디딘 적이 한두 번이 아니라서 잘 안다. 첫 번째 팟캐스트 에피소드를 시작할 때 나는 내 차(2008년형 하이브리드) 운전석에 앉아 있었다. 집 차고에 주차된 차 안에 마이크를 놓고 침실 베개 두 개를 떨어지지 않게 운전대에 받친 뒤 녹음 버튼을 눌렀다. 그렇게 시작한 팟캐스트는 이제 에피소드가 수백 편이고 매월 수만 명이 청취하며 수백만 번 다운로드되었다.

지금도 그 첫 번째 시간이 어땠는지 어제 일처럼 생생하게 기억할 수 있다. 차에 앉아 있을 때 맡은 가죽 의자 냄새를 지금도 맡을 수 있다. 그날따라 유달리 추웠던 위스콘신의 겨울, 나는 그대로 인간 고드름으로 얼어붙고 있었지만 무슨 일이 있어도 차에서 나가지 않기로 작정했다. 나는 최신식 마이크도, 팟캐스트 경력도 없었고 '제작 가치(production value)'가 무슨 뜻인지 전혀 알지 못했다. 그저 녹음 버튼만 눌렀다. 그날이 바로 '목표 추구자' 팟캐스트가 탄생한 날이었다. 지금 도대체 뭘 하는지 전혀 몰랐어도, 완벽함과는 한참 거리가 먼 수준이었어도.

물론 팟캐스트를 시작하려면 먼저 신중하게 계획해야 했을 수도 있다. 하지만 나는 내 방식대로 하는 게 옳다고 생각했다. 청취자 수를 늘려 돈을 벌겠다고 내가 누구인지에 너무 의존하지 않은 팟캐스트였다. 잘될 거라는 보장은 전혀 없었다. 하지만 새로운 걸 시도해 볼 호기심을 갖게 한 아이디어였다. 그날 녹음 버튼을 누르고 몇 마디만 해도 성공이라 생각하기로 했다.

사실 나는 내 목소리에 너무 자신이 없었다! 나는 다른 사람들이 듣고 싶어 하는 말을 하는 사람이라는 인상을 줄 수 있을까? 말이 막혀 "음……"이라는 소리를 800만 번이나 한다면? 무슨 말을 하고 있었는지 잊어버리거나 조리 있는 문장으로 말하지 못한다면? 그런 건 중요하지 않았다. 내 생각과 아이디어, 내가 이 세상에서 배운 것을 다른 사람들과 나누기 때문이었을까? 그렇다. 난 그걸로 충분했다. 불완전한 행동이더라도 꼭 실천하라고 나 자신을 격려했다.

내 팟캐스트는 실패하거나 망하거나 흐지부지될 수도 있었다. 에피소드 10편 정도 해 보고 이건 나한테 맞는 일이 아니라는 걸 깨달을 수도 있었다. 하지만 그랬다 하더라도 실패는 아니었을 것이다. 난 그걸 손해로 간주하지 않았을 것이다. 실패는 성공과 마찬가지로 그걸 정의하는 방식으로만 존재한다. 어떤 게 성공이고 실패인지 누가 정하는가? 우리가 정한다.

내 팟캐스트는 완벽해지려면 한참 멀었다. 요즘도 실수 연발이다. 살아가면서 이 '완벽하다'라는 개념이 단지 개념에 불과하다는 사실을 몇 번이고 깨달았다. 완벽하다는 말은 환상이다. 현실에 존재하지도 않는다! 타이핑하기만큼 단순한 사실이지만, 그 사실을 아는 건 정말 쉽지 않다.

"사람은 실수하게 마련이야!"라고 쉽게 말할 수 있다. 그런데 그 문장에 당신 이름을 넣으면 어떻게 될까? "제나는 실수하게 마련이야." 그렇다. 당신 이름을 넣어 말해 보자. 약간 따끔거리듯 마음이 아플 것이다. 그렇지 않은가? 하지만 그 말은 사실이다. 당신도 나도 실수한다. 나는 오프라 윈프리(Oprah Winfrey)도 실수하리라 장담한다(아마도 그럴 것이라는 말이다. 하지만 그렇다고 생각하자니 정말 믿기 어렵다).

실수는 두렵기는 해도 우릴 방해만 하지는 않는다. 실수는 우릴 한 단계 더 나아가게 하는 지식을 알려 준다. 사람은 끊임없이 실수를 하며 배우고 발전한다. 실수하는 자신을 받아들이지 않겠다는 것은 당신 자신에게서 얻을 수 있는 잠재적인 이익을 당신에게 주지 않겠다는 것이다. 그렇게 하면 다른 모든 사람이 전해 주는 지식 역시 거부하게 된다. 또 주변 사람들을 도와주지 않고 알아서 살아가도록 내버려 두게 된다. 당신은 당신의 그림자 안에서만 존재하고 모든 실수로부터 안전하게 보호받지만, 따사로운 햇볕을 받거나 위험을 감수하는 데에서 오는 재미를 느낄 수 없다. 그림자 밖으로 나가지 않기 때문이다.

위험을 감수하는 재미를 느끼도록 우리 자신을 놓아주면 모든 일은 새로운 실험이 된다. 우리는 우리 인생을 조종하는 천재 과학자가 된다! 모든 일을 성공 아니면 실패라는 이분법 체계로 분류하려는 욕구를 멈춘다. 그 대신 우리가 하는 모든 일은 결과를 낳고, 그 결과는 우리에게 정보를 준다. 정보가 있으면 우리는 다음 행동을 어떻게 할지 결정할 수 있다.

나는 실천하는 것이 완벽함을 추구하는 것보다 낫다는 생각을 항상 해 왔다. 나는 늘 불완전한 방식으로 행동해 왔다. 그게 어떤 결과를 가져올지 알 수 없을 때에도, 가만히 앉아 위험을 피하는 편이 더 쉬워 보일 때에도 마찬가지였다. 하지만 위험을 피하는 일과 안전한 길을 선택하는 일은 별개다. 그렇지 않은가?

안전한 길을 선택함으로써 전혀 발전하지 못할 위험을 감수해야 한다면? 절대 성장하지 못한다면? 그래도 시도조차 하지 않겠는가? 행복한 미래를 만들어 갈 생각이 전혀 없는가? 오해하지는 말아 달라. 책을 읽을 때 1장을 읽기도 전에 결말부터 알고 싶을 때가 있다. 끝에 가면 모든 일이 다 잘 풀리고, 나도 잘 될 것이라고 믿고 싶어서다. 하지만 아이디어는 늘 그런 식으로 현실이 되지는 않는다.

인생의 모든 출발선에 섰을 때, 전체 계획을 원하는 건 지극히 당연하다. 당신은 새로운 일에 착수할 때 흠잡을 데 없이 완벽하고 자세한 청사진(아니면 적어도 계획서)을 절실히 원할 것이다. 하지만 뭔가 새로운 걸 배우거나 시도한다면, 당신은 이미 불가사의한 것을 받아들이고 있다고 볼 수 있다. 당신은 개방적이고 적극적이며 뭐든지 잘 배우려 하는 초보자의 자세를 취한다. 저 아래 보이는 물이 미지근한지, 얼음장처럼 차가운지 또는 어떤 것과도 비교가 안 될 만큼 시원한지 확인하기 위해 출발대를 박차고 나갈 만반의 준비를 마친다.

그런데 카운트다운이나 출발을 알리는 총소리가 들리지 않는다면 어떻게 해야 하는가? 비전을 더 세련되게 다듬자. 도움을 요청하자. 사람들을 대화에 끌어들이자. 피드백을 읽자. 녹음 버튼을 누르고 다음으로 무슨 일이 일어나는지 확인하자. 이렇게 하는 게 뭐가 중요하냐는 생각이 들 수도 있다. 속이 울렁거려 첫날부터 그만두고 싶어 할지도 모른다. 다른 사람들을 실망시킬 뿐이라는 운명 같은 느낌 때문에 불안해져서 화장실을 들락날락해야 할 수도 있다. 신경 쓰지 말고 해야 할 일을 하자. 발 디딜 곳을 찾고 속도를 정하자. 그리고 조금 더 무서운 걸 시도해 보라고 하는 당신의 목소리(조그만 목소리이든 잔뜩 쉰 목소리이든 상관없다!)를 따르자.

요즘 우리는 '점점 좋아지고 있는' 부분을 빨리빨리 진행하려는 경향이 있다. 다른 사람들에게 우리가 노력하는 모습을 보여주려 하지 않는다. 성공했다는 결과만 보여 주고 싶어 안달이다. 우리의 디지털 라이프는 동료들에게 까다롭게 평가받는 논문이라도 된 듯하다. 실패 위험을 무릅쓰거나 공개적으로 실패할 바엔 이미 알고 있는 것만 고수하는 게 낫다고 생각한다! 새로운 일을 시도하는 걸 다른 사람들이 볼까 봐 걱정하고, 그들이 날 어떻게 판단할지 불안해하고, 인스타그램에 올릴 만한 결과를 얻지 못할까 봐 신경 쓴다.

살아가면서 주요 전환점을 여러 번 거친 나는 다시 시작점으로 돌아온다. 나는 출발선에 있을 때 어떤 느낌이 들었는지 다시 떠올려 보는 걸 좋아한다. 앞으로도 출발선에 설 기회가 많기 때문이다. 두려움, 이 경주에 참여할 수 없다는 자격지심, 내가 시도하는 실험이 어떤 결과를 가져올지 모르는 불안함……그 모든 것을 무릅쓰고 어쨌든 출발 위치에 자리를 잡은 뒤 미친 듯이 앞으로 달려간다.

어두컴컴한 차고에 주차한 차 안에서 그 첫 번째 에피소드를 녹음할 때만 해도 내가 이걸 500회까지 녹음하게 될 줄은 꿈에도 상상하지 못했다. 그로부터 몇 년 뒤 내가 어떤 주제를 다룰지도 전혀 몰랐다! 나는 좀 더 집중하고 눈높이를 낮추고 첫 번째 에피소드 녹음에만 전념해야 했다. 바로 그 순간 내가 통제할 수 있는 그 첫걸음을 내디뎌야 했다. 내가 과연 할 수 있을지 의심하기보다 차라리 용기를 내야 했다. 한 시간 뒤, 나는 정지 버튼을 누르고 차에서 나와 도대체 내가 뭘 하고 있었는지, 이게 과연 잘될지 궁금해하며 집에 들어갔다.

용기를 낸 그 한 시간, 그런 식으로 진전이 시작된다. 앞으로 나아간다는 것은 한 번에 한 걸음씩 집중해서 움직인다는 말이다. 그러고 나서 다음 걸음, 또 다음 걸음을 내디딜지 결정하는 것이다. 힘든 운동을 할 때 허벅지가 떨리거나 허리 근육이 비틀리듯 아프면 아직 절반도 끝내지 못했다는 걸 알면서도 거기에서 포기하고 이젠 그만하자고 하는 상황을 생각해 보자. 그러면 트레이너가 소리친다. "아니에요. 당신은 할 수 있어요. 앞으로 15초 정도는 어떤 동작이든 할 수 있어요." 그러면 당신은 한 번 심호흡한 뒤 그 말을 믿는다. 불완전한 행동으로 앞으로 나아간다는 건 이런 느낌이다. 만약 당신이 나 같은 사람이라면 나처럼 땀도 엄청나게 흘릴 것이다!

이 단순한 진실 하나를 가르쳐 주는 이야기는 무수히 많다. 인생의 수많은 위대한 여정은 즉흥적으로 이루어진 경우가 많았다. 앞뒤 따지지 않고 적극적으로 노력하는 게 좋다. 그저 열심히 할 일을 하는 거다. 전방에 무엇이 있는지 모르는 채 굽은 길을 걷더라도 그렇게 하는 것이 지금 있는 곳에 꼼짝하지 못하고 갇혀 있는 것보다 낫다고 확신한다.

이렇게 사소한 행동과 작은 발걸음들이 주변 어디에서나 바로 이 순간 이뤄지고 있다. 세상을 바꿀 베스트셀러 소설의 주요 문장이 냅킨 모서리나 다른 책의 여백에 적히고 있다. 기업 가치 10억 달러로 성장할 회사들이 집 차고의 접이식 테이블에서 싹을 틔우고 있다. 미래의 코미디언이 될 사람들이 저녁 식사를 하며 사람들을 배꼽 잡고 웃게 한다. 패션 디자이너들은 헌 옷과 가위로 디자인 기술을 배우고 있다.

단호하게, 재치 있게, 창의력을 발휘하며 시작하자.

당신의 첫 번째 걸음은 어떤 모습일까? '보조금 받는 법'을 검색하겠는가? 조산사에게 연락해 대체의학 치료법을 배울 수 있는 책을 추천해 달라고 하겠는가? 당신이 사는 지역 토스트마스터즈(Toastmasters)에 가입해 대중 연설 기술을 갈고닦겠는가?

나는 현실로 추진할 완벽한 시기를 기다리며 '생각하는 중'인 자신의 아이디어를 말해 준 사람들을 지난 몇 년간 무수히 만났다. 솔직히 말해 그 아이디어 대부분은 결코 세상에 나오지 않는다. 아이디어로만 머문다. 그 정도로 그친다면 좋겠지만, 사실 그보다 더 심한 예도 있다. 현실은 훨씬 더 고통스러울 수 있다. 철저히 검토하지 않은 아이디어들은 실현되지 못한 꿈으로 남으면서 수치심과 스트레스, 압박감의 원인이 될 때가 많다. 분노는 너무 쉽게 우리 삶에 스며든다. 여성들은 "좋은 시절은 다 지나갔어"라고 생각하거나 성취감을 느끼지 못한 채 바쁘게 살 뿐이라고 느낄 때가 훨씬 더 많다.

만약 당신도 그런 상황이라면, 이런 생각들이 괴롭더라도 일부러 떨쳐 버리지는 말자. 팔을 흙 속에 깊이 집어넣어 손가락으로 뿌리를 감싼 뒤 위로 끌어내 보자. 어떤 씨앗에서 그 뿌리들이 자라났는지 잘 살펴보자.

지금이 질문하기에 좋은 때 같다. 정말 잘 지내고 있는가? 인생이 원하는 대로, 예정된 대로 풀리지 않아 화가 났는가? 가슴 속에 자리 잡았던 꿈들이 지금도 꿈에 불과하며, 어쩌면 해가 갈수록 더 무거워진다는 사실이 답답하거나 무서운가? 덧붙여 아무리 용기를 더 많이 내야 하더라도 반드시 해야 할 질문이 여기 있다. 누구에게 책임이 있다고 생각하는가? 성취할 기회를 상실하면 누구를 비난하고 무엇 때문이라고 탓하는가? 실행하지 못하게 방해하는 것은 무엇인가?

어쩌면 당신은 꿈의 씨앗들을 처음 심으려니 그 순간에는 도저히 말이 되지 않아서 주머니 구석으로 깊이 밀어 넣었을 것이다. 어쩌면 꿈을 나중에 실현하는 편이 그 당시에는 더 실용적이고 '적절한' 선택이었을 것이다. 그렇지만 난 그 씨앗들을 지금 심으라고 권하고 싶다. 완벽한 시기가 올 때까지 기다리지 말자. 더 오랫동안 기다리면 꿈은 자라지 않을 것이기 때문이다. 오히려 분노의 감정과 억울한 마음이 자랄 것이다. 화장실에 너무 오랫동안 내버려 둔 알로에 뿌리가 썩어 버리듯이, 당신의 과거는 당신을 얽어매고 현재에 집중하지 못하게 하며 지금부터 살아가길 소망하는 인생을 키워 나가는 걸 방해할 것이다. 아래쪽을 보라. 당신은 흙속이 아니라 흙 위에 서 있다. 당신 인생의 정원사는 당신이며, 무엇을 심을지는 당신이 정한다. 성장하는 걸 즐길 사람도 당신이다.

당신의 인생은 지금도 진행 중이며, 따라서 당신이 채울 빈 페이지가 많이 남아 있다. 그건 우리가 이런 대화를 나누는 이유이다. 당신이 충분히 잘하지 있지 않아도 난 두렵지 않다. 나는 당신이 숨 쉴 때마다, 기회가 있을 때마다 더 열심히 하라고 다그치는 게 아니다. 그건 내 성격과 정반대되는 생각이다. 사실 나는 당신이 지금 무슨 일을 하고 있는지 (혹은 하지 않고 있는지) 알아내도록, 또 그 일이 당신이 정말 하고 싶은 일인지 확인하라고 커다란 경고 깃발을 힘주어 흔들고 있다.

나는 남들이 설계한 자동조종장치에 몸을 맡기고 무기력하게 살아가는 사람을 많이 봐 왔고, 나 자신도 거의 그런 신세로 지낸 적이 있다. 그렇다 보니 더 많은 사람이 그 자동조종 프로그램을 삭제하는 걸 보고 싶다. 그리고 우리가 새로운 걸 탐색하고 실수하고 그 실수가 우리에게 앞으로 나아가는 방법을 가르치는 동안, 너그럽게 그 실수를 못 본 척하고 넘어갈 자유를 느끼길 바란다. 그 첫 번째 단계는 어쩌면 당신이 그동안의 삶을 돌아보며, "그땐 몰랐어. 그때 내린 결정이 내 삶의 방향을 완전히 바꿨고, 날 이 자리에 오게 했어"라고 말하는 것일 수도 있다.

내가 그랬다. 얼마 전 내 팟캐스트 목록 앞부분을 한참 찾아 첫 번째 에피소드를 재생해 봤다. 나 같지 않은 목소리로 마이크에 대고 중얼중얼했던 기억이 떠올라 너무 민망해서 몸을 살짝 (솔직히 크게) 움츠렸다. (이럴 수가, 전화 통화할 때 나오는 '점잔 빼는 목소리'였다!) 내 목소리와 전달 방식은 몇 년 동안 많이 발전하고 향상했지만, 나는 이 팟캐스트를 처음엔 차고에서 초라하게 시작했다는 사실이 무척 자랑스럽다. 또 그렇게 시작한 에피소드들에 지금도 애착이 간다. 실행에 옮긴 나 자신이 매우 고맙다. 이 길을 선택한 내가 정말 자랑스럽다. 그 모든 것이 나를 이 자리로 이끌어 줘서 정말 감사하다.

정말 잘 지내고 있나요?

당신의 아이디어 중에서 진도가 나가지 않는 것이 있나요?

왜 진도가 나가지 않나요?

혹시 실패할까 봐 두려운 마음 때문인가요?

너무 큰 아이디어를 실현하기 위해 지금 시작할 수 있는, 첫 번째 불완전한 발걸음은 무엇인가요?

완벽한 길부터 먼저 계획하려 했다면 영감을 주는 순간들이 결코 현실로 이루어지지 않았을 것이다. 완벽한 마이크를 찾아 몇 달씩이고 시간을 낭비했더라면 그때 차 앞 좌석에서 녹음 버튼을 절대 누르지 못했을 것이다. 사진 촬영에 필요했던 카메라 가격이 300달러면 너무 비싸니까 더 싼 카메라를 계속 찾아보

기로 했더라면 나는 지금도 창문 없는 사무실에 갇혀 일하고 있었을 것이다. 그리고 문서 파일을 열고 이 글을 쓰지 않았더라면 오늘 이 책은 당신 손에 있지 않았을 것이다.

목표를 마음속에 가두지 말자. 그러면 목표는 '목표'로 남을 뿐이며, 당신을 높이 띄워 줄 발사대가 아니라 발목을 붙잡는 무거운 짐에 불과하게 된다. 아이디어들을 마음껏 내자. 세상의 빛을 보게 하자. 당신이 뭘 해야 하는지 물어보고 대답을 듣자.

앞서 소개했던 내 친구 에마를 기억하는가? 우리 둘이 함께 "정말 잘 지내고 있나요?"라는 질문에 직면한 순간, 에마는 자신에게 두 가지 선택지가 있다는 걸 깨달았다. 에마는 완벽한 순간이 올 때까지 아이디어 실행을 계속 미루거나, 당장 작은 부분부터 시작할 수 있었다.

에마는 두 번째를 선택했고, 집에 돌아가자마자 그 지역 여성 사업가들을 대상으로 한 네트워킹 행사에 참석했다. 에마는 초조한 마음으로 행사장 문을 통과해 이름표를 붙이라는 안내를 받았고, 이름 밑에 자신이 간절히 원하는 직업을 쓰라는 설명을 들었다. 에마는 눈에 보일락 말락 작은 글씨로 '전 세계 여성을 위한 외부 행사 기획자'라고 쓰면서 환하게 웃었다.

잠시 후 행사 진행자는 모두 자리에 앉아 달라고 손짓하며 그날 저녁 초대받은 연사를 환영해 달라고 했다. 에마는 뒷부분에 비집고 들어가 몇 개 남지 않은 빈자리를 찾아 앉았다. 그리고 옆에 앉은 여성들에게 인사하며 그들의 이름표를 훑어봤다. 에마의 오른쪽에 앉은 여성 이름표에는 사인펜으로 '여행사 직원', 왼쪽에 앉은 여성 이름표에는 '호텔리어'라고 쓰여 있었다.

다시 한번 강조하는데, 당신은 지금 미래가 어떻게 될지 미리 알아야 할 필요가 없다. 좋은 일부터, 정직한 일부터 시작하자. 거기서부터 길이 나타나도록 하자.

(잊지 말고 사인펜도 가져오자.)

14장

미네소타의 재주꾼:
재능 발휘에 대하여

> 삶은 누구에게도 쉽지 않다. 하지만 그게 중요한가?
> 우리는 인내심, 무엇보다도 자신감을 가져야 한다.
> 우리에겐 특별한 재능이 있으며, 무슨 수를 써서라도 그걸 살려야 한다.
> – 마리 퀴리(Marie Curie)

　영감을 불러일으키는 문장이 월별로 적힌 달력이 있다. 그 달력의 12월 문장을 인용하는 것처럼 들릴 위험을 감수하고 이렇게 말하겠다. 모든 사람에겐 이 세상과 나눌 만한 재능이 있다. 당신은 그 말을 믿지 않을 수도 있다. 마음속으로 '네, 알겠어요. 하지만 당신은 나란 사람을 몰라요'라고 생각하리라 상상이 간다. 당신에게 재능이, 다시 말해 인생을 바꾸거나 이 세상에 영향을 줄 수 있는 특별한 무엇인가가 과연 있는지 의심하는 일은 당연하다. 하지만 당신을 제외한 다른 사람들은 볼 수 있다.

　당신의 재능은 뛰어나든 보잘것없든 다른 사람들 눈에 확실히 띈다. 어쩌면 당신은 재치 있는 농담을 던져 어디서든 분위기를 띄울지도 모른다. 복잡한 데이터를 알기 쉽고 간단하게 만드는 재주가 있을 수도 있다. 사랑과 인정과 존중을 느끼고 싶은 사람에게 뭐라고 말해야 하는지 정확히 알 수도 있다.

아니면 당신은 우리 엄마처럼 '살아 숨 쉬는 재주꾼'일 수도 있다. 세월이 흐르는 동안 나와 우리 가족은 엄마의 가장 은밀한 기술 중 하나에 대해 우리 가족끼리만 아는 이 별명을 만들었다. 엄마는 누구에게나 한결같이 친절하셨다. 그와 동시에 혀를 내두를 정도로 사람 설득을 잘하셨다. 난 엄마가 얼음장처럼 차갑고 바늘로 찔러도 피 한 방울 나오지 않을 사람들의 마음마저 녹이는 모습을 본 적이 있다. 엄마는 상대방의 마음을 잘 누그러뜨리고 상대방이 말 붙이기에도 편한 사람이었지만, 필요할 때면 굉장히 강하신 분이었다. 물론 미네소타 사람들 특유의 친절한 방식으로 나타내셨다. (잠시 뒤 그 사례를 확인할 수 있다.)

굳센 의지 또는 유머 감각이든, 의욕적인 태도 또는 기발한 재치든, 우리 재능은 다양한 방식으로 나타난다. 하지만 사실 우리는 재능이 나타나는 걸 방해할 때가 있다. 큰 소리로 자랑스럽게 재능을 내보이거나 활용하는 대신 보관함에 집어넣어 창고에 두고 먼지만 쌓이게 한다. 우리가 가진 재능을 무시하고, 그 재능이 발휘할 수 있는 영향력을 첫 번째로 깎아내리는 건 주로 우리 자신이다. 우리 재능은 너무 쉽게 오기 때문에 가치가 없다고 여기며, 사람들 모두 우리와 동일한 기술을 가지고 있다고 추측한다. 우리가 타고난 재능, 우리 모두가 갖춘 이 무의식적인 능력을 우린 상식에 불과하다며 대수롭지 않게 여긴다. 그리고 그 재능의 가치를 인정하거나 기뻐하지도 않는다. 그것이 누군가의 인생을 바꿀 수 있다는 사실도 무시한다.

정말 솔직히 말하겠다. '당신이 사랑하는 인생 만들기'로 향하는 모든 단계에서 당신은 앞으로 나오라는 손짓을 받거나 뒤돌아 달아나라는 유혹을 받을 것이다. 당신이 무엇을 받든 그전에 당신은 자신의 가치를 대하는 방식을 완전히 바꿔야 한다.

체조를 처음 시작했던 어린 시절 얘기로 다시 돌아가겠다. 부모님은 세 살짜리 꼬마의 넘치는 에너지를 전부 해소하기 위해 내게 체조 수업을 받게 하셨다. 하지만 일주일에 한 번씩 파란 접이식 매트 위에서 신난 강아지처럼 옆으로 재주넘기를 즐기던 취미는 곧 온몸을 불사르는 열정으로 변했다. 몇 년 뒤, 체육관 사람들은 부모님과의 상담 시간에 만약 내가 체조를 더 진지하게 하고 싶다면 다른 시설로 가야 한다고 조언했다. 내 체조 실력은 이미 그들의 전문 지식과 훈련 수준을 능가해 버렸다.

부모님이 나와 이 문제를 논의하려고 방에 들어오셨을 때, 나는 몸에 딱 붙는 레오타드 위에 코트를 입은 채 무척 기분이 들떠서 왈츠를 추듯이 자랑스럽게 돌아다니고 있었다. 나는 두 분도 하늘을 날아갈 듯 기분이 좋으시리라 생각했지만, 조곤조곤 말씀하시는 두 분은 뭔가 망설이고 계셨다.

다른 체육관으로 바꾼다는 말은 수업 시간이 늘어나면서 등록금도 더 비싸진다는 걸 뜻했다. 등록금이 늘어나면 우리 집이 경제적으로 쪼들리게 되기에 부모님은 그 점을 신중하게 설명하셨다. 하지만 상황이 그랬어도 두 분은 단칼에 안 된다고 하지는 않으셨다. 사실 두 분의 마음속에서는 어느 정도 결론이 나 있다는 걸 나는 알 수 있었다.

어린 꼬마에 불과했지만 난 그 미묘한 분위기를 눈치챘다. 나도 알았다. 그건 아마도 내가, 사람들이 내게 뭔가 숨기려는 걸 직관적으로 알아채는 아이였기 때문일 수도 있었다. 또는 늘 솔직하게 살아오신 부모님이 책임감 있는 어른의 현실을 알려 주는 걸 피하지 않으셨기 때문일 수도 있었다. 어쨌든 나는 이것이 두 분에게 쉬운 결정이 아니라는 걸 알 수 있었다.

내겐 올림픽에 꼭 나가겠다는 큰 꿈이 있었다. 부모님은 내가 얼마나 체조에 집착했는지 아주 잘 알고 계셨다. 올림픽 출전이라는 큰 꿈은 훌륭했지만, 내 꿈을 지원하려면 부모님은 시간적·금전적 비용을 많이 들여야 하셨다. 며칠 밤낮(너무 오래 걸리지 않아 다행이었다)을 결정이 나길 기다렸다. 마침내 부모님은 차분한 어조로 내게 체육관을 바꿔 주겠다고 말씀하셨다.

나는 그 결정이 체조선수로서의 나와 내 미래에 어떤 의미가 있는지 알고 있었으므로 그 소식을 듣고 뛸 듯이 기뻤다! 나는 곧 새로운 체육관의 널찍한 공간으로 걸어 들어갔다. 새로운 공간에는 평균대가 끝도 없이 펼쳐져 있었고, 떨어질 때 충격을 흡수하는 커다란 거품구덩이(foam pit)도 있었다. 트램펄린도 여러 개 있었고, 탄력 있는 마룻바닥은 제자리 손짚고 뒤돌기에 특히 안성맞춤이었다. 그곳은 전에 텔레비전에서 봤던 체조선수 섀넌 밀러(Shannon Miller, 1990년대 온갖 대회를 휩쓴 미국의 유명 체조선수-옮긴이) 같은 사람이 될 나에게 최적의 장소였다.

제자리에서 손짚고 뒤돌기를 멋지게 해내겠다는 부푼 꿈을 실현하는 동안, 엄마는 부지런히 숫자를 계산하면서 금전적인 문제를 해결할 계획을 세우셨다. 엄마는 이미 허락했지만 아직 해결책을 전부 가지고 있지는 않으셨다. 하지만 엄마는 자신의 뛰어난 재치가 곧 뒤따르리란 걸 알았으므로 이 불확실한 세계로 온 힘을 다해 뛰어 들어가셨다. 엄마 생각이 맞았다.

내가 푸른색 충격 흡수 깔개로 덮인 바닥에서 연습하는 동안, 엄마는 위층에 앉아 난간 기둥 사이로 연습 광경을 보고 계셨다. 엄마가 잠시 고개를 들었을 때 저 앞에 있는 부엌이 엄마의 눈에 띄었다. 다 낡아 빠진 구식 부엌이었다. 만약 그때 내가 엄마 옆에 앉아 있었다면 엄마의 눈에서 그 유명한 '수 아주머니의 불꽃(Sue Spark)'이 팍팍 튀면서 엄마의 머릿속이 번갯불 같은 섬광보다 더 빠르게 돌아가는 걸 알았을 것이다.

연습이 끝나자 엄마가 라커룸으로 들어오셨다. (아마도 땀에 절어 끈적거리고 냄새나는 레오타드 한 무더기를 세탁하게 집에 가져오라고 닦달하려는 의도였을 것이다.) 그런데 엄마는 라커룸 안을 천천히 돌아

다니며 페인트가 벗겨진 빨간색, 노란색 라커들과 수리가 필요
한 화장실을 자세히 살펴보셨다. 나는 그때 엄마의 의도를 단번
에 알았다. 엄마는 기회를 찾는 중이었고 드디어 찾아내셨다.

몇 주 뒤 엄마는 체육관 관장인 마크 아저씨와 뭔가 논의할
일정을 잡았고, 그렇게 만난 자리에서 제안서를 꺼내 드셨다.
그 전날 밤, 엄마는 컴퓨터 앞에 앉아 체육관 미화 작업 비용과
가계 예산을 절약할 상세 계획을 문서로 작성하셨다.

여기서 잠깐, 우리 부모님을 능력자라 여기고 당신 자신을 과
소평가하기 전에 알려 드릴 게 있다. (사람들은 꿈을 이룰 때가 다가오
면 전문가가 되는 경우가 많다.) 엄마는 인테리어 디자이너가 아니라
간호 강사셨다. 우리 아빠는? 아빠는 도급업자가 아니라 동네
제지 공장에서 밤늦게까지 일하셨다.

체육관 관장님과 회의가 있던 날, 엄마는 대담하게 마크 관장
님 사무실에 앉아 체육관 미화 작업 관련 의견을 자세히 설명하
고 미리 인쇄해 둔 제안서를 관장님에게 건네셨다. 엄마는 관장
님에게 오랫동안 방치되어 구석구석 먼지가 쌓인 체육관을 다
시 생기 있게 만드는 일에 관심이 있는지 차분하게 질문하셨다.
마크 관장님은 이제 됐다는 듯 안도의 숨을 쉬었다. 엄마는 관
장님이 전부터 항상 그 일에 우선순위를 두고 있었지만 집중해
서 실행할 만한 시간이나 금전적인 여유가 없었다는 걸 재빨리
알아차리셨다. 두 분은 조건에 합의했고 관장님은 엄마에게 영

화의 한 장면처럼 악수를 청했다. "그렇게 하시죠."

그날 밤 엄마는 다시 컴퓨터 앞에 앉아 계약서를 마무리하셨다. 그 계약서에 따르면, 우리 가족이 체육관 보수 작업을 하는 조건으로 나는 등록금을 내지 않고 체육관에 다닐 수 있었다. 체육관은 매년 일주일 동안 문을 닫았고, 그러면 조부모님을 포함한 우리 가족 모두는 내가 계속 꿈을 추구할 수 있도록 더러운 곳을 벅벅 문질러 닦고, 반질반질 윤내고, 페인트칠하고, 불필요한 곳을 허문 후 다른 시설을 보강했다.

솔직히 말해서 가끔은 일이 더 쉬웠으면 좋겠다고 생각했다. 코치님이 우리에게 대회용 레오타드를 준비하라고 하시거나, 미끄럼방지 장갑이 찢어져서 새로 사야 할 때면 나도 모르게 움츠러들었다. 나는 항상 죄책감을 느끼며 망설였다. 그리고 매달 모든 사람이 원하는 대로 수표를 끊을 수는 없다는 걸 알고 있었다. 어떤 친구의 엄마는 아이에게 들어가는 부담을 덜기 위해 체육관 접수원으로 일했고, 어떤 친구의 엄마는 비용에 보태려고 꼬마 아이들을 지도하기도 했다. (중요한 핵심: 엄마들은 그렇게 다 재다능한 록스타가 될 수 있다.)

그 시절을 되돌아보면, 도저히 좋은 결과가 나올 것 같지 않았던 때에도 엄마는 우리 모두에게 좋은 결과가 있을 거라고 믿고 어려운 상황에 잘 대처하셨다. 나는 꿈을 추구할 수 있었고, 같은 팀 친구들은 더 쾌적한 시설에서 즐겁게 운동할 수 있었다. 코치님도 체육관을 관리해야 한다는 스트레스를 어느 정도 해소할 수 있었다. 이 모든 일은 엄마가 상황을 객관적으로 바라보셨기에 가능했다. 엄마는 자금이 부족하다는 이유로 어려운 도전을 피하거나 쉬운 길을 택해서 내가 체조를 포기하게 하지 않으셨다. 엄마는 창의적이면서도 확고했다.

체육관의 방치된 구석처럼 장벽은 어디에나 존재한다. 우리 대부분은 장벽의 존재를 알고 있지만, 우리 자신이 해결책이 될 수 있다는 생각에서 재빨리 발을 뺀다. 하지만 일단 잠재적인 문제를 강력한 가능성으로 보고, 또 의심과 '만약에 어쩌지(what-ifs)'와 '난 못 하겠어(I-can'ts)'라는 생각을 버리면 이야기를 완전히 바꿀 수 있다. 당신은 상황을 있는 그대로만 보지 않고, 무엇이 될 수 있는지를 고려하여 바라보게 된다. 그리고 바로 그때 당신은 누군가의 패배를 모두를 위한 승리로 바꿔 놓는다.

오늘 현재 상황은 당신에게 어떻게 보이는가? 객관적으로 봤을 때 당신은 어떤 상황에 있는가? 서둘러 식사 준비를 해야 하는데 아기가 숨넘어갈 듯 울어 대는 광란의 저녁 시간인가? 몇 개 안 샀는데 값이 너무 많이 나온 식료품점 영수증인가? 당신 아들은 음악가라는 꿈을 추구하기 위해 개인(이라고 쓰고 '비싼'이라고 읽는다) 지도를 받고 싶어 하는가? 어쩌면 당신은 이 모든 걸 패자의 요건이라 여겼을지도 모르지만, 거기엔 승자가 될 요인이 숨겨져 있을 수도 있다.

당신에게 주어진 재능을 보자. 주변 사람들도 보자. 이제 서로 필요한 부분이 겹치는 데가 있는지 보자. 누가 당신의 도움을 받을 수 있을까? 당신만이 가진 기술을 어디에 제공할 수 있을까? 그 보답으로 당신은 어떤 도움을 받을 수 있을까? 모든 사람에게 더 나은 시나리오를 만들어 주려면 어떤 자원을 교환해야 할까?

맞벌이 집 아이를 집으로 초대해 아기와 놀게 하는 동안 당신은 그 아이의 가족과 당신 가족을 위해 따뜻한 음식을 요리할 수 있을까? 지역사회 농업지원 단체에서 일한 대가로 신선한 농산물을 받아 올 수 있을까? 친구가 당신 아들에게 피아노 치는 법을 가르치는 동안 당신은 그 집 설거지를 할 수 있을까? 장벽이 무엇이든 장애물이 뭐가 되었든 당신 인생에서 다음에 어떤 일이 일어나게 할지 승인하는 사람은 바로 당신이다.

정말 잘 지내고 있나요?

당신의 재능은 무엇인가요?

당신의 어떤 재능이 비전을 실현하는 데 도움이 되나요?

왜 당신의 재능이 환영받지 못하거나 유용하지 않을 거라는 변명만 늘어놓고 있나요?

어디에서 당신의 창의적인 기지를 발휘할 수 있을까요?

우리 자신에게 "이런 상황에서 난 어떤 가치를 제공해야 할까?"라는 질문을 하면, 우리의 기술과 열정이 아무리 크든 작든 예상치 못한 곳에서 불쑥 나타난다. 당신의 재능이 20세대에 걸쳐 전 세계를 일곱 번 돌든, 한 생명을 구하든, 한 무리의 사람들이 더 행복하게 지내도록 도와주든, 그것은 내가 직접 확인하고 현실이 되도록 도와주고 싶은 아이디어다.

우리의 필요 사항을 알고 우리 가치를 인식하며 그 가치를 세상과 나눈 사례들이 있다. 프린스턴대 논문 작성에 훌륭한 아이디어가 필요했던 어떤 여성은 마침내 티치 포 아메리카(Teach For America)라는 단체를 설립했고, 20년 후 2만 4천 명 이상의 교사를 양성하여 저소득층 학교를 중심으로 300만 명의 학생을 가르쳤다.[1] 아니시나베(Anishinaabe) 원주민 부족의 어떤 환경운동가는 미국 원주민 공동체 소유의 땅을 돌려달라며 지칠 줄 모르고 소송을 제기했다.[2] 그리고 남자들이 전쟁에 징집되어 자리를 비운 동안 여성 노동자가 그 빈자리들을 메우기 시작해 4년 만에 일하는 여성 노동력이 50퍼센트 성장하여 사실 여성도 '남자들만의 전유물이었던 일'에서 탁월한 솜씨를 보일 수 있다는 걸 증명했다.[3]

당신의 가치를 인식하고 다른 사람의 필요 사항을 구현하는 데 발을 들여놓는 일은, 그것이 당신을 위한 일이든 이 세상을 위한 일이든 무섭게 느껴질 수 있다. 하지만 일단 당신의 가치를 알게 되면 그건 절대적인 가치가 된다.

이 글을 읽으며 당신은 이 세상에 의미 있는 흔적을 남기거나 변화를 만들어 낼 자격이 없다고 애써 합리화하고 있을지도 모른다. 당신을 주인공이 아니라 대역이나 엑스트라로 삼고 해결책으로는 다른 사람을 내세울 상상을 할지도 모른다. 아직도 "말도 안 돼, 나는 제외해 줘! 내가 할 수 있는 게 없어!"라고 생각하고 있다면 나는 공손하게 한번 해 보라고 할 것이다.

사랑하는 사람들을 떠올려 보자. 당신이 생각하는 그들의 소중한 것을 말해 달라고 한다면, 당신은 그들의 재능, 기술, 성향 또는 전문 지식 등을 눈 한 번 깜박이지 않고 줄줄 읊을 것이다.

어쩌면 그 사람은 멋진 파티를 기획하는 재주가 있는 절친한 친구이거나 환상적인 맛의 빵과 과자를 구울 줄 아는 시어머니일 수 있다. 꽂꽂이 솜씨가 뛰어난 이웃이거나 당신을 항상 웃게 하는 여동생일 수도 있다. 체형에 구애받지 않고 옷을 잘 입는 법을 아는 학교 동창이거나 사무실에서 전문가처럼 예산을 잘 짜는 사무 보조원일 수도 있다.

당신이 사랑하는 사람들은 당신의 세상에 놀라운 선물을 무척 많이 가지고 온다. 내 말이 맞는가? 당신도 마찬가지다. 당신이 아는 모든 사람은 물론 당신도 포함해서!

지금까지 엄마는 인생을 함께 살아온 사람들에게, 또 그들을 위해 가치를 더해 주는 방법을 찾는 일을 한 번도 멈춘 적이 없으셨다. 엄마만의 방식으로 도움을 주고 독특한 가치를 제공할 기회를 찾기 위해 늘 귀를 기울이고 계신다. 가장 최근 솜씨를 발휘하셨던 때는 언제였을까? 엄마는 나와 드루가 첫아기를 맞이할 때 도와줄 방법을 찾아내셨다. 코로나 19 대유행 때문에 병원 면회가 제한되었고 출산 시 함께할 가족들 수도 한정되었으므로, 엄마는 몇 가지 선택지를 놓고 저울질하셨다. 저울의 한쪽은 새로 지정된 규정에 따라 일찌감치 포기하는 것이었고, 다른 한쪽은 그 규정을 (공정하게) 비켜 갈 방법을 찾아내는 일이었다. 엄마는 창의력을 발휘하여 기회를 재빨리 찾아낸 뒤 필요한 과정을 거쳐 정식 조산사 자격증을 따셨다. 30년 이상 간호사 생활을 했던 엄마에게 그 자격증은 수십 년 동안 종사했던 일과 전문 지식을 상기시키는 종잇조각에 불과하다. 하지만 내가 출산하는 자리에 함께 있기 위해 기꺼이 필요한 조처를 했던 엄마를 생각하면 어느덧 눈시울이 붉어진다. (음, 임신 때 분비되는 호르몬 영향도 있다!) 둘째 아이를 출산할 때에도 엄마는 조산사의 자격으로 내 손을 꽉 붙잡고 계실 것이다.

그러니 우리도 내면에 존재하는 내 엄마 같은 자아에 집중한다면 어떨까? 나는 모든 문제를 해결하는 데 집착해야 한다고 말하는 게 아니다. (당신이 영웅이 되는 걸 원하지 않는 사람들도 있다.) 있지도 않은 문제들을 굳이 찾아내야 한다는 말도 아니다. 나는 우리만의 작은 세계 너머에서 무슨 일이 벌어지고 있는지 제대로 인식하고 주의 깊게 이 세상을 바라보자는 이야기를 하고 있다. 엄마는 당신의 신호에 주의를 기울이는 일이 어떤 결과를 낳는지 믿을 수 없을 만큼 놀라운 본보기를 보여 주셨다. 드라이버를 잡고 있으라는 말이 있다. 누군가 나사를 잡고 들어 올리면 당신이 그 드라이버를 쓸 차례라는 뜻이다.

무리에 잘 섞이지 못하는 사람을 잘 찾아내는가? 그렇다면 파티에서 남들과 어울리지 못해 고심하는 사람에게 당신은 따뜻한 우정의 빛이 될 수 있다. 복잡한 아이디어를 쉽게 이해하도록 잘게 나누어 설명하는 비상한 재주가 있는가? 그렇다면 당신은 어르신 대상 컴퓨터 수업에서 최고로 잘 가르치는 강사가 될 수 있다. 공간 감각이 있고 정리 재주가 뛰어난가? 그렇다면 당신은 친구와 함께 '정리하는 날'을 계획하여 침실이나 식료품 저장실 정리·정돈 문제를 해결하는 걸 도울 수 있다.

처음엔 사소해 보이는 이 일이 얼마나 커질지 알겠는가? 신호는 장소를 가리지 않고 온갖 형태와 크고 작은 소리로 나타난다. 하지만 우리의 특별한 재능이 무엇인지 알면, 당신만이 채울 수 있는 그 벌어진 틈이 눈에 더 잘 띈다. 그리고 어딜 가든 기회가 보이기 시작한다.

엄마가 체조 학원과 맺은 첫 번째 계약 그리고 엄마가 제안 내용을 목록으로 작성하여 흑백으로 출력한 과정이 지금도 종종 생각난다. 돌이켜 생각해 보면 그건 세상에서 둘째가라면 서러워할 대담한 용기였다. 그 노력이 마침내 결실을 보았다.

부모님은 오랫동안 소중한 교훈을 수없이 많이 가르쳐 주셨다. 그중에서도 불가능한 상황에서 가능성을 만들어 낸 두 분의 희생과 용기, 태도를 생각할 때마다 그때 일을 떠올리며 항상 깊이 감동한다. 나는 체조선수가 되겠다는 꿈을 실현하는 데 필요한 지원을 받았을 뿐만 아니라, 변화를 만들어 낼 곳을 찾아내는 일의 중요성과 변화를 가져오겠다고 목소리를 낼 수 있는 자신감을 배웠다. 두 분은 부정적인 상황을 긍정적인 결과로 만들어 내는 방법을 보여 주셨다. 그다음으로 내가 무엇이든 추구하도록 승인받는 방법을 보여 주셨다. 그리고 철제 라커에 페인트칠을 하고 반짝반짝 빛나게 하는 법도 알려 주셨다.

이 이야기의 감동이 다시 밀려들자 나도 모르게 두 눈에 눈물이 맺힌다. 부모님은 내 열정의 가능성을 그 비용보다 우선시하셨다. 두 분은 나를 위해 파격적이며 불편한 길을 택하셨다. 그렇게 하면서도 여전히 자신의 성격을 고수하셨고, 그 과정에서 기존 방식을 탈피한 길을 선택했지만 다른 사람들의 비판에 전혀 주저하지 않으셨다.

한마디로 요약하면? 엄마는 자신의 가치를 알고 계셨다.

다시 돌아보면, 엄마는 자원이 부족하다면 재치 있게 대응해야 한다는 사실을 가족에게 숨기지 않으셨다. 엄마가 작성한 모든 계약서는, 우리 가족에겐 제공할 만한 것이 있으니 우리가 먼저 제안하면 된다는 걸 우리 모두에게 증명했다.

당신을 방해하는 것이 무엇인지 나는 모른다. 꼭 취직하고 싶은 곳에서 탈락했다는 소식을 받았을 수 있다. 보조금 신청이 거부당했거나, 장학금 기금이 감소했다는 소식을 들었을 수도 있다. 하지만 문제가 새로 발생할 때마다 해결책을 찾을 기회도 일부 생긴다. 당신의 가치를 믿으면 해결책을 찾기 더 쉬워진다.

다른 사람들이 당신의 가치를 알아보는지 아니면 이러쿵저러쿵 말들을 하며 비판하는지에 관계없이, 바로 지금 당신 자신을 가치 있는 사람이라고 상상해 보자. 또 자신을 중요한 역할을 담당할 능력이 있는 사람이라고 상상해 보자. 당신이 한 일은 인정받을 만하고 당신은 그에 걸맞은 자리를 차지할 기회를 가져도 좋은 사람이라고 상상해 보자.

혼자 힘으로 그 핵심을 이해하면 자신이 다르게 보이기 시작한다. 당신은 이렇게 질문한다. "내가 가진 것을 어디서 함께 나눌 수 있을까?", "내 가치를 다른 사람과 어떻게 나눌 수 있을까?", "내가 필요한 사람은 누구일까? 내가 필요한 장소는 어디일까? 내가 필요한 공동체는 어디일까?"

당신은 사람들에게 인정받을 수 있다. 또 사람들이 무언가를 나누고 싶을 때 가장 먼저 찾는 사람이 당신이 될 수 있다. 그리고 일상에서 벌어지는 투자와 교환 활동에 눈을 뜬다. 신나게 합류하여 보탬이 될 수 있는 장소들이 눈에 들어오기 시작한다.

당신과 다른 사람들에게 가치를 가져다주는 재능을 발휘하기 시작한다. 당신이 파티에 가져온 것에 점점 더 많은 사람이 나타나 관심을 보일수록 자신감이 더욱 커진다.

이쯤 되면 당신도 자신을 자유롭게 놓아주어야 한다. 바로 지금, 당신은 풀려날 수만 있다면 어떤 것과도 맞바꿀 운명에 꽁꽁 묶여 있다는 생각이 들 수도 있다. 원래 발 길이보다 2센티미터나 더 작은 신발을 억지로 신었다는 불편한 느낌을 주는 직장이나 인간관계나 도시에 갇혀 벗어나지 못하고 있다는 생각이 들 수 있다. 당신이 가진 것을 주고 공유하며 누릴 수 있는 인생과 당신의 현재 위치 사이의 간극을 채우는 일은, 팽팽하게 당겨진 외줄을 타고 저글링 묘기를 부리며 그랜드캐니언을 건너가기처럼 힘들다고 믿을 수도 있다.

어떤 꿈은 손에 닿기엔 너무 멀리 떨어져 보인다는 걸 알고 있다. 직장에 다니면서 그런 꿈을 실현하기란 마치 금고 안에서 쓰카하라 기술(1972년 일본 체조선수 쓰카하라 미쓰오의 이름을 딴 기술로, 손을 도마 옆으로 짚고 도약해서 몸을 편 채 공중회전하는 기술-옮긴이)을 성공해 내는 일만큼 힘들다는 걸 알고 있다.

하지만 자신의 가치를 알고 있다면? 둘 다 해낼 수 있다.

15장

비싼 마스터마인드 코스:
돈, 시간, 에너지에 대하여

> 당신의 정신과 영혼을 더 존중할수록,
> 그 에너지는 당신 주위에서 더욱 증가한다.
> – 라이언 베이브(Lion Babe)

"다른 사람에게 맡겨야 할지 말아야 할지 도저히 결정하지 못하겠어." 친구 레이첼이 음성메시지를 남겼다. 절박하고 혼란스러우며 기진맥진한 상태가 그대로 느껴지는 목소리였다. "내가 직접 할 수 있다는 건 알아. 하지만 지금도 일에 완전 치여 살고 있어. 난 그냥 게으른 걸까?"

레이첼은 고향에 두 번째 커피숍을 차리려던 참이었다. 첫 번째 커피숍은 문을 열자마자 엄청난 성공을 거두었고, 레이첼과 남편은 마침내 그 도시 북쪽으로 사업을 확장하기로 했다. 두 사람은 먼저 건물부터 사들였는데, 마침 텅 비어 있는 상태였다. 하지만 첫 번째 커피숍을 운영하느라 두 번째 커피숍을 내겠다는 꿈은 계속 뒷전으로 밀렸다. 두 사람은 아이들 셋과 상근 직원 사이를 바삐 오가느라 두 번째 커피숍 개조 공사를 시작할 에너지를 도통 찾을 수 없었다.

나도 레이첼에게 음성메시지로 답장했다. "레이첼, 네 시간은 얼마만큼 가치가 있어? 예를 들어, 네가 하루에 하는 일을 모두 놓고 보면 시급이 얼마라고 생각해? 리모델링 비용보다 많을까, 적을까?"

휴대전화 화면에 검은 점 세 개가 나타났다. 레이첼이 답장하고 있다는 뜻이었다. "와, 그런 질문을 나한테 해 볼 생각은 꿈에도 못 했어." 사실 나도 아주 오랫동안 그런 의문을 품어 보지 않았다.

나와 돈의 관계는 늘 긍정적이지는 않았다. 처음 직장에 취직했을 때 그 관계를 페이스북 용어를 사용해서 분류하자면 '복잡해요(It's complicated)'가 딱 들어맞았을 것이다. 돈 때문에 결혼 생활이 깨지고 전쟁이 일어나며 사람들이 갈라서는데, 어떻게 돈에 민감해지지 않을 수 있을까? 돈은 복잡한 존재다. 당신이 누구라서가 아니라 이 세상이 돌아가는 방식 때문이다.

돈을 둘러싼 질문은 늘 가득 쌓이는 법이다. '현명하게 소비하기'란 무슨 의미일까? 저축과 낭비 사이의 경계는 어디일까? 로또 당첨자라 할지라도 실제로 또 통계적으로도 파산할 수 있다면 나머지 사람들에게 희망이 있을까? 돈 관리 방법을 제대로 배우지 못한 사람들이 너무나 많을뿐더러 우리 자신에게 투자한다는 게 어떤 모습인지도 모른다.

자, '돈의 문화' 이야기에 깊이 들어가지 말고(다른 책에서 다루도록 하자) 이 이야기를 해 보자. 당신이 허락한다면 돈은 당신을 지배할 것이다. 고작 한두 푼도 무서워 못 쓰게 할 수도 있고, 기분에 따라 흥청망청 쓰고픈 마음이 들게 할 수도 있다. 하지만 본질적으로 돈이란 우리가 가진 것을 우리에게 필요한 것과 교환하는 수단 중 한 가지에 불과하다. 우리가 시간과 에너지, 지혜와 경험을 서로 교환하듯이 말이다. 레이첼처럼 리모델링 비용을 지급하거나 온라인 과정을 수강하거나 베이비시터를 고용하거나 성능 좋은 노트북 컴퓨터를 구매하는 등의 교환은 근본적으로 당신과 당신의 삶에 하는 투자를 승인하는 활동이다.

당신은 돈을 벌어 저축하고 관리하거나 돈을 잃어버릴까 고통스러워하고 두려워하는 데 에너지를 많이 쏟았을 가능성이 크다. 또 그 과정에서 당신의 시간은 그 가치를 전혀 인정받지 못했을 수도 있다. 우리가 '시간을 쓴다(spending our time)' 또는 '시간을 절약한다(saving time)'고 말하는 이유가 있다. 그리고 '우리의 에너지를 고갈(drain our energy)'시키는 것들이 있다고 말하는 이유도 있다. 당신 인생의 화폐(currency), 다시 말해 숨을 쉬며 살아 있는 동안 지불해야 하는 것은 당신의 시간이다. 시간은 측정할 수 없는 어마어마한 가치가 있다. 따라서 아무 생각 없이 시간을 보내기 전에 그 시간이 가진 일상적이고 실체적인 무게가 어느 정도인지 잘 생각해서 결정해야 한다. 그렇다, 시간은 그만큼 중요하다!

하지만 시간의 중요성이 누구에게나 같다고 가정하는 건 잘못이다. 그건 우리 모두에게 똑같은 시간이 주어지고 모두가 똑같은 시간을 이용한다고 가정하는 일이나 마찬가지다. 자가용 제트기로 빠르게 이동하는 사람들이 있는가 하면, 출퇴근에만 세 시간씩 걸리는 사람들이 있다. 자신의 일정뿐만 아니라 자녀와 노부모의 일정까지 챙기는 사람들도 있다. 가능한 한 학자금 대출을 적게 받으려고 온종일 일하는 사람들도 있다. 위대한 일을 하려는 열정이 넘치는 사람들이 있는가 하면, ADHD(주의력 결핍 및 과잉 행동 장애)가 있는 사람들도 있다.

현실에서 우리는 주어진 시간에서 모두 최선을 다하고 있다. 배우자 없이 아이를 키우는 사람들부터 아이 돌보미, 하루하루 먹고살기 위해 여러 가지 일을 하는 사람들, 출발선이 아예 다른 환경에 있는 사람들도 마찬가지다. 우리에겐 하루 24시간이라는 똑같은 시간이 주어진다. 하지만 우리가 처한 상황에 따라 그 시간을 채우는 방법이 서로 달라진다는 점을 알아야 한다.

우리는 시간에 대해서는 돈만큼 충분히 고민하지 않는다. 시간도 돈에 못지않게 중요하다. 아니 어쩌면 시간이 돈보다 더 소중할 수도 있다. 시간은 생명이기 때문이다. 매 순간이 중요하다. 당신이 오늘 하루를 보내는 방식은 인생을 어떻게 보낼 것인가를 미리 보여 준다. 나는 수많은 사람이 특정 시기부터 '진정한 삶'을 살아가겠다고 자신에게 거짓말하는 모습을 자주 봤다. 또 성공을 향해 돌진했지만 결국 성공이란 결코 돈이 아니었음을 깨닫는 모습도 자주 지켜봤다. 시간 혹은 돈 중에서 무엇이 더 중요한지 잘 선택해야 한다.

우리가 소중하게 여기는 것은 인생의 여러 단계를 거치며 불가피하게 바뀐다. 처음 사회생활을 시작했을 때 나는 돈을 추구했다. 그 성가신 학자금 대출을 갚고 꿈을 실현하는 데 필요한 자금을 벌기 위해 내 시간을 돈 버는 일과 교환해야 했다. 그래서 유료 콘퍼런스에 참석하거나 유료 강좌를 듣기 훨씬 전에는 '무료' 학습 강의를 최대한 찾아 들었다. 예를 들어 유튜브 영상, 팟캐스트, 블로그, 무료 웨비나 등을 적극적으로 활용해서 내 것으로 만들었다. 비즈니스 코치를 고용할 여유가 생기기 전에는 멘토들을 참고했다. 그들은 에이미 포터필드(Amy Porterfield)처럼 이 업계에서 자리를 확실히 잡은 사람들이기 때문이었다. 그런데 그녀는 당시 내가 이 세상에 존재하는지도 몰랐다. 아무튼 그들을 유심히 살피고 메모했다. 내 관심 분야의 일을 하는 사람에게 배워야 할 기회가 있으면 놓치지 않았다. 게다가 이 자원들은 무료였으므로 배우는 데 드는 비용은 내 시간뿐이었다.

하지만 시간이 너무 많이 들었다. 너무 많은 내용을 꼼꼼히 살펴보고, 어떤 콘텐츠가 내게 중요한지 결정하고, 내 사업 환경에 타당한 조언을 실천하다 보니 매주 할 일 목록이 몇 시간 씩 추가되었다. 극도의 피로로 에너지가 소진되자 상황이 바뀌었다. 의사 결정을 할 때 드디어 시간을 우선순위에 두기로 했다. 자유와 휴식이 있는 내 시간을 되찾기 위해 힘들게 번 돈을 시간과 맞바꾸었다.

사업이 커지고 은행 계좌 잔액이 증가하면서 사업가로서 내 교육에 투자할 기회도 늘어났다. 나와 생각이 비슷하고 꿈이 같으며 일 처리 방식도 유사한 사람들과 가까이 있으면 어떤 힘이 생겨난다는 사실을 난 항상 알고 있었다. 그런데 위스콘신 중심부에 있는 데다 인구는 1,200명에 불과한 작은 마을에 살다 보니 나와 조금이라도 유사한 여정을 거쳐 가는 사람들을 만날 기회가 많지 않았다.

다른 사업가들에게서 '마스터마인드(mastermind)'라는 말을 얼핏 들어 본 적이 있었다. 그건 참가자들이 모두 만족할 만한 결과를 얻는다는 기대하에 활발하게 아이디어를 내고 배우고 문제를 해결하며 해결책을 공유하는 모임이었다. (비싼) 참가비를 내고 마스터마인드 모임에 참석하면 여기 리더에게서 배울 수 있을 뿐 아니라, 나와 비슷한 인생을 살거나 유사한 직업을 가진 사람들을 만날 수도 있다.

바로 그 이유로 사업 6년 차가 된 나는 흥분감에 사로잡혀 나 자신에게 투자하기로 하고 마스터마인드에 가입했다. 난 준비되어 있었다. 요즘 사업이 어떤지 내 문제와 방해물이 무엇인지 마음을 열고 대화할 준비가 되어 있었고, 다른 사람들의 문제를 해결하는 데도 도움을 주고 싶었다. 그 방에 누가 있을지 전혀 몰랐지만 공동체와 교육, 지원에 투자하는 일이 나를 위한 다음 조치라는 걸 직감으로 알았다.

마스터마인드 모임은 브레인스토밍과 비즈니스 강좌, 치료가 집중적으로 이루어지는 조용한 은신처 같은 느낌이며, 와인이 제공되고 또 자기 자랑에만 열심인 사람도 한두 명씩은 꼭 있다(어딜 가나 그런 사람이 있다). 마스터마인드 모임이 매우 아름답고 영혼을 달래 주는 저녁노을을 바라볼 수 있는 곳에서 자주 열리는 이유는 바로 그런 이유 때문일 것이다. 골치 아픈 문제를 붙잡고 씨름할 때, 우리는 불덩어리 주위를 획획 날아다니는 조그만 흙덩어리 표면의 그보다 더 조그만 점에 불과하다는 생각을 다시 한번 떠올리면 도움이 된다. 캘리포니아가 (저녁노을도) 나를 불렀고 난 대답할 준비가 되었다.

하지만 당신이 알아야 할 사실이 하나 있다. 마스터마인드 참가 비용은 싸지 않다. 마스터마인드 모임을 홍보하는 웹사이트들을 찾아보면 밑도 끝도 없이 자랑만 늘어놓다가 한참 뒤에 가서야 수십 년 동안의 코스트코 멤버십 비용에 해당하는 비용을 내라고 안내한다. 하지만 그들은 그럴 만한 이유가 있다고 솔직하게 자랑한다. 나는 마스터마인드 참가 경험이 얼마나 강력하고 중요한지 귀에 못이 박이도록 들었다. 게다가 혼자 힘으로 여러 문제를 동시에 처리하느라 지쳐 버렸다. 그래서 결정을 내렸다. 그것은 학습을 위한, 또 나 자신을 다른 사업가들과 같은 테이블에 앉히기 위한 첫 번째 대규모 투자였다. 그리고 그것이 내가 훨씬 더 큰 꿈을 꿀 수 있게 해 주길 바랐다.

무엇을 아느냐가 중요한 게 아니라 누구를 아는지가 중요하다고 한다. 나는 몇 번이고 그 말이 사실임을 깨달았다. 나는 마스터마인드에서 내 삶의 과정을 바꿔 놓은 인맥을 만났다. 호텔 로비를 지나가다 어떤 사람을 만나 빠르게 연락처를 교환했는데, 몇 주 뒤 어떤 프로젝트에 참여해 달라는 초대를 받고 처음 보는 사람들 수천 명 앞에 놓인 무대에 섰다. 또한 어떤 제안에 그저 동의했을 뿐인데 그 덕분에 우리 가족 모두 피지행 비행기를 공짜로 탔으며, 그곳에서 일을 한 것은 물론 꿈도 꾸지 못한 세상을 마음껏 즐겼다.

여기에서 교훈은 당신도 반드시 마스터마인드 모임에 참석해서 정말 효과가 있는지 확인하라는 말이 아니다. 또 믿거나 말거나, 그 교육의 힘이 중요하다는 말도 전혀 아니다. (그런데 나는 두 가지 다 옳다는 생각이다.) 어떤 꿈을 꾸든지 대가를 치러야 한다는 것이 교훈이다. 아이디어를 실현하려면 시간, 돈, 에너지 아니면 그 모두가 필요하다. 모든 비전은 위험 요소를 안고 있다. 그리고 당신이 가장 진실한 답을 향해 나아가야겠다고 결정하면, 당신은 더 이상 위험 요소가 아니라는 걸 기억하자. 당신은 투자 그 자체다. 이제 당신은 투자할 시간과 돈, 에너지와 기술 수준을 결정한다.

전에도 말했듯이 첫 단계는 어렵다. 자신에게 투자하는 일의 첫 단계에서는 온통 어색하다는 느낌만 들 것이다. 불편하다는 생각마저 들 것이다. 어쩌면 자신을 위해 무슨 일을 하는 건…… 다 헛된 것이라는 생각이 들 수도 있다. 혹은 당신 인생과 관련 있는 모든 사람에게 폐를 끼치는 일이라고 생각할 수도 있다. 하지만 꿈을 접고 전업주부가 되어 아기를 키우는 데 전념하기로 했든, 어렸을 때 양육된 방식 때문에 당신 자신과 당신의 아이디어 모두 하찮다고 낙인찍어 버렸든, 이제 당신은 당신 인생 투자자의 자리에 앉아 마음을 무겁게 짓누르는 아이디어들을 존중해야 한다.

당신은 아직 당신의 비전에 돈을 걸 준비가 되지 않았다고 생각할 수도 있지만, 당신에게 돈을 걸 준비가 된 현명한 투자자가 될 수 있다는 믿음을 굳건히 쌓아 가는 것이 목표다. 우리는 우리 자신이나 우리 아이디어가 투자할 만한 가치가 있다고 판단하기 어려울 수 있다. 하지만 다른 사람들을 살펴보고 그들에게 왜 내기를 걸 만한 가치가 있는지 따져 보기는 쉽다. 이제는 그와 같은 잣대를 당신도 받아들여야 한다. 당신 자신을 바라보라. 당신은 당신만의 아이디어와 재치, 성격과 경험, 특정한 인생관을 갖췄다. 당신이 가진 게 무엇이든 당신 자신에게 돈을 걸도록 하자.

평생 똑같은 투자를 할 수는 없다. 살아가면서 그때그때 다른 우선순위가 생길 것이다. 당신도 나처럼 시간을 기꺼이 (또는 억지로) 돈과 바꾸고 싶은 시기를 겪을 것이다. 그리고 어느 시점이 되면 당신은 열심히 번 돈으로 시간을 되살 것이다. 우리는 단순한 시작이 중요하다는 사실을 잘 알고 있으며, 지금 가진 것만으로도 시작할 수 있다는 걸 알고 있다. 그러니 당신의 현실을 바탕으로 계획을 세우자. 답을 알고 있다고 믿고 그 답을 행동으로 옮기자.

정말 잘 지내고 있나요?

당신 인생의 화폐는 무엇인가요?

시간, 돈, 에너지 중에서 당신 인생에서 넘치는 것은 무엇인가요? 부족한 것은 무엇인가요? 솔직하게 무엇을 원하나요?

화폐를 정의한 후에는 모든 수단을 동원해서 그 화폐를 보호하자. 그렇게 하지 않으면 결국 편안하고 익숙한 영역에 소중한 투자를 낭비하고 말 것이다. 예산 책정이 필요할 것이며, 한계도 정해야 할 것이다. 그리고 진심으로 솔직해져야 할 것이다. 당신은 힘들게 번 돈을 타깃에서 향초를 사거나 싸구려 스웨터

를 사는 데 낭비하고 있지는 않는가? 특별한 날 외식하지 않고 집에서 식사할 수 있는가? 저축을 늘리는 몇 달 동안 중고 매장을 이용할 수 있는가?

은행 계좌의 예산은 물론이고 시간 예산을 짜는 일도 잊지 말자. 할 일 목록에 있는 일들은 꼭 해야 하는 일인가? 아니면 시간 낭비인가? 급한 일인가? 아니면 방해물에 불과할까? 이제 더는 당신과 관계없는 일들이 달력에 표시되지는 않는가? 할 일 목록만 추가하지 말고 당신의 가장 중요한 자산이 낭비되지 않도록 '하지 말아야 할 일' 목록도 만들어 보자.

원하고 필요한 것을 나중에 얻기 위해 당신이 지금 가진 것을 토대로 예산을 세우자. 인간의 창의력에는 한계가 없다. 결국에는 당신의 노력과 돈, 에너지와 시간을 들여 만들어 낸 결과물을 다음에 필요한 걸 얻을 때 활용할 수 있을 것이다. 체조 선수들은 매트 위에 흘린 땀을 챔피언십 트로피로 바꿔 놓는다. 바리스타들은 몇 주씩 우유를 흘리고 태우다가 가장 화려한 라테 아트를 만들어 낸다. 정원사들은 땅을 갈고 씨앗을 심고 물을 주며 몇 달 동안 뼈 빠지게 일해서 마침내 노동의 결실을 맛본다. 그리고 나는 최고의 강의를 제공하기 위해 일 년 동안 열심히 작업해서 인터넷에 공개한다. 그러면 사람들은 내가 개설한 디지털 강의실에서 필요한 걸 배운다. 그동안 나는 살짝 뒤로 물러나 가족과 시간을 보내고 자전거를 더 오래 탈 수 있을 것이다.

영화배우 아메리카 페레라(America Ferrera)는 꿈꾸던 삶을 살기 위해 먼저 시간부터 투자했다. "오디션장에 가려면 버스를 세 번이나 타야 했어요. 그때는 우버(Uber)가 세상에 나오기 이전이었죠. 하지만 우버가 있었다 해도 그걸 이용할 여유는 없었을 거예요. 버스를 타야 했고, 걸어가야 했고, 자전거로 이동해야 했어요. 언니 동생들에게 태워 달라고 부탁해야 했어요."

그런데 나중에 여유가 생기자 그녀는 투자했던 시간을 되돌려받기 위해 돈을 투자했다. "처음 급여를 받았을 때 곧장 차를 한 대 샀어요. 2000년형 미쓰비시 미라주였는데 12,000달러였던 것 같아요. (그 차는) 거대한 통과의례 같은 거였죠."[1]

당신은 지금 어디에 있을까? 어떤 투자를 하면 당신이 꿈꾸는 삶에 더 가까이 다가갈 수 있을까? 아이와 함께 목욕 시간을 느긋하게 즐기고자 일주일에 한 번 저녁 식사를 배달해 먹는 것일까? 사랑하는 사람을 꼭 껴안고 함께 영화를 보는 시간이 더 소중하므로 다른 사람에게 돈을 줘서 화단의 잡초를 제거하는 것일까? 아니면 내 친구 레이첼이 결정했듯이 동네 공사업자에게 돈을 주고 실내 공사를 맡겨서 꿈에도 그리던 커피숍을 오픈하는 것일까?

당신 인생의 화폐를 결정하는 일은 한 번으로 끝나는 것이 아니다. 한 번에 통과해야 하는 테스트도 아니다. 여러 번 다시 확인해야 한다. 당신 그리고 당신의 상황이 더 발전하면서 인생을 살아가는 방식도 발전한다. 투자 수익은 어떻게 될까? 그 역시 증가한다. 당신이 절대 볼 수 없는 방식으로.

앞서 소개했던 마스터마인드 모임 얘기를 다시 해 보자. 사업 규모를 키우고 지역사회에 공헌하며 사업가들에게 흔히 발생하는 어려운 문제 해결을 위해 인맥을 만들고 싶어 처음에 투자했던 모임 말이다. 그 모임에 참석한 경험은 내 경력에 중요한 자산이 되리라 생각했고 그건 사실이었다. 하지만 가장 큰 보상은 사업상 문제 해결이 아니라 개인적인 문제 해결이었다.

어떤 일이었는지 설명하겠다. 나는 두 번째 유산 소식을 듣자마자 집에 와서 부엌으로 달려가 서랍들을 열어 뒤지다가 마침내 어떤 전화번호가 적힌 쪽지를 찾아냈다. 거기에는 이렇게 쓰여 있었다. "아기를 갖도록 도와줄게요."

그 쪽지는 그때로부터 1년여 전 마스터마인드 모임에 처음 나갔을 때 만난 자연요법 난임 전문의사가 건넨 것이었다. 당시에는 그녀의 도움이 필요하다고 생각하지 않았지만, 어떤 이유에서인지 그 쪽지를 보관해 두고 있었다. 전화를 걸어 연락하자 그녀는 내가 코코를 임신하는 데 필요한 혈액 검사를 모두 받으라고 했고 식단과 생활 방식에 변화를 주라고 조언했다. 그런 방식으로 투자 수익이 실현된 것을 생각하면 나도 모르게 눈물이 핑 돈다.

우리 자신에게 투자하면 기대와는 다를지라도 항상 이익을 얻는다. 사업에 도움을 받으려고 마스터마인드 모임에 참석했는데, 알고 보니 그것은 내 삶의 구석구석이 풍요롭게 될 때까지 수익을 점점 증가시키는 투자였다.

오늘 당신에게 투자하면 나이 들어 머리가 희끗희끗해진 다음에도 열정으로 두 눈을 반짝이게 할 일들을 추구하며 자신 있게 내일로 발을 들여놓을 수 있다. 그 일들은 유급휴가를 다시 받기만을 기다리며 살아가는 삶보다 훨씬 여유로운 삶을 만들어 줄 것이다. 수면과 휴식을 충분히 취하면서 에너지를 효율적으로 쓸 수 있는 일정을 만들어 줄 것이다.

이렇게 말한다고 상상해 보자. "널 믿어. 널 지지할게. 네 비전은 반드시 실현되어야 해." 만약 체력과 공간이 충분하다면 그 말을 큰 소리로 외쳐 보자. 공기가 성대를 통과할 때 힘이 느껴져 당신 자신을 믿는다는 말이 얼마나 듣기 좋은지 알 수 있다. 당신은 말하는 동시에 그 소리를 듣는다. 누군가가 드디어 당신에게 "사랑해"라고 말했다. 그 말을 듣기 전과 후가 얼마나 다른지 당신은 잘 알 것이다.

당신의 현재 상태는 마침내 "아직 말하기가 좀 복잡해"에서 "그 사람과 사귀고 있어"로 바뀌었다. 그게 얼마나 다른지 역시 당신은 잘 알 것이다.

16장
사과 과수원에서 흘린 눈물:
한계, 번아웃에 대하여

> 무거운 짐이 아니라 그걸 운반하는 방식이 당신을 무너지게 한다.
> – 레나 혼(Lena Horne)

어느 날 아침, 이웃 친구인 시몬과 함께 유모차를 나란히 밀면서 나지막한 자갈 언덕을 올라갈 때 이렇게 말했다. "그런데 더 많다고 해서 반드시 더 좋다고는 할 수 없어." 우리는 아기를 키우며 요즘 살아가는 이야기, 또 요새 한창 잘되고 있는 시몬 부부의 소규모 주택 임대사업 이야기, 사업을 확장하기 위해 임대용 주택을 더 짓겠다는 이야기 등을 하던 중이었다. 그녀에게 꼭 필요한 질문을 던졌다. "그렇게 하면 정말 뭐가 달라질까?"

그 질문을 듣자 시몬은 주근깨가 가뭇가뭇한 얼굴을 해가 뜬 방향으로 돌렸고, 나는 그녀가 어떻게 대답할지 곰곰이 생각하는 모습을 바라봤다. 내 질문에 대한 답을 그녀가 진지하게 고민하는 동안 우리는 계속 걸었다.

나는 시몬이 무슨 생각을 하는지 상상했다. 내가 그녀의 삶에서 보고 있는 걸 그녀도 보고 있는지, 아니면 전혀 다른 것을 보고 있는지 알고 싶었다. 내 생각에 시몬은 성공이라는 결승선을 끊임없이 더 멀리 밀어 손이 닿지 않게 하고 그 결승선을 향해 달려가는 사람이었다. 그녀가 자신의 노력과 성취를 진정 기뻐하고 즐기는 모습을 본 적이 거의 없었다.

나는 시몬의 가족이 공사 구역에서 살다시피 하는 모습을 봤었다. 그 구역에서는 각종 건설 프로젝트들이 줄줄이 진행 중이었다. 시몬의 가족은 꿈을 현실로 만들기 위해 시간이 될 때마다 건물 벽 표면을 매끈하게 닦고 회반죽을 만들고 타일을 붙였다. 주말은 온종일 공사장에 붙어 있었고, 미처 못한 일들은 주중에 처리했다. 내가 보기에 그녀와 남편 앤드루는 공사 프로젝트를 또 진행하고 싶어 한다기보다는, 이제는 진정한 집이라는 느낌이 드는 곳에서 휴식과 평온을 누리면서 살기를 갈망하고 있었다. 친구를 진정 아끼고 사랑하면 그 정도쯤이야 알아차릴 수 있다. 나 역시 결승선을 손이 닿지 않는 곳으로 계속 밀어 버린 적이 있었으므로 잘 알고 있었다.

당신도 그런 적이 있는가? 설마 지금 그런 상태인가? 결승선을 더 먼 곳으로 계속 밀어 버리는 사람이 다름 아닌 당신이라는 사실을 깨달았는가? 꿈을 추구했을 뿐인데 어째서 인생이 끝이 안 보이는 악몽으로 변해 버렸는지 알고 싶은가? 사실부터 말하자면 다른 사람들도 그랬으므로 걱정하지 않아도 된다.

한번은 연사 자격으로 참석한 어떤 콘퍼런스에서 오전 발표를 마친 뒤, 그날 연사들의 발표 내용을 듣고 싶어서 객석에 빈자리가 있는지 찾아봤다. 마침 한 자리를 찾아 앉았고, 오랜 세월 함께한 노트북을 급히 꺼냈다. 연사들이 무척 많았지만 나는 그 분위기에 몰입되어 즐겁게 발표를 들었다.

늦은 오후 휴식 시간에 레모네이드를 벌컥벌컥 들이킨 뒤 내가 작성한 메모를 살펴봤다. 페이지들을 훑다가 각 연사의 스토리에 유사한 내용이 있는 걸 발견했다. 내 스토리도 마찬가지였다. 우리 연사들은 모두 각자의 방식대로 처음에는 성공을 거두었지만, 나중에 몸과 마음이 지쳐 번아웃이 왔고 (마침내) 중요한 돌파구를 찾아냈다는 이야기를 전달하고 있었다.

어쩌면 우리는 모두 에니어그램(Enneagram, 사람을 아홉 가지 성격으로 분류하는 성격 유형 이론 중의 하나-옮긴이)의 성취인(achiever) 유형이라서 그랬을지도 모른다. 모두가 '사업가'다운 생활 방식대로 살았기 때문일 수도 있다. 아니면 우리가 같은 분야에 종사하기 때문일 수도 있다. 아주 드문 우연의 일치로 내용이 유사한 프레젠테이션 자료를 준비했을 수도 있다. 어쩌면 이게 가장 말이 될 듯하다. 시도해 보고 변화했다는 스토리는 청중의 공감을 이끌어 내기 용이한 스토리이기 때문이다.

연사들의 발표 내용을 메모한 페이지마다 이 공통된 주제가 끊임없이 불쑥불쑥 나타나자 웃음이 나왔다. 속으로 생각했다. '돌파구를 찾기 전에 반드시 번아웃이 와서 무기력해져야 할 까? 이걸 우린 사람들에게 가르치는 걸까?' 다른 사람의 실수에 서 고통을 피하는 법을 배울 수 있다고 생각하고 싶지만, 때로 는 배울 수 없을 때도 있다. 우리는 온갖 책을 읽고 팟캐스트도 들으며 콘퍼런스도 참석하지만, 그래도 여전히 우리 자신의 여 정에서 실수를 저지른다. 교훈은 사실 여러 단어의 조합에 불과 하며, 직접 느끼기 전까지는 충분히 이해하기 어렵다.

성공은 전속력으로 앞으로 밀고 나아가는 것이 아니다. 또는 내 친구 시몬이 그랬던 것처럼 성공은 계속 앞으로 밀어내어 당 신에게서 멀어지는 그래서 끝내 도달할 수 없는 결승선이 아니 다. 때때로 우리는 성공으로 가는 과정에서 무너지고 힘을 잃는 다. 그러면 코스를 바꾸거나 저 건너편에 있는 돌파구를 찾아야 한다. 그러려면 지금 하는 일에서 손을 떼고 잠시 숨을 골라야 한다.

그렇다면, 어떻게 해야 저 건너편에 갈 수 있을까? 인생이 너 무 버겁고 통제 불능일 때 어떻게 앞으로 나아갈까? 너무 많은 일이 산발적으로 발생해서 아무것도 할 수 없으면 상황을 어떻 게 수습할까? 수습할 수 없다면 어떻게 될까?

틀에 박힌 생각이긴 하지만 내게 지금도 효과가 있는 방법부 터 시작하겠다. 당신이 어떤 일을 할 수 있다고 해서 반드시 그 일을 해야 하는 건 아니다. 고등학교 때 너무 늦게 귀가하면 귀가 따갑게 들었던 엄마의 잔소리처럼 들린다는 건 나도 안다. 하지만 그 말에는 새겨 들어야 할 심오하고 명확한 내용이 있다.

백만 가지나 되는 일을 다 잘해 낼 수 있다는 생각을 해 본 적이 있는가? 특히 성인이 되었을 때 말이다. 우린 성장하면서 관심사가 늘어나고 더 똑똑해진다! (희망 사항이다.) 무엇인가 더 잘하게 된다! (다시 말하지만, 희망 사항이다.) 기술과 능력을 키울 뿐만 아니라 어떻게 활용할지도 선택한다. 활용하지 않을 수도 있다.

우리는 욕망에 따라 새로운 프로젝트를 시작하고 꿈을 키우거나 삶의 일부를 더 좋게 만들려는 매우 좋은 의도를 쉽게 받아들인다. 이렇게 욕망은 눈덩이처럼 불어난다. 원하지 않을 때까지 계속해서 더 많은 걸 원한다. 다른 사람들에게 자신이 필요하다거나, 생산성이 뛰어나다거나, 없으면 안 될 존재로 받아들여지고 싶어 한다. 우린 그 모든 걸 원하고 다 하고 싶어 한다. 할 수 있기 때문이다! 원하지 않을 때까지.

또는 우리가 할 수 없을 때까지. 너무 많은 일정을 동시에 소화하고 있어서 몸이 여러 개 있으면 좋겠다고 여기게 될 때까지. 우리가 정말 시도하고 싶은 일들, 예를 들어 새로운 레시피로 요리하기, 발레 배우기, 호숫가로 주말여행 떠나기 등은 모두 한쪽으로 밀려난다. 사람들이 우리에게 의존하기 때문이다. 게다가 할 일 목록은 계속 증가한다.

우리는 우리 자신을 속여 그 모든 일을 다 하고 있다. 예를 들어 주택소유자협회 회계 담당자로서의 업무, 집에서 구운 과자판매, 페이스북 댓글 관리자로서의 일들은 할 일 목록에서 지워지지 않는다. 당신이 그 일에 적임자라는 말을 들었기 때문이다. 어쩌면 다른 사람들이 맡지 않을 것 같아 당신이 자원했을 수도 있다. 어쩌면 당신은 그 문제에 발언권이 없다고 생각할지도 모른다. (어쩌면 사실일 수도 있다.)

어쩌면 당신은 각각 다른 이유로 그 일들을 좋아하더라도, '일은 많은 게 좋다', '바쁜 게 최고다', '중요한 일부터 처리하고 즐거움을 주는 일과 휴식은 우선순위 목록의 아랫부분에 두는 게 좋다'는 거짓말을 믿어서 모든 책임을 떠맡았을지도 모른다.

바로 그 때문이다. 우리는 일을 중요한 것으로 분류하고, 즐거움을 주는 일은 여유 있을 때로 미뤄 버린다. 그것이야말로 무기력한 번아웃에 이르는 지름길이다. 당신만 그런 게 아니라는 사실을 알아 뒀으면 한다. 《포브스(Forbes)》가 실시한 연구에 따르면 응답자의 52퍼센트 이상은 2020년에 번아웃을 겪었다고 한다.[1] 1년 동안 우리의 절반 이상이 번아웃을 겪는다!

우리는 2020년, 집단으로 같은 경험을 겪었다. 그 일 외에도 우리 모두를 번아웃에 이르게 하고 몹시 지치게 하며 과중한 부담에 시달리게 하는 일은 많았다. 때때로 우리는 경고 신호를 놓쳤거나 무시했다는 걸 알아차린다. 하지만 그 전에 정면으로 부닥쳐야 할 것이 있다. 콘퍼런스 내용을 받아적은 메모에 대해 다른 할 말이 있다면 바로 이것이다. 신경쇠약이나 번아웃은 돌파구가 가까이 오고 있다는 신호일 수 있다는 것이다.

몇 년 전 어떤 주말이 마치 어제처럼 기억난다. 내 삶의 경고 신호를 이제 더는 무시할 수 없는 날이었다. 토요일에 웨딩 촬영을 한 뒤 그날 밤은 시댁에서 잤고, 일요일은 온종일 편집 작업을 했다. 게다가 빡빡한 일정을 쪼개 저녁에는 사과 과수원에서 약혼식 촬영까지 한 뒤 주말을 마무리했다. 드루는 내 비공식적인 운전기사 노릇을 하며 카메라 가방까지 들어 주었다.

드루와 나는 일요일 예배를 마치고 어딘가 놀러 가고 싶을 때면 그 과수원에 갔다. 사과주를 즐겼고 여유 있게 과수원을 돌아다니며 캐러멜 애플을 쪼개 나눠 먹기도 했다. 그날 저녁, 힘을 내서 셔터를 눌러 대고 열정적으로 촬영 장면을 연출하면서 난 내게 물었다. '가장 최근에 과수원에서 논 적이 언제였지?'

집에 가려고 차에 탔을 때 나는 무릎에 노트북을 올려놓고 드루에게 고개를 돌리며 물었다. "그 사람들이 알아봤을까?"

드루는 약간 어리둥절한 표정으로 날 바라보다가 대답했다. "그 사람들이 뭘 알아봐?" 나는 눈물을 글썽이며 말했다. "내가 얼마나 지쳤는지 알아봤을까?" 드루는 싱긋 웃더니 전혀 그럴 리가 없다며 날 안심시켰다. 사실 내가 왜 그런 생각을 했는지 드루는 전혀 알지 못했다. 나는 그 커플을 위해 열과 성을 다해 촬영했다. 사진이 그 증거였다.

하지만 눈물이 뚝뚝 떨어지면서 뼛속 깊은 곳까지 쌓인 피로가 몰려왔다. 주변에 쌓아 놓았던 벽이 우르르 무너지는 느낌이 들었다. 나는 노트북을 닫고 드루의 손을 꼭 잡았다. 드디어 알았다. 그 순간 나는 나 자신을 얼마나 멀리 나아가게 했는지, 연료가 텅 비었는데도 계속 달리라고 얼마나 오랫동안 밀어붙였는지, 잠시도 쉬지 않고 얼마나 많이 "좋아요, 할게요"라고 답했는지 뼈저리게 느꼈다. 그 순간의 나를 설명하는 학계 용어가 있다면 아마 '번아웃이 와서 엉망진창인 상태'였을 것이다.

마침내 깨달았다. 그동안 난 앞뒤 재지 않고 일하면서 "네"라고만 외쳐 왔다는 것을. 내게 가장 소중한 남편과 내 시간, 내 가족과 추억에는 그만큼 "아니오"라고 무심코 말해 왔다는 사실을. 나 자신에게도 마찬가지였다. 내가 성취하고 있는 일의 즐거움을 마음껏 누릴 시간은 일정에 없었다. 휴식할 시간도 놀 시간도 없었다. 주말마다 다른 사람들의 인생을 촬영하며 살다 보니 정작 내 인생은 흐릿해져 있었다.

내가 만들어 낸 성공적인 경력의 핵심은 다른 사람들의 중요한 순간들을 사진이라는 기록물로 남겨 잊을 수 없는 추억으로 만드는 일이었다. 그 일을 하는 내가 자랑스러웠다. 하지만 나만의 추억을 만드는 일은 어떻게 해야 할까?

나는 언제 인생의 여러 순간을 즐길 수 있을까? 언제 나만의 추억을 만들고 보존할 수 있을까? 언제쯤이면 난 내 인생을 위해 카메라는 내려 두고 사과 과수원을 거닐며 편하게 숨 쉬고 사과도 맛볼 허락이 떨어지는 계약서에 사인할 수 있을까?

분명히 말해 두자면, 내가 겪은 번아웃은 하룻밤 사이에 일어나지 않았다. 천천히 진행되었고 숨이 막힐 듯했다. 여기저기 마감일을 맞추고 행사를 추가하느라 숨 쉴 공간도 없었다. 내가 해야 할 일들은 걷잡을 수 없이 활활 타오르는 모닥불이 될 때까지 계속되었다. 너무 늦게 깨달았지만, 번아웃이 어떻게 왔는지 지금은 정확히 알고 있다. 첫 번째 웨딩 촬영과 내 일상을 원상 복구하기로 한 그날 밤 사이 어디쯤에서, 한계라는 건 그게 무엇이든 마음 약한 사람들에게나 있는 거라고 믿도록 자신을 속였다. 나는 나 자신을 스트레스와 피로가 가져오는 '고통'을 별도의 처방 없이 그대로 받아들일 수 있는 사람이라고 생각했다.

속도를 늦출 수 없었다. 내 안의 작은 목소리가 속도를 줄이라고 할 때마다, 그건 포기하고 추진력을 놓아 버리거나 빨리 쉬고 싶다는 유혹일 뿐이라고, 무엇인가 얻으려면 그만큼 고통받아야 한다고 나 자신을 설득하곤 했다. 그건 마치 비관주의자의 목소리 같았다. 나로 말하자면? 나는 낙관주의자였다! 슬픔을 극복한 자였다! 성취자였다! 내 인생의 각본에서 멈추기, 뒤돌아보기, 속도 줄이기, 싫다고 말하기 같은 선택지들을 빼 버리고 싶었다. 휴식이 필요하지 않다고 나 자신에게 그리고 날 바라보는 모든 이에게 증명해 보이고 싶었다. 피곤하지 않았다. 휴식이 필요하지 않았다. 벤치에 앉아 빈둥댈 시간 따위는 없었다.

그 일요일 밤, 내 안에서 변화가 일어났다. 감정을 주체하지 못하고 허물어지자 비로소 마음의 문이 열렸다. 서류상에 기재된 모든 목표가 마냥 좋지만은 않고, 많을수록 반드시 더 좋은 건 아니라는 사실도 깨달았다. 많을수록 더 좋더라도 내겐 마음의 여유가 남아 있지 않았다.

내 인생의 지도가 앞에 펼쳐져 있다고 상상하고 그걸 내려다봤다. 그러자 내가 얼마나 길을 잘못 들어왔는지 알았다. 공식적으로 나는 길을 잃었다. 내가 추구하던 비전 그리고 성공을 결정짓는다고 생각한 성취는 은행 계좌를 두둑하게 채워 주었지만, 그때 나는 인생에서 중요한 건 돈뿐만이 아니라 시간과 에너지도 중요하고 또 이 세 가지 모두를 즐기는 게 중요하다는 교훈을 아직 몰랐다. 나는 감정을 무시해 버렸다. 그리고 성공은 성공처럼 느껴져야 진정한 성공이라는 사실을 잊었다. 게다가 번아웃이 너무 심하게 와서 다 태워 버리고 싶었다.

그 생각이 들었을 때 다행히 난 이미 침대로 기어든 후였고, 멜라토닌 호르몬 효과가 나타나면서 카메라를 창밖으로 던져 버리거나 노트북에 저장된 자료를 모두 삭제하기 전에 잠들었다.

당신도 어쩌면 지금 이쯤 와 있을 수도 있다. 잔뜩 지치고 에너지가 고갈되어 모두 불살라 버리고 싶은 충동이 들 수도 있다. 하지만 내가 잠에서 깼을 때 무슨 일이 있었는지 꼭 말해야겠다. 난 일을 그만두지 않았지만, 평상시처럼 예정된 프로그램대로 살지 않았다. 모두 바꿔야 하는지, 아니면 한두 가지만 바꾸면 되는지 알아봐야 했다. 당신은 완전히 새로운 삶을 시작하고 싶은 유혹을 느낄 수도 있지만, 아마 먼저 잠을 푹 자고 영양이 풍부한 식사를 하고 따뜻한 물로 목욕하거나, "정말 잘 지내고 있나요?"라는 질문을 당신에게 하고 20분간 조용히 시간을 보내며 답을 듣는 일부터 시작해야 할지도 모른다.

다음 날 잠에서 깼을 땐 등이 뻐근하고 머릿속은 지나친 감상에 빠져 있었지만, 나 자신에게 감사하는 마음이 지난밤보다 더 커져 있었다. 부엌 식탁으로 급히 달려가 메모지를 가져다 계산기를 두드리며 이것저것 계산해 봤다. 은행 계좌 잔액을 확인하고 여러 가지 시나리오를 상상한 뒤, 드루가 5시에 퇴근하고 집에 오면 내가 세운 계획을 보여 주려고 스프레드시트(맞다, 형형색색의 차트도 넣었다)를 만들었다.

집에 온 드루에게 내 계획을 자세히 설명했다. 내가 겪고 있는 번아웃의 대응 방안도 준비해 놨다. 그건 "더 많으면 항상 더 좋은 거야?"라는 질문의 직접적인 대답이었다. 내가 만든 그 자세한 스프레드시트가 답을 명확하게 보여 주며 우렁찬 목소리를 냈다. "아니야!"

"돈 같은 건 집어치워. 날 믿어. 내가 이 수입의 절반만 벌었을 때 우린 훨씬 행복했어! 이번 시즌처럼 바쁜 웨딩 시즌을 또 한 번 겪으면 난 살아남지 못해. 난 조금 덜 벌면서 살 준비가 되어 있어. 그러니 당신도 나와 같은 생각이면 좋겠어." 드루에게 이렇게 말했다. 아마 나는 일장 연설을 하는 내내 손을 마구 흔들었을 것이다. 그리고 주먹으로 식탁을 쾅 내리치고 연설을 끝냈을 것이다. (식탁이 튼튼해서 다행이었다.)

드루는 한 번도 내 말을 끊지 않았다. 내가 한 말을 부정하지도 않았다. 은행 잔액을 어떻게 할 거냐며 따지지도 않았다. 말하는 동안 나는 드루도 뭔가 안도감 비슷한 감정을 느끼는 걸 알아볼 수 있었다. 내가 즐기는 척하던 인생의 껍데기가 마침내 깨졌고, 드루는 내게 일어나는 이 모든 '원상 복구'가 앞으로 펼쳐질 우리 인생의 페이지에서 최고로 잘한 일 중 하나가 될 수 있다고 깨달을 만큼 충분히 똑똑했다.

이렇게 일을 덜 하는 편이 더 득이 된다는 생각을 실천하려면 "그럼요, 가능해요!"라는 문자메시지와 이메일 답장을 보내는 일도 당연히 쉬어야 했다. 나는 아몬드를 우적우적 씹어 먹으며 내년에 지킬 한계 목록을 작성했다. (이 말은 마음이 무거워도 이제는 사람들에게 못 한다고 거절해야 한다는 의미였다.) 그리고 드루와 나 자신에게 그 목록을 확실하게 전달했다. 이제 일요일에는 일하지 않기로 했다. 주말 이틀을 연이어서 하는 웨딩 촬영은 하지 않기로 했다. 할인도 하지 않기로 했다. 가족들과 시간을 보내기 위해 적어도 한 달에 한 번은 주말을 싹 비우기로 했다.

한 달에 한 번씩 주말에 다 쉬겠다고? 내가 벌 수 있는 수입의 4분의 1이나 되는데! 아무도 화요일에 결혼하지 않는다! 하지만 그렇게 한계를 두었어도 성공하는 데는 전혀 지장이 없었다. 오히려 날 구했다. 그 한계들은 시간을 내 화폐로 지정하도록 도와주었다. 그리고 내 삶을 되찾아 줬다.

내가 성장하는 데 가장 혁신적인 도구가 무엇이었는지 묻는다면 조금도 망설이지 않고 말하겠다. 그건 바로 한계였다. 한계가 있었으므로 나는 사진 촬영에만 전념하지 않고 추억을 만들 시간을 벌 수 있었다. 그건 나 자신, 내 즐거움, 내 삶에 관한 추억이었다. 한계가 있었으므로 일에서 벗어나 제자리로 되돌아올 수 있었다. 사업 운영 방식을 전환하고 예상하지 못했던 큰 규모로 사업을 확장할 수 있었다. 난 아직 '한계'라는 문신을 새기지 않았다는 사실이 솔직히 놀랍다. 한계는 내 삶을 살린 영웅이자 내 행복이고 온전한 정신이기 때문이다. 한계는 내 이야기의 진정한 MVP다!

> **정말 잘 지내고 있나요?**
> 당신 삶의 어느 영역에서 번아웃이 오고 있나요?
> 어디까지를 한계로 정하고, 어디에서부터 거절해야 하나요?
> 당신의 충분 지점은 어디인가요?

삶에서 어떤 한계를 다시 두어야 할지 시간을 내서 깊이 생각해 보자. 아마도 그건 특정 인간관계에서 받아들일 부분과 받아들이지 않을 부분을 구분하고 서로 알아 두는 일이 될 수도 있다. 업무량이나 추가 근무, 업무상 기대치를 주제로 상사와 면담하는 일이 될 수도 있다. 이메일 수신함에 자동 답장 발송을 설정하는 것만큼 간단할 수도 있다. 당신도 모르는 사이에 시간을 낭비하게 하는 앱을 삭제하는 일만큼 쉬울 수도 있다.

모두 한꺼번에 바꾸지 못할 수도 있지만, 당신 자신에게 주변 상황을 파악하게 하고 어딘가에서 시작할 기회를 주도록 하자. 한계를 다시 정할 때 이 사항을 잊지 말자. 우리의 한계를 바꾸는 일은 절대 만만치 않다. 당신에게 인내심을 발휘해야 하지만, 인내심을 갖기 가장 어려운 사람이 당신일 때도 있다.

사실 한계를 두는 이유는 어떤 사람들 또는 어떤 권력을 막기 위한 것만은 아니다. 한계는 당신이 인생을 계속 살아가게 하는 도구다. 그것은 당신이 흔들리지 않도록 보호한다. 너무 바쁘면 정신이 산만해져 영혼의 목소리에 귀 기울일 수 없고, 몸 상태를 확인할 수 없고, 직감의 소리를 들을 수 없기 때문이다.

번아웃을 겪는 동안, 속도를 줄이라는 내면의 목소리에 따른다면 난 너무 편안해져 현실에 안주할까 봐 걱정했다. 만약 진실로 만족감을 느낀다면 그건 내가 자기만족에 빠졌으며 추진력을 잃어서 그럴 거라는 거짓말을 믿었다. 처음에 속도를 줄이자 성취자로서의 내 면모가 부서진 느낌이었다. 속도를 늦춘 게 자연스럽게 느껴지지 않았고, 직관에도 반한다는 생각이 들었다. 마치 패배를 받아들인 느낌이었다.

바로 그런 생각 (또는 거짓말) 때문에 우리의 가치는 우리가 만들어 내는 결과물에서 찾을 수 있고, 어떤 일이든 받아들여야 한다고 우리는 믿는다. 행복은 오로지 내가 성취하는 결과에 달려 있으며, 그 안에서 중요성과 성공, 목적의 원천을 찾을 수 있다고 어디선가 들은 기억이 난다. 하지만 그 잘못된 생각 때문에 나는 한계 없는 삶, 항상 끝없이 더 많이 추구하는 삶, 결승선이 늘 손에 닿지 않는 곳에 있는 삶을 살았다.

그렇다면 그때와 지금의 차이는 무엇일까? 나는 지금도 열심히 일한다. 나태해지지 않도록 나 자신을 자극하고 인생의 연간 목표들을 설정하기도 한다. 하지만 전과 다른 점이 있다. 내 목표들은 은하계처럼 조화롭게 맞물려 돌아가며 내 삶의 다른 영역들을 밝게 비춘다. 나라는 사람의 별자리를 구성하는 별들처럼, 내 목표들은 각자 내가 어떤 사람이고 무엇을 가치 있게 여기는지 알리기 위해 존재한다. 어떤 별은 다른 별보다 조금 더 밝게 빛나지만 모두 중요하다. 나는 절대 현실에 안주하지 않으며, 내가 무척이나 좋아하는 성취감을 여전히 느끼고 있다. 하지만 하루를 마칠 때 내 삶이 주는 느낌에 만족하기도 한다.

그렇다. 난 때로는 목표에 굶주리고 새로운 아이디어를 내느라 창의적으로 열정을 쏟아붓는다! 때로는 너무 욕심을 부려 감당하지 못할 일을 벌이기도 한다. 때로는 내 시간을 많이 들여야 할 프로젝트로 곧장 달려들 것이다. 하지만 내면의 목소리가 내게 속도를 늦추고 휴식하고 (또는 낮잠을 자고) 지금 있는 곳에 좀 더 머무르라고 할 때 (때로는 잠시 하던 일을 접고 가족끼리 산책하자는 드루의 목소리가 들릴 때도 있다) 그 목소리에 집중하고 귀를 기울이는 법을 배웠다.

잠시 수공예 작품 사업에 몰두하며 '자유'를 맛보자, 난 누구도 절대 실망시키지 않고 우리 사회가 설정한 빛나는 지표들 하나하나에 모두 도달하기를 바라면서 훨씬 더 임의적인 목표를 만들었다. 그게 바로 성공의 모습이었기 때문이다. 동의하는가? 그게 바로 성공하면 들리는 소리였기 때문이다. 동의하는가? "바빠요!", "돈 버느라 정신없어요!", "일정이 꽉 찼어요!", "미안해요, 시간 없어요. 서둘러야 해요. 나중에 볼까요?"

하지만 그게 정말 내가 원한 것이었을까? 나 자신과 대화하며 내 상태를 확인하자 모든 게 명확해졌다. 성공적으로 보이려고 애쓰면서 그 성공적이라는 느낌이 무슨 의미인지 내게 물어보는 걸 잊었다.

그것이 바로 성공의 개념을 재정의하는 일이 한계를 정하는 데 도움이 되었던 이유다. "이건 성공적이라고 볼 수 있을까?"라는 질문을 "나는 이걸 성공적이라고 여길 수 있을까?"로 바꾸자 게임의 양상이 바뀌었다.

주류 사회는 가치 있다고 여겨지는 모든 종류의 성공을 눈에 구체적으로 보이도록 확실히 하는 걸 중요시한다. 벨벳처럼 부드럽고 값비싼 의상, 반짝반짝 빛나는 벽걸이 장식, 손목에 찰 수 있는 장신구 또는 매우 빠르게 운전할 수 있는 차량으로 성공을 드러내 보인다. 따라서 이정표(비전 보드에 표시한 이정표)에 도달하면 공허하다고 느낄 만도 하다.

그것이 바로 불행하게 사는 백만장자들이 많은 이유다. 그 백만장자들이 자신의 영혼과 다시 교감하기 위해 막대한 비용을 들여 아마존 지역으로 2주 동안 고독한 수행을 떠나는 이유이기도 하다. 또한, 노동력의 대규모 이탈(확실한 위기 상황이다)이 벌어지는 이유이기도 하다. 사람들은 혹사당해도 저임금에 만족해야 하고, 또 인생을 살 만한 가치가 있게 해 주는 모든 것들을 성공이라는 이름으로 고갈시키는 상황이 말도 안 된다며 비판하기 때문이다. 그것은 우리가 행복의 개념을 다시 정의하고 어디서 행복을 찾을 수 있는지 다시 알아보는 이유이기도 하다. 우리는 힘들게 노력한 모든 단계를 거치면서 우리가 달성한 이정표들이 기대했던 바와 같이 멋지게 느껴지길 원하기 때문이다.

종이 위에 나타낸 우리 목표들은 타당하고 훌륭해 보이지만, 우리는 목표를 설정할 때 삶의 감정도 고려해야 한다. 문제는 성공이 이 세상에 어떻게 보여야 하는가가 아니라, 내가 사는 세상에서 성공이 어떻게 느껴져야 하는가다. 앞에서 했던 이 말을 기억하는가? 감정은 느껴야 한다.

그렇다면 성공이 당신에게 어떤 느낌일지 어떻게 아는가? 시작점은 이렇다. 원대한 목표를 종이 위에 그리며 추구하지 말고, '충분 지점(enough point)'을 찾아내는 쪽으로 초점을 옮기자. 이 사항을 기억하자. '더 많이'는 얻을 수 없다! 전혀! 더 많다는 개념에는 정해진 끝이 없기 때문이다! 더 훌륭한 사람이 되어야 하고 또 일을 더 많이 해야 한다는 생각으로는 안 된다. 그런 생각은 지속할 수 없고 우리를 번아웃으로 더 빨리 치닫게 할 뿐이다. 그 대신 충분 지점에 맞춰 살아간다면 우리는 어디서 멈춰야 하는지 알 수 있고 어디서 선을 그을지 자신 있게 정할 수 있으며, 가장 나은 선택을 할 수 있다.

2년 전 나는 푸에르토리코에서 바다가 내려다보이는 친구 집에 있었다. 샴페인 잔을 손에 들고 옥상에 있었는데, 손님 중 한 명이 카메라를 들고 수줍어하며 다가왔다. "저기요, 전에 사진작가가 아니셨나요?"

나는 웃으며 그렇다고 답했고, 같은 일을 하는 새로운 친구를 사귀면 으레 그렇듯이 우리는 잠시 사진 장비 얘기를 나눴다. 그러다가 그녀는 목소리를 낮추고 조심스럽게 질문했다. "그런데 어떻게 그 일에서 빠져나온 거예요?" 나는 미소를 지은 뒤 그녀의 질문 의도가 '어떻게'인지 '왜'인지 알아내느라 잠시 말을 멈췄다. 어느 쪽으로 대답하더라도 그건 그녀가 듣고 싶어하는 내용이 아니라는 걸 알고 있었다. 사진 촬영이라는 게임에서 벗어나기로 한 이유는 나의 '충분 지점'을 정의하고 내가 할 수 있는 한계를 설정해야 했기 때문이라고 답했다.

진정 변화를 원한다면, 그녀는 한계를 확실히 정해서 일이 너무 많으면 못 한다고 하고, 원하는 수준에 맞춰 요금을 청구하고, 기회만 있으면 다 하겠다는 대답을 하지 말아야 한다. 자유롭게 쓸 수 있는 시간을 확보할 만큼만 돈을 벌려면 무엇이 정말 필요한지에 대해 솔직해야 한다. 나는 그녀에게 돈을 더 많이 벌려 하지 말고 자유 시간을 좀 더 갖는 일에 집중하라는 도전적인 의견을 냈다. 그렇게 하는 유일한 방법은 촬영 예약을 받을 때 할 수 있는 한계에 초점을 맞추고, 나중에 시간을 다시 돌려받을 수 있도록 충분 지점까지만 예약을 받는 것이다.

내 생각에 그녀는 다른 사람들이 샴페인을 마시며 카메라 렌즈에 가려지지 않은 탁 트인 경치를 즐기는 동안, 내가 비결을 알려 준다거나 사진 촬영을 그만두게 할 기발한 방법을 고안해 주지 않아 실망한 눈치였다. 하지만 난 그녀에게 그렇게 말했고 당신이 물어봐도 똑같이 대답할 것이다.

일의 양을 줄이라는 내 말은 매우 이상하고 순리에 역행하는 충고처럼 들릴 수 있다. 특히 진심으로 당당하게 당신이 꿈꾸는 삶을 추구하라고 조언하는 이 책에서 그런 말을 하다니! 하지만 이 부분이야말로 우리가 구체적으로, 또 솔직히 논해야 하는 부분이다. "당신은 게임을 바꿀 필요가 없다." 확실히 나도 그렇게 하지 않았다! 당신은 대대적인 혁신을 가져오거나 거창한 운동을 벌일 필요가 없다. 당신은 어떤 규칙을 따르고, 또 따르지 않을지 선택만 하면 된다.

어디까지 허용할 수 있는지, 어디에 한계를 두어야 하는지 마침내 알게 되자 나는 내 일의 수준을 충분 이상으로 높혀 볼 생각에 사로잡혔고, 그러자 능력을 크게 향상할 수 있었다. 그 한계들은 내 두려움과는 달리 방해가 되지 않았다. 아무것도 축소하지 않았으며 오히려 모두 확장했다. 내 시간이 늘어나면서 내 삶은 '일'을 훨씬 뛰어넘는 무엇인가에 드디어 문을 열었다.

나는 쉴 자유가 있었다. 재미있게 놀고 여러 가지 일을 시도하고 내 삶을 다시 즐길 자유가 있었다. 존재할 자유가 있었다. 마음의 여유와 공간을 되찾았고 내가 원하는 활동으로 채울 수 있는 시간을 충분히 되찾았다. 그리고 마침내 긴장을 풀고 쉬면서 넷플릭스 시리즈 몇 개를 정주행했다. (그리고 사람들이 그 시리즈들에 왜 그렇게 푹 빠졌는지 알았다!)

그렇다면, 당신이 허용할 수 있고 또 허용할 수 없는 영역을 찾는 일은 어떤 모습일까? 나는 당신에게 해당하는 정답을 모른다. 질문만 알 뿐이다. "당신의 충분 지점은 어디인가요?" 어느 정도면 현실에 안주하고 있는 게 아닐까 하는 걱정 없이 만족할 수 있을까? 진짜 원하는 것을 추구하도록 당신에게 진정 필요한 것을 어떻게 설정할까? 성공을 어떻게 정의할까? 당신의 충분 지점을 어떻게 받아들일까? 정말 잘 지내는가?

나 자신의 충분 지점을 몇 번이고 무리하게 넘어서려 했던 순간들을 돌이켜 보니 가슴이 아프다. 모든 걸 다 내던져 버리기 직전까지 갔을 때 어떻게든 마음의 평정을 유지하려 애썼던 나날들을 떠올리면 얼굴이 빨개질 때도 있다. 화장실에서 엉엉 울기도 했다. 잠도 안 자고 인터넷을 하면서 다른 사람들과 나를 비교하느라 밤을 새우기도 했다. 한 번도 쉬지 않고 몇 달씩 계속 차를 전속력으로 몰아가는 기분이었다.

하지만 이 문장을 쓰고 있는 지금, 내 가슴은 이제 더는 아프지 않다. 내 등허리가 아프다. 무거운 카메라 장비를 짊어지고 사과 과수원을 돌아다니거나 이곳저곳 노트북을 들고 다니느라 아프다는 말이 아니다. 오늘 우리 가족은 숲속에서 하이킹을 했다. 그래서 내 등허리가 아프다. (아기를 업고 다니면 놀라울 정도로 무겁다.) 서로 다른 두 가지 고통이다. 한계가 있고 없고에 따라 삶을 만들어 낼 수도 있고 무너뜨릴 수도 있다는 증거다.

내 한계 중 일부는 이제 거의 10년이나 되었으니 그 정도면 먼지라도 쌓였을 듯하다. 한번 보면 좋겠다. 하지만 어떤 한계들은 만들어진 지 얼마 되지 않았다. (나는 아직 살아 있으므로) 여전히 성장하는 중이다. 따라서 조금씩 자주 수정해야 한다. 그런데 아직도 마음이 아플 때가 있다. 예를 들어, 나는 사람들에게 싫다고 말하는 걸 좋아하지 않는다. 두 가지 다 좋은데 그중 하나만 선택해야 하는 상황도 좋아하지 않는다. 내가 사랑하는 사람들을 실망시키는 상황도 좋아하지 않는다. 하지만 내가 허용할 수 있는 수준만 받아들이는 일은 확실히 가치가 있다.

올해 이른 아침, 나와 같이 유모차를 끌며 산책한 이웃을 기억하는가? 몇 달 뒤, 그녀는 보통 사람의 기준으로 볼 때 상당히 기적 같은 일을 해냈다. 그녀는 마음을 바꿨다. 그녀와 그녀의 남편은 프로젝트를 중단했고 더는 안 되겠다고 했으며 확장 계획을 연기했다. 이제 둘 다 충분 지점에 도달했다고 진정 깨달았기 때문이었다. 수입은 안정적이었으므로 더 따뜻하고 자연 그대로인 다른 장소로 이사할 계획을 세울 수 있었다. 그들이 오랫동안 갈망했지만 아직 한참 멀었다고 믿었던 삶의 첫 단계가 이렇게 시작되었다. 이 글을 쓰는 지금, 그들은 직장을 그만뒀고 살던 집은 임대한 뒤, 삶을 돌아보고 다음에 무엇을 할지 생각할 시간을 갖기 위해 6개월 계획으로 브라질로 떠났다.

알고 보니 그 꿈은 지금까지 충분히 가까운 곳에 있었다.

17장

영혼의 사바사나 요가:
휴식에 대하여

마음을 위해 할 수 있는 가장 가치 있는 일은 가끔 쉬게 하고
방황하고 방 안의 변화하는 빛 속에서 살도록 두며,
무엇이 되려 하거나 무엇을 하려 하지 않는 것이다.

– 메이 사튼(May Sarton)

이메일 계정에 로그인하거나 인스타그램을 확인하거나 페이스북 상태를 바꾸지 않고 마지막으로 하루를 보낸 때는 언제였는가? 그게 어제였다면 축하한다! 알록달록 종이 꽃가루라도 있다면 당신에게 조심조심 뿌려 주고 조용히 손뼉 치며 칭찬하고 싶다. 그런데 혹시라도 '어휴, 말도 못 꺼내겠어요'라고 생각하고 있다면 내 쪽으로 몸을 조금 더 기울여 달라. 우리 둘 다 같은 처지이니 서로를 꼭 안아 줘야 한다.

나는 이 책을 잠들기 전에 마시는 술 한잔처럼 끝낼 생각이었다. 1페이지가 동틀 즈음이라고 치면 자, 우린 이제 해가 질 무렵까지 왔다. 브래지어를 (하고 있다면) 휙 벗어 던지고, 오래되어 퀴퀴한 냄새가 나는 허브차 티백 중에서 상태가 괜찮은 걸 골라

물을 끓이고, 허리 밴드가 꽉 조이지 않는지 확인할 시간이다.

솔직히 나도 당신만큼 이 평화롭고 작은 티타임이 필요하다. 난 항상 일해야 한다는 강박관념이 있다. 본능이자 기본 성향이다. 일해야 한다는 생각이 일종의 DNA 코드처럼 내 몸에 생물학적으로 반영되었나 하고 여러 번 궁금해했다. 일하지 않는 날에도 '무슨 일이 있어도 지금 당장 긴급하게 처리해야 하는 새로운 일' 목록을 줄줄이 만드는 데 천재적인 소질을 발휘한다. 낮잠이나 점심시간, 일요일도 생략하고 일해야 하는 기발한 이유를 만들어 낸다. (드루는 나의 이 비법을 별로 좋아하지 않는다.)

그래서 나는 요가 수업이 끝날 무렵 사바사나(savasana)를 하면 진절머리를 내곤 했다. 요가를 마치고 바닥에 벌렁 드러누워 고작 5분간 있는데도 영원히 그 자세로 누워 있는 듯해서 괴로워 죽을 지경이었다. 머릿속이 어지러워서 마음속으로 숫자를 세거나 귀에 익숙한 노래를 불렀다. [혹시나 해서 말인데, 로린 힐(Lauryn Hill, 미국의 유명한 싱어송라이터이자 래퍼-옮긴이)의 〈두 왑 댓 씽(Doo Wop That Thing)〉을 추천해도 될까? 이 노래 시간은 정확히 5분 20초다.] 가만히 누워만 있자니 근육이 씰룩거렸다. 할 일 목록이 자꾸만 생각났다. "넌 지금 장을 보러 가야 하고 화장실도 엉망이야! 그리고 브루클린에게 물어볼 11가지 질문도 기억해야 해! 잊지 말고 섬유유연제도 사!"

어서 빨리 일어나 앉아 고개를 숙여 서로에게 공손하게 인사한 뒤 각자 일정에 따라 자리를 뜰 순간이 오기만을 초조하게 기다리곤 했다. 무례하다고 여길 수도 있겠지만, 난 요가 매트를 냉큼 집어 들고 문밖으로 서둘러 나간 뒤 매일 할 일 목록의 '운동'에 체크하고 활기차게 다음 일로 넘어갔다.

사실 요가를 진심으로 좋아하고 이해하게 되는 데까지 몇 년이라는 시간이 걸렸다. 그때까지 난 '요가 연습(practicing yoga)'이라는 말 자체를 전혀 이해하지 못했다. 나는 '연습'이라는 중요한 단어를 무시했다. 그건 요가 방법을 완전히 터득하지 못한다는 뜻이어서였다. 요가 시간에 와서 연습만 할 수 있다는 뜻이었다. 하지만 요가에 성공해야 하거나 잘해야 하거나 정복해야 할 대상으로 접근하던 태도를 버리자 마침내 상황이 바뀌었다. 다른 사람들, 그들의 재능에 신경 쓰지 않고 나 자신과 내 몸, 내 호흡에만 집중하자 요가 동작을 할 때도, 사바사나를 할 때도 활기를 띠기 시작했다. 특히 사바사나를 할 때 더욱 그랬다.

생산성의 달인인 나는 널찍한 공간에서 숨을 내뱉으며 한 시간씩 집중해서 시간을 보내라는 중요한 교훈을 배웠다. 조용한 방에서 요가 동작을 하니까 방해받지 않고 내 몸과 마음의 소리를 귀담아들을 수 있었다. 느리면서도 의도적으로 움직이면 몸의 이완과 호흡, 심장 박동에 모두 주의를 집중할 수 있었다.

하지만 내가 방금 마친 모든 노력의 혜택을 누릴 때가 되었을 때는? 나는 매우 오랫동안 누릴 수 없었다. 가만히 있을 수 없었다. 가만히 있어야 해서 불편했다는 게 아니다. 가만히 있을 때마다 떠오르는 어떤 생각 때문에 불편했다. 나는 그곳에 누워 휴식할 권리를 얻었다는 사실을 믿을 수 없었다. 새로운 자세를 하나씩 배울 때마다 나만의 방식으로 성취하려 노력하며 열심히 몸을 움직였다. 스트레칭은 휴식할 권리를 얻는 나만의 방식이었는데, 막상 휴식할 때가 오면 쉬지 않으려 애썼다.

그것은 내 삶과 요가, 경력에서 되풀이되는 패턴이다. 나는 나 자신을 즐겁게 하지 않으려고 의도적으로 억제한다. 즐거움을 누리려면 그럴 자격이 있는지, 쉴 권리를 얻을 만큼 열심히 일했는지 확신이 들어야 하기 때문이다. 그렇게 억제하는 목소리는 가끔 코치의 목소리처럼 들렸다. 그건 꽤 익숙한 목소리다. 나는 전직 운동선수로서 그 소리에 상당히 능숙하게 반응할 수 있다. 전투가 한창 벌어질 때 누군가가 "최선을 다해라! 죽기 아니면 살기다! 돌격!"이라고 외치는 소리 같았다. 그 과정에서 나는 내 어깨로 온 세상의 무거운 짐들을 모두 짊어지고 있다는 믿음을 갖게 되었다.

내 삶에 주어진 모든 걸 누리려면 그만한 자격을 갖춰야 한다는 이 생각은 내 잠재의식의 어두운 그림자 속에 오랫동안 숨어 있었으며, 겉보기에는 아무런 문제 없는 '기대 이상의 성과를 내는 성취자'의 미소로 가려져 있었다. 그러던 어느 날, 나만의 성취욕을 활용해서 일을 한번 벌여 보기로 했다. 휴식이 목표라면 어떨까? '휴식' 글자를 강조 표시하고 할 일 목록에서 눈에 확 띄게 배치한다면? 각종 마감일과 알림, 약속 옆에 연필로 '휴식'을 적어 놓는다면? 더 좋은 생각이 있다. 다른 목표들을 적을 때처럼 '휴식'도 잉크로 적으면 어떨까?

나는 이왕 할 거면 크게 하고 아니면 아예 말자는 성격이므로, 일단 목표를 크게 잡았다. 한 달 동안 일을 쉬고 싶다는 목표를 처음 글로 적었을 때, 도저히 상상도 할 수 없었던 느낌이 들었다. 어떻게 해서 그런 목표를 잡았는지 기간은 왜 그렇게 정했는지 확실하게 기억나지는 않지만, 별안간 그 생각이 떠올라 일기장에 적어 두었다. 할 일 목록에 '한 달 쉬기'라고 적은 걸 보고서 그게 정말 가능한지 알아보기로 했다.

그때 드루와 나는 아직 아이가 없었고, 임신하려 노력하던 불확실한 때였으므로 이 새롭게 만들어진 꿈이 어떻게 진행될지 상상의 나래를 마구 펼쳤다. 다음으로는 이렇게 적었다. "내 아이들이 더 넓은 세상을 보고 다른 문화를 경험하도록, 1년 중 한 달은 다른 곳에서 살아 보고 싶다." 난 내 아이와 프랑스의 어떤 야외 카페에 앉아 있는 모습, 아이가 크로아상을 맛있게 먹다가 처음으로 나를 "마망"이라고 부르는 모습을 상상해 봤다. 그 생각을 글로 적자 내 안에서 뭔가 촉발했다.

드루에게 이렇게 말했다고 기억한다. "언젠가 우리가 아이들과 여기저기 돌아다니고, 또 방문만 하는 게 아니라 한 달 동안 새로운 장소에서 살 수 있다면 아주 멋지지 않을까? 우리 아이가 장소를 옮기며 다른 문화와 언어, 주요 명소를 배우며 자란다고 상상해 봐!" 의심할 여지 없이 드루는 내 생각이 아주 좋다고 생각했지만, 그 대화는 '언젠가'를 기약하며 거기서 끝났다. 사실 '언젠가'가 되면 수많은 멋진 생각들은 사라지고 만다.

며칠 뒤에도 나는 여전히 그 생각을 하고 있었지만, 정말 중요한 질문 한 가지를 명확히 정리해야 했다. 왜 아이를 가지면 그렇게 하겠다고 했을까? 비전을 실현하려면 아이들이 꼭 있어야 할까? 드루와 나 둘이서 그렇게 한다면 어떨까? 그날 밤 노트북을 열고 마우이의 에어비앤비를 찾아봤다. 그리고 그곳에 갔다는 가정하에 비행기와 자동차, 스튜디오형 아파트 그 밖에 필요한 비용 전부를 계산해서 예산을 짰다.

그렇게 마우이에서 한 달 살기가 불가능하지 않다는 사실을 깨닫고 우리는 10개월 동안 준비하기로 했다. 비용 계산 결과가 담긴 스프레드시트를 가지고 다니며 열심히 저축했고, 처음으로 장기 휴가를 떠나기 전에 미리 내 사업을 점검하는 등의 준비를 마쳤다. 팟캐스트와 블로그 콘텐츠를 미리 제작했고, 휴가 기간 동안 모든 일이 차질 없이 진행되도록 일정을 잡았다. 매달 우리는 며칠 밤 시간을 내서 한 달 살기를 계획했고, 얼마 안 있어 작업을 마치자 드디어 해냈다는 기쁨에 입이 절로 벌어졌다. 우리가 사랑하는 장소인 마우이에 갈 예정이었다. 내 영혼을 위한 첫 번째 사바사나 요가를 즐길 예정이었다.

몇 개월 뒤, 우리는 비행기를 몇 번 갈아타고 나서 임대한 콘도에 짐을 풀고 바닥에 있던 죽은 바퀴벌레를 치웠다. 그리고 앞으로 30일 동안 살 그곳을 우리 집처럼 꾸미기 시작했다. 바로 그거였다! 휴식할 시간이었다! 나는 휴식을 즐길 만반의 준비가 되어 있었다.

그다음 무슨 일이 있었는지는 짐작할 것이다. 내 '안식 기간'이 시작된 지 고작 45분이 흘렀을 뿐인데 나는 노트북을 열어 모든 일이 잘 돌아가는지 알아보고 싶어 몸이 근질근질했다. 일에 더 몰두하기 전에 나는 가까스로 하던 일을 멈췄고, 코로나 맥주와 라임을 챙겨 드루와 함께 콘도를 빠져나와 일몰 풍경을 보려고 길을 가로질러 달렸다.

사실 우린 모두 휴식을 취하는 일에 몹시 서툴다. 전에 읽었던 《워싱턴 포스트(The Washington Post)》 특집 기사에 실린 연구에 따르면 미국인의 55퍼센트 이상이 유급휴가를 매년 다 쓰지 않는다고 한다.[1] 유급휴가는 쉬면서 돈을 받는 시간이다! 우리에게 주어진 시간이다. 열심히 일해서 받은 시간이다. 우리 삶을 재정비할 시간이다. 그런데 우리 중 절반 이상은 반복되는 일상, 일 또는 생산성이 가져다주는 익숙한 영역에서 빠져나와 휴식을 취하지도 않고 우리가 정당하게 얻은 것을 즐기지도 않는다.

여기서 잠깐 멈추고 한 가지 부드럽게 강조하고 싶다. 당신은 휴식할 자격을 갖추기 위해, 또 휴식할 권리를 얻기 위해 애써 노력할 필요가 없다. 휴식은 '한 주를 훌륭하게' 보냈을 때에만 당신에게 주는 귀한 선물을 넘어 삶의 일부가 되어야 한다. 인간의 신체는 휴식을 요구하며, 당신은 하루 동안 얼마나 일을 많이 했든 (하지 않았든) 상관없이 휴식해야 한다. 당신의 가치는 당신이 생산한 결과로 측정되지 않는다. 당신은 기계가 아니라 인간이기 때문이다. 휴식은 우리를 계속 살아가게 하는 연료다.

잠잘 때 뇌에서는 장기 기억을 만든다는 사실을 알고 있는가? 이때는 우리 머리에서 그날 겪은 일들을 휘저어 진하고 맛있는 인생의 버터로 만들어 내는 순간이다. 잠잘 때 우리 머리는 인생의 비전을 훨씬 더 생생하게 만들 기회를 얻는다. 그렇다면 휴식의 역할은? 그건 캔버스에 물감을 얇게 덧입혀 칠하는 일과 같다. 우리의 경험은 굳어지고, 몇 번 큰 타격을 받았던 희망과 꿈을 회복할 기회가 생긴다.

따라서 휴식은 일을 더 많이 하는 데 필요한 필수 요소에만 그치지 않는다. 휴식은 단순한 중단이 아니다. 그동안 바쁘게 살아온 당신이 즐겨야 하는 시간이다. 휴식이 있으므로 당신 자신을 따라잡을 수 있다. 휴식이 있으므로 더욱 성장한다.

어떤 스님의 뉴욕 방문에 관한 오래된 이야기가 있다. 스님을 초청한 서양인 후원자는 스님을 도와 함께 뉴욕시를 돌아다닌다. 그리고 복잡한 그랜드센트럴역에서 지하철을 갈아타면 10분을 아낄 수 있다고 알려 준다. 두 사람은 그렇게 하기로 한다. 센트럴파크에 도착하자 스님은 벤치에 털썩 앉는다.

"뭐 하시는 겁니까?" 후원자가 묻는다.

스님이 대답한다. "10분 아꼈으니 그 시간만큼 즐겨야 한다고 생각했습니다."

우리는 그랜드센트럴역에서 도망 다니는 닭들처럼 정신없이 뛰어다니며 시간을 벌고 또 아끼기 위해 최신 비결을 하나씩 다 써 본다. 그렇게 시간을 얻으면 우린 그걸로 무엇을 할까? 더 오랫동안 뛰어다닌다.

왜 그럴까? 휴식은 우리를 불안하게 하기 때문이다. 아무것도 안 하고 가만히 있으면 두려워진다. 마음이 어지러워지면서 우리가 하지 않고 있는 일들을 떠올린다. 실수하고 있지는 않은지 걱정한다. 일에서 멀어질수록 우리는 다른 사람으로 교체될까 봐 두려워한다. 우리의 가치가 떨어지지는 않는지 우려한다.

아마 이런 적이 있었을 것이다. 휴식하겠다고 마음먹었지만, 확보한 시간에 오히려 일을 더 많이 했을 것이다. 잠투정이 심한 아기를 낮잠 재우는 데 성공했지만, 당신만을 위한 그 소중한 시간을 휴대전화만 만지작거리며 허비했을 것이다. 책상에 앉아 맛도 거의 못 느끼며 급하게 점심을 먹고 확보한 몇 분의 시간을 다음 업무를 미리 처리하는 데 써 버린 적이 있었을 것이다. 주말이나 당신이 받아 마땅한 유급휴가를 차고 청소라든지, 밀린 프로젝트 처리하기라든지, 다음 주에 할 일을 미리 하기처럼 생산적인 일을 하는 데 써 버린 적도 있었을 것이다.

오늘 그런 상황을 겪고 있는가? 휴식 시간을 어떻게 지내는가? 정말 잘 지내고 있는가? 그렇게 절약한 고작 몇 분 동안 생산성을 훨씬 높이겠다고 이것저것 시도하며 바쁘게 살아가는 일을 어떻게 중단하겠는가?

사실 우리 대부분은 휴식할 시간이 있다. 다만 속도를 정말 늦추면 머릿속에서 일어날 수 있는 일을 어떻게 감당해야 할지 몰라서 휴식 시간을 활용하지 않겠다고 거부할 뿐이다! 휴식을 취하면 시간을 낭비하는 것 같고 자기 위치에서 벗어나는 것 같다고 느낀다. "정말 잘 지내고 있어?"라는 자문에 어떻게 대답해야 할지 몰라 두려워한다. 우리는 생산적이라고 생각하지 않는 일들로 시간을 채우는 방법을 알지 못한다.

아무도 당신에게 말해 주지 않는 게 있다. 진정으로 휴식하는 법을 배우려면 연습이 필요하다는 사실이다. 마우이에 도착했지만 도착한 순간부터 바로 휴식이 시작되지는 않았다. 바뀐 환경에서 정해진 일정 없이 지내기에 적응하는 데 시간이 꽤 걸렸다. 드루와 보드게임을 하거나 닭꼬치 요리를 더 만들어 달라고 부탁하는 동안에도 문자메시지가 날아왔다. 그것들을 확인하지 않고 수신함이 꽉 차게 두는 데에도 적응이 필요했다. 햇볕이 내게 얼마나 오랫동안 일광욕을 즐기고 있는지 알려고 하지 말고 온종일 즐기라고 속삭이는 소리를 듣는 데에도 적응해야 했다. 다음 예정된 일정을 신경 쓸 필요 없이 드루와 몇 시간이고 편하게 대화하는 일도 마찬가지였다. 날이 갈수록 게시물을 올리거나 확인하거나 콘텐츠를 만들고 싶다는 충동이 누그러졌고, 어느새 나는 수영장 옆에서 독서의 재미에 푹 빠져들었다. 머릿속에서 지금 뭔가 해야 한다고 잔소리할 때마다 나는 지금 이미 뭔가 하고 있다고 응수했다. 난 쉬고 있어.

마우이에 도착하고 첫 주가 끝날 때쯤, 나는 '휴식하는 제나'로서의 즐거움을 찾았다. 그것은 전에는 있는 줄도 몰랐거나 탐색하지 않았던 새로운 정체성이었다. 아마 한 번도 찾아보려 하지 않았을 것이다. 조용히 지내다 보니 그동안 일에 몰두하느라 몰라봤던 내 다른 모습들을 알게 되는 듯했다. 내가 만들어 내는 것 이상의 나 자신을 다시 잘 알게 되는 기회였다.

잊을 수 없는 추억을 만들며 마우이에서 더없이 행복하게 한 달을 보낸 후 집으로 돌아오는 비행기를 탔다. 마우이를 떠날 때 창밖을 바라보자 저 멀리 섬 풍경이 점점 희미해졌다. 어느덧 나는 유리창에 비친 내 모습에 초점을 맞추고 가만히 응시했다. 피로가 풀려 건강해 보였다. 그리고 만족스러워 보였다. 주근깨와 입가 주름이 몇 개 더 생겼다. 나는 '휴식하는 제나', 조용히 있을 수 있는 사람이자 감정 느끼기를 두려워하지 않는 여성이며 내가 하는 일을 모두 합친 것보다 훨씬 더 큰 존재라는 이 새로운 버전의 나를 기억하기로 했다.

　그때는 처음으로 내 삶에서 크고 의미 있는 방식으로 휴식을 허락한 때였다. 나 자신에게 휴식하는 법을 연습할 시간을 주었고(그런 걸 연습하다니, 바보 같은 소리로 들린다), 이제 나는 휴식이 더 편해졌을 뿐 아니라 휴식을 갈망하게 되었다. 프로그램이 엉켰으니 재부팅하라는 컴퓨터의 요청처럼 속도를 늦추라고 크게 외치는 강렬한 소리를 들을 수 있다. 너무 지쳐 탈진한 기분에서 달아나려 하지 말고 조용히 있어 보라고 큰 소리로 말한다. 조용히 있는 편을 선택하는 행위는 게으름도 현실 안주도 아니다. 휴식을 당신 삶으로 따뜻이 받아들일 준비를 마치고 손짓하며 부르는 행동이다.

　휴식하는 법을 배우려면 연습해야 하며, 이때 최신 설비를 갖춘 운동장은 필요하지 않다. 계절적인 이유로 멀리 떠나는 일이 여의치 않으면 현관 계단에 앉아 아이스크림을 먹으며 기분을 내도 된다. 짐을 챙기느라 야단법석을 떨거나 비행기를 타지 않아도 된다. 가까운 주변에 있는 도구부터 활용해서 시작하자.

　휴식은 대개 인스타그램에 올라오는 사진들과는 다르다. 야자수와 해변의 파도, 룸서비스와 목욕 가운이 항상 등장하지는 않는다. 휴식은 카모마일 차를 마시며 새벽녘에 마음속 생각을 적어 보고 한 시간 동안 글쓰기 연습을 하며 조용하고 느리게

보내는 아침처럼 늘 그렇지는 않을 것이다. 사실 절대 그렇지
않을 수도 있다. 그래도 괜찮다.

일부 사람들에게 휴식은 심지어 평화롭지 않다. 어쩌면 전쟁
에 조금 더 가까울 수도 있다. 휴식은 사소하고 평범한 순간들
을 지키기 위해 몇 번이고 싸웠다. 하루를 시작하기 전에 잠시
멈추고 계획을 세우는 순간, 물컵에 물을 따르기 전에 목 스트
레칭을 하는 순간, 배우자의 가혹한 말을 듣고 반응하기 전에
먼저 신체 상태를 확인하는 순간, 잠들기 전에 재미있는 책을
몇 페이지 읽는 순간, 그 모든 순간을 휴식이 지켰다.

정말 잘 지내고 있나요?

당신은 얼마나 자주 조용한 곳에서 당신의 마음이 하는 말에
귀를 기울이나요?

당신은 지금 달력에 영혼의 사바사나 요가 일정을 반영할 수
있나요?

그렇게 하면 무슨 일이 일어날까요? (힌트: 모든 것)

내 영혼의 사바사나 요가는 목적이 있는 존재를 내가 가르치
는 (그리고 살아가는) 모든 것과 통합하는 사람으로 나를 변화하게
했다. 하지만 나는 허둥지둥 서두르지 않게 하는 힘에 대해서만
말할 수 있다. 가족을 비롯하여 나를 지원하는 시스템이 종종

개입해서 우린 서두를 필요가 없다고 부드럽게 다시 강조한다. 내가 "서두를 거 없어!"라고 말하거나 인생에서 정말 시급한 건 별로 없다고 장담한다면, 그건 내게 정기적으로 전달되는 지혜의 울림 덕분이다.

꿈을 추구하라는 내용의 책인데 충분히 휴식하고 잠을 더 많이 자라고 권하며 끝맺으면 뭔가 이상하게 들린다는 걸 이해한다. 하지만 그것은 당신이 이 인생을 계속 살아 나가게 하는 유일한 방법이다. "꿈은 당신 마음이 만드는 소원이에요, 당신이 깊이 잠들었을 때"라는 노래 가사를 기억해 두자. 그 노래에 지혜가 담겨 있기 때문이다.

물론 인생은 미묘한 차이로 가득하다. 인생은 '둘 중 하나'와 '또는'보다는 '이것'과 '그리고'로 가득 차 있다. 우리는 온전하게 살아 있는 풍요로움을 추구하면서 풍부한 선택의 순간과 기회를 얻는 동시에 그 과정에서 우리 영혼을 보호한다.

우리는 휴식하고 일할 수 있다. 꿈을 꾸고 일할 수 있다. 목표와 한계를 정할 수 있다. 더 많이 원하고 자신을 위한 '충분 지점'을 정의할 수 있다. 가치관을 지키면서 마음을 바꿀 수 있다. 시작하고 돌아와 초기 상태로 되돌릴 수 있다. 실패해도 여전히 돌파구를 찾을 수 있다. 이러한 삶에서 한 가지 훌륭한 점은 그것을 모두 얻을 수 있다는 사실이다.

몇 년 동안 요가를 한 덕분에 문밖으로 뛰쳐나가고 싶다거나 시간이 빨리 가기만을 기다리지 않고 영혼의 사바사나를 하는 법을 알았다. 휴식도 마찬가지다. 휴식을 통해 편안함을 찾고, 당신이 누구인지 알아내려면 시간이 좀 더 필요하다.

휴식은 당신에게만 허용된 신성한 비밀의 장소로 들어가는 일과 같다. 갓난아기가 숨넘어갈 듯 울어 대거나 아장아장 걷는 아기가 바짓가랑이를 잡아당길 때에도. 꼬리를 물고 계속 이어지는 마감일과 수면 부족에 시달릴 때에도. 당신을 깊은 물속으로 끌고 들어가는 자기 회의감에 시달리더라도. 당신의 잠재의식 속 보관함을 처리하는 일이 생각보다 어렵더라도(치료 방법이 있어서 다행이다). 뉴욕시 공원 벤치에 10분간 앉아 있기나 마우이에서 한 달 살기 같은 당장은 불가능한 꿈을 꿀지라도.

내가 아는 건 이렇다. 당신의 영혼을 위한 사바사나 요가는 아주 가까이에 있고, 또 아무런 소리가 들리지 않는 공간에서 당신을 부르고 있다. 그것은 손이 닿는 곳에, 당신의 가장 진실한 대답이 알려질 장소에 존재한다. 그것은 당신이 낸 최고의 아이디어이자 힘들게 알아낸 지혜이며 영혼을 울리는 직관이다.

지금 바로 시작하자. 바로 여기서. 준비되었는가? 5분 동안 가만히 있자. 반듯하게 눕자. 눈을 감자. 숨을 들이마시자. 당신에게 물어볼 질문 하나, 그리고 대답할 질문 하나가 있다.

정말 잘 지내고 있나요?

휴식은
그동안 바쁘게 살아온 당신이 즐겨야 하는 시간이다.
지금 바로 시작하자.
반듯하게 눕자.
눈을 감자.
숨을 들이마시자.

에필로그
이 책이 나오기까지

또 다른 세계는 가능할 뿐만 아니라 이미 다가오고 있다.
고요한 날이면 그 숨소리가 들린다.
– 아룬다티 로이(Arundhati Roy)

테아는 산들바람이 부는 슈피리어호수에서 나를 맞이한다. 조금 전 꽃무늬가 귀여운 새 마스크를 쓰고 운전석에 앉아 셀카를 찍었는데, 그 모습을 그녀가 봤을까 걱정된다. 건물 안으로 들어갈 때 어디선가 쥐 한 마리가 후다닥 달려와 출입문을 넘어간다. 나는 숨넘어가듯 놀라지만 아무 말도 하지 않는다. 그 쥐가 이웃 아이스크림 가게로 옮겨 가기를 바랄 뿐이다.

안으로 들어가서 서류를 재빨리 작성한다. '아뇨, 알레르기 없어요. 네, 발 만져도 됩니다. 아니요, 밀실 공포증 없어요.' 체크 박스마다 표시하는 동안 내 눈은 자연스레 방 한쪽 구석을 향한다. 쥐가 또 나타나 나를 기겁하게 하지 않기를 기도한다.

마스크를 쓴 테아는 차분한 목소리로 자신은 마사지 치료사

일 뿐만 아니라 '직관적인 치유자'라고 소개한다. 뭔가 대단한
게 아니라 아주 평범하다는 듯 심드렁하게 말한다. 그녀에게 하
고 싶은 질문이 무수히 많지만, 통증에 시달리는 내 어깨는 빨리
근육을 마사지해 달라며 아우성친다. 그녀는 나를 탈의실로 안
내한 뒤 밖으로 나가고, 나는 얼굴에 쓴 마스크만 남기고 옷을
전부 벗는다. 따뜻한 담요를 덮고 테이블 위에 편하게 눕는다.

　테아가 다시 걸어온다. 그녀가 들어온 순간 무엇인가가 나를
진정시킨다. 마법 같은 손놀림으로 꾹꾹 누를 때마다 나는 테이
블 위에서 녹아드는 듯하다. 내 마음은 이리저리 떠돌아다닌다.
그녀의 '직관적인' 면이 줄곧 내 마음을 읽고 있었는지 궁금하
다. 내 머릿속은 순수한 행복과 깊은 생각 사이를 왔다 갔다 한
다. 반쯤 지나자 나는 천천히 몸을 뒤집어 배를 테이블 바닥에
댄다. 마스크 없이 처음 심호흡을 한다. 박하 향이 나는 맑은 공
기가 내 몸을 채우자 마스크 없이 들이마시는 공기가 얼마나 달
콤했는지 기억난다.

　끝날 때가 되자 스파에서 마사지를 받고 나면 들리는 조용하
고 낮은 목소리 대신 테아의 목소리가 들린다. 내게 직접 말을
한다. 뭔가 마음 내키지 않아 하고 있다.

　"알아요, 알아요. 끝내야 해요. 하지만 아직이에요. 어깨가 아
직도 굳었어요. 끝내야 하지만 너무 빨리 일어나지 마세요. 우
린 일을 많이 했어요."

테아는 쥐처럼 살며시 방에서 나가고, 나는 꼼짝도 하지 않고 누워 있다. 움직이려니 조금 무섭다. 그녀의 말을 되새기며 아까 몸이 부드럽게 녹아들어 가던 느낌을 1분만 더 느끼고 싶다. "……우린 일을 많이 했어요."

따뜻한 테이블에서 내려와 옷을 입고 보석류는 서둘러 지갑에 집어넣는다. 보통 때라면 천천히 하겠지만 나는 지금 서두르고 있다. 테아와 꼭 대화하고 싶기 때문이다. 다른 고객이 그녀에게 마사지 받으려고 기다리고 있을 가능성이 있다.

혹시라도 아까 그 쥐가 아이스크림 가게에서 돌아왔는지 궁금해서 방을 재빨리 훑어보고 밖으로 나가 테아를 만난다. "저하고 자리에 앉아 잠시 얘기할 수 있을까요?" 나는 그녀에게 부탁한다. "하고 싶은 질문이 무척 많아요. 당신의 에너지는 제가전에 겪었던 그 어떤 것과도 비교할 수 없어요. 그러니까 제 말은, 근육 마사지만 말하는 게 아니에요."

테아는 상냥한 목소리로 감사를 표시한다. 그녀와 나는 서로 눈이 마주친다. 그녀의 눈빛이 약간 대담하게 변한다. 그녀가 묻는다. "마사지하는 동안 어떤 일이 활발하게 일어났는지 말해도 될까요?"

나는 그녀와 잘 맞는다. 둘 다 대담한 사람들이다.

"다 말해 주세요, 테아."

그녀는 말을 시작한다. 그녀의 말은 이해심 많고 부드러운 손으로 변해 내 어깨를 어루만지는 듯하다.

그녀는 내가 창의력과 싸우고 있다고 말한다. 시작해야 할 작업이 있지만 그걸 피하고 있다고 말한다. 중요한 프로젝트를 거부하며 시작을 미루고 있다고 말한다. 길에서 벗어나려고 하는데, 이유는 그 길이 두렵기 때문이라고 말한다. 비유하자면 나는 길을 벗어나 주변을 탐색하려고 몸을 돌리고 있다고 말한다. 그녀의 직감에 따르면, 난 내가 뭘 해야 하는지 이미 알고 있다. 나는 그것이 많은 사람의 인생을 바꿀 수 있다고 확신한다.

"그만 싸우고 받아들이세요." 그녀는 부드럽게 말한다. "시작하세요."

그래서 시작했다.

나는 최대한 집에 빨리 가서 부엌에 있는 드루를 만났다. 드루는 내가 기름투성이 머리칼과 눈 주변의 머리 받침대 자국 그대로의 모습으로 나타나리라 상상했겠지만, 나는 무척 행복해하며 방에 들어가지 않고 뜬금없는 말을 불쑥 내뱉었다. "앞만 보고 쌩쌩 달렸어. 머리가 핑핑 돌아. 전속력으로 밟았다니까."

"잠깐만," 드루가 말을 막았다. "천천히 말해. 마사지 치료사가 당신한테 책을 써야 한다고 어떻게 말했어?"

사실 5년 전부터 내 지메일 계정에는 '만약 내가 책을 쓴다면'이라는 제목의 폴더가 있었다. 이 사람 저 사람 만나 대화하는 동안 자연스럽게 내게 책을 써 보라는 권유가 있었다. 그런 말

을 들으면 확실히 어깨가 으쓱해졌지만, 실제 행동으로 옮긴 적
은 한 번도 없었다. 그건 선택사항으로 오랫동안 묵혀 두었고,
해 볼 만한 가치가 있는 프로젝트라는 생각은 전혀 들지 않았
다. 단계별로 필요한 일을 진행해서 책을 쓰는 일은 전혀 흥미
로워 보이지 않았다. 그것은 늘 '어쩌면 다음에' 추진할 아이디
어 중 하나였지만, 그게 언제가 될지 나도 확신하지 못했다.

내가 쓴 책을 두 손으로 들고 있는 최종 목적지를 생각하면
긴장되어 소름이 확 돋았지만, 그곳에 이르는 길은 내가 존재하
며 창조하거나 시간을 보내는 방식과 일치한다는 느낌이 전혀
들지 않았다. 내가 살아갈 시간을 내 인생에 관한 책을 쓸 시간
과 왜 맞바꾸고 싶겠는가? 나는 수많은 단어, 마감일과 계약에
쫓기며 살고 있는데 어떻게 다른 사람들이 답을 찾도록 도와줄
수 있을까? 목표 달성을 위해 열심히 일하라는 생각과 반대인
내 비전을 단호하게 억제할 수 있을까? 정말 가능할까?

결국 "이날부터 넌 책을 쓸 거야"라고 알려 주는 마법의 날짜
는 내 달력에 절대 없다는 사실을 깨달았다. 어디선가 책 요정
이 나타나 마법의 지팡이를 우아하게 휘두르며 "이제 넌 책을
쓸 수 있는 마법의 힘을 얻었단다. 이건 쉬운 일이야"라고 말해
줄 일도 절대 없었다. 시간은 느려지지 않을 테고, 기회의 창은
내가 이렇게 크고 힘든 일이라 생각했던 걸 할 수 있도록 스스
로 넓어지지는 않을 것이다.

하지만 그렇게 테아에게 자극을 받자 뭘 해야 할지 알았다. 이 책을 써야 했다. 여전히 나는 책을 쓰고 출판하는 과정의 오래된 업계 규칙을 따르고 싶지 않다는 점은 제외하고…… 이 일에 몰두했다. 북 에이전트를 고용하지 않았고 제안서도 쓰지 않았다. 마감일도 정하지 않았다. (난 마감일을 중시하는 성격인데 아주 이상한 일이다!) 편집자들이 보내오는 출판 계약 제안이나 영업 자료 메일을 저장하는 이메일 폴더를 거들떠보지도 않았다. 심지어 가장 친한 친구들에게도 내 계획을 알리지 않았다.

몇 년간 리더의 자리에 있으면서 우리가 가르치는 내용이 알고 보면 우리에게 가장 필요하다는 사실을 깨달았다. 내가 당신에게 어떤 말을 한다면 아마 그 말은 내가 꼭 새겨들어야 할 말일 것이다. 책을 쓰려면 그동안 배웠던 모든 교훈뿐만 아니라 내가 지금도 배우고 있는 모든 방식에 대해서도 솔직해져야 한다. 우리 모두 매일 그렇게 해야 한다. 햇살에 눈을 깜박이며 힘들게 알아낸 답을 축하하는 동시에 앞에 나타나는 질문들을 정면으로 응시해야 한다. 그게 바로 인생의 묘미다.

우리는 좋든 싫든 깨어 있는 한, 인생이라는 학교에 영구 등록된 학생이다. 우리는 지루한 나날에도 늘 배우고 있다. 특히 조용한 나날에도 뭔가를 배운다. 우리 주변의 모든 것들이 말하고 있다. 매 순간은 배워야 할 교훈이다.

하지만 그 교훈을 배우려면 적용해 봐야 한다. 움직여야 앞으로 나아갈 수 있다. 꿈을 실현하려고 애써 일할 때, 당신은 자연스럽게 자신을 위해 노력할 것이다. 당신은 그 과정 내내 솔직해야 하지만, 솔직함은 우리에게 힘들 수 있다. 그건 부담이 많이 되는 일이다. 당신은 앞으로 진정한 여행을 떠나야 한다. 매일 거울에 보이는 사람은 복잡한 존재다! 인내심이 필요한 사람이다. 이 책도 이제 마지막 몇 페이지만 남았다고 조바심 내며 "그러면 이제부터 내가 다 알아내야 해?"라고 걱정하지 말자.

방금 읽은 모든 내용이 당신에 관한 이야기일 리가 없다고 하고, 모든 사람을 계속 속이면서 좋은 결과를 내야 한다고 부추기며, 이 책에서 좋은 내용은 다른 사람들에게만 적용할 수 있고, 당신은 준비되지 않았고 가치 없으며 기술도 창의력도 에너지도 없고…… 전혀 자격이 없다고 생각하게 만드는 사기꾼 증후군(impostor syndrome)과 싸우자.

이 책에서 뭔가 배웠다면, 그걸 계기로 당신에게 질문한 뒤 당신이 왜 자격이 충분하고도 남는지 명백하게 입증하는 답을 얻기를 바란다. 당신은 항상 충분하고도 남는 사람이다.

진정한 내 모습을 담은 책을 쓰기 시작한 계기는 바로 이런 생각들을 진지하게 고민해서였다. 창의적인 생명줄이 될 가능성이 있는 내 책에 마감일을 두고 싶지 않았다. 내 이야기가 나와 일치하지 않는 방식으로 만들어지길 원하지 않았다. 내 말에 책임지는 사람이 되고 싶었다. 잘 팔릴 글 말고 진정한 나를 말해 줄 글을 쓰고 싶었다.

그래서 나는 이 책의 처음부터 끝까지 당신에게 꼭 해 보라고 권한 일들을 실천했다. 나는 눈을 감았고 매우 조용해졌다. 조금도 움직이지 않았다. 그리고 굉장히 솔직해졌다. 돈을 많이 벌거나 베스트셀러가 되기를 바라는 대신, 나 자신에게 질문했다. "이건 평화로운 활동일까? 크게 영향을 미칠까? 내 시간을 가장 잘 활용하는 일일까? 내 가치관과 일치할까? 이 세상에 남길 유산 중 일부일까? 정말 난 잘 지내고 있나?"

나는 대답이 '그래'라는 걸 알았다. 그리고 난 준비되었다는 걸 알았다. 테아도 마찬가지였다.

구글 문서를 열고 "난 책을 쓸 거야"라는 제목을 붙인 뒤 작업을 시작했다. 과장된 몸짓도, 거창한 선언도 필요 없었다. 엄마에게도 비밀로 하고 이 모든 작업을 진행했다. (안녕, 엄마. 놀라셨죠!) 평소처럼 격식 차리지 않는 스타일로 저녁 식사 후 가장 좋아하는 가죽 의자에 앉아 먼저 전달하고 싶은 이야기들부터 시작했다. 이야기들을 써 내려가기 시작하자 가슴을 누르던 부담감이 떨어져 나가는 듯했다. 각각의 이야기는 꼬리에 꼬리를 물고 다른 이야기로 이어졌다. 한때 백지였던 구글 문서에 글이 채워져 페이지가 점점 늘어나는 모습을 보자 자신감도 커지기 시작했다. 일단 시작할 때 샘솟는 흥분되는 감정을 일깨웠다.

당신에게 애정을 담아 격려하며 이 말을 다시 하려고 한다.

우리가 하는 일은 절대 완벽하지 않다. 우리는 완벽한 수준에 절대 도달할 수 없다. 우리 삶에 깨어 있으려면 자극과 안내, 알림이 계속 필요하다.

몇 시간 며칠이 지난 뒤, 몇 주 몇 달 마침내 1년이 지났다. 당신 손에 들린 이 책은 내가 쓰고 싶은 방식으로 천천히 또 확실하게 썼다. 페이지마다 진정한 내 모습으로 채워졌다. 문법 실력을 키우느라 꽤 고생하긴 했지만, 이 책을 세상에 내놓게 되어 무척 자랑스럽다.

마지막 단어를 타이핑하기 며칠 전, 지난번 테아를 만났을 때 봤던 쥐가 생각났다. 우주가 보내는 신호를 늘 찾아다니는 사람으로서, 나는 꼭 알고 싶었다. 문턱을 넘어 황급히 도망가던 쥐에게 의미가 있었을까? 말도 안 되는 생각에 화가 났지만 ("정신 차려, 제나") 호기심을 참을 수 없었다. 곧 인터넷에서 검색했고 검색 결과가 나오자 화면을 똑바로 응시했다.

"쥐는 해결해야 할 문제에서 도망치거나 인생의 어려운 문제에서 숨어 버린다는 뜻을 나타냅니다."

당신은 그동안 원했던 답을 찾고 싶어 이 책을 골랐을 것이다. 이 책 어딘가에 '꿈을 추구해도 된다'는 허락이 숨겨져 있기를 기도하고 있었을지도 모른다. 도저히 미래가 보이지 않는 직장을 그만둬야 하는지, 몸을 움직여야 하는지, 이웃에게 힘을 실어 줘야 하는지, 기후 변화에 맞서 싸워야 하는지, 인생을 바꾸기 위해 인간관계를 끝내고 또 새로 시작해야 하는지 그 답을 알고 싶었을 것이다.

그 일은 항상 쉽지는 않으며 처음에는 무섭게 느껴진다. 하지만 분명 그만한 가치가 있을 것이다. 이제 더는 누군가 당신을 구해 주기를 기다리지 말자. 당신이 원하는 삶을 살기 위한 입장권은 필요 없다. 당신은 사랑하는 것을 탐험할 권한이 있다. 심호흡을 한번 하자. 자유와 꿈과 투명함이라는 신선한 공기를 들이마시고 다음 행동으로 넘어가자. 언젠가 누릴 삶을 이제는 기다리지 말자. 당신은 이미 그 삶을 살고 있다.

삶은 돈과 권력, 영향력 추구 그 이상이다. 축하할 만한 삶, 또 그런 삶을 살다 간 사람들은 역사책에만 나오는 게 아니다. 오히려 우리는 역사책들이 잘못된 이야기들을 여전히 싣고 있다고 배웠다. 모든 삶에서 축하의 이야기가 생겨나고 있다. 76억 7,400만 명의 이야기가 우리와 함께 살아간다.

삶은 그 자체가 완전한 마법이다. 우린 삶을 확장하여 다른 사람들과 나눈다. 그 과정은 축하할 만한 가치가 있다. 그 과정은 당신 인생을 앞으로 나아가게 할 가치가 있게 만든다. 도약하고 천천히 걸어가 보고 손을 뻗어 보자. 당신이 가진 모든 꿈은 "내가 진짜 뭘 할 수 있는지 알고 싶어?"라고 묻고 있는 당신 인생의 아름다움 중 일부다.

그리고 당신의 꿈이 당신을 지금껏 가 본 적이 없는 곳으로 데려갈 때, 삶은 매일 작은 호기심을 발휘해서 당신을 즐겁게 할 것이다. 호기심을 칭찬하고 잘 들어 보자. 작은 순간들을 들여다보고 배우자.

살다 보면 손가락을 핥고서 케이크 조각이 있던 접시에 붙은 부스러기를 떼어 먹을 때도 있다. 귀와 턱 사이가 얼얼해질 때까지 전화기를 붙잡고 가장 친한 친구와 울고 웃으며 통화하기도 한다. 완벽한 초코칩쿠키 레시피를 알아낸 뒤 배우자에게 비법을 찾았으니 얼른 와서 쿠키 천재의 스물여덟 번째 구운 쿠키를 맛보라고 소리칠 때도 있다. 무더운 여름밤 현관에 앉아 있으면 시원한 바람이 불어와 목덜미의 땀을 식혀 주기도 한다.

살다 보면 고통스러우니 와 달라는 사랑하는 사람의 요청에 당신이 응답할 때도 있고, 당신이 고통에 빠졌을 때 사람들이 당신을 붙잡고 끝까지 버티게 해 줄 때도 있다. 그들이 찾아와 현관문을 두드리면 당신은 눈물을 흘린다. 아기 침대 옆에 앉아 아기가 쌔근쌔근 숨 쉬는 모습을 지켜볼 때도 있다. 마지막 직장에서 마지막 근무를 앞두고 셔츠 단추를 채우기도 한다. 이제부터는 당신의 기쁨을 또다시 빼앗기지 않을 것이다.

살다 보면 전화번호를 삭제하기도 한다. 먼저 행동할 때도 있고 여드름을 당당하게 드러낼 수도 있다. 가방을 깨끗이 정리할 때도 있다. 고등학생 때부터 지금까지 같은 음악 플레이리스트를 듣기도 한다. 옛 친구에게 전화해서 예전처럼 즐겁게 광란의 밤을 보내기도 한다. 당신은 이제 당신 편이므로 거울에 비친 당신 모습과 하이파이브를 한다.

당신을 여기까지 오게 한 모든 것은 당신이 겪은 일이다. 좋은 일이든 싫은 일이든 창피한 일이든 그것이 당신을 이렇게 먼 곳까지 오게 했다. 모두 중요하고 또 중요했다. 테아가 한 말을 빌리면 "우린 일을 많이 했어요". 그리고 당신이 얼마나 멀리 왔는지 보자. 이만큼 할 수 있다고 생각하지 못했더라도.

계속 가자. 내가 이 책을 썼을 때처럼 당신의 일은 아무도 쳐다보는 사람 없이 고요한 가운데 해야 할 것이다. 당신만의 방식으로 적당한 때에 해야 할 것이다. 그냥 보기에 괜찮아 보이는 게 아니라, 괜찮다고 느끼는 방식으로 일해야 할 것이다.

나는 당신의 몸을 마사지하는 동시에 내면 깊은 곳에 숨겨진 진실을 찾아낼 수 있다고 약속할 수 없다. 또는 당신이 하기로 되어 있는 일을 피하고 있다는 걸 깨우치게 하려고 쥐를 보내줄 수도 없다.

하지만 어떤 신호를 찾고 있었다면, 이 책이 바로 그 신호일 수도 있다.

사랑과 희망을 담아

제나

더 활기찬
내일을 위하여

대화를 위한 질문 활용법

솔직히 말하면 이 책에서 "정말 잘 지내고 있나요?"에 딸린 질문들은 모두 당신에게 묻는 것들이다. 하지만 당신 주변 사람들에게 묻는 것이기도 하다. 우리가 대답할 수 있는 질문들은 주변 모든 사람에게도 명확하고 심오한 의미를 전달할 수 있다.

그래서 나는 공동체 정신을 발휘하여 당신의 주변 사람들과 함께 나눌 수 있도록 여기저기 흩어진 질문들을 편리하게 한곳에 모았다. 매주 목요일 오후 당신이 가장 좋아하는 태국 음식점에서 그 질문들을 검토할 수도 있다. 친한 친구들을 모아 매월 줌(Zoom)으로 만나 질문할 수도 있다. 독서 모임을 하는 동안 또는 발레 수업 후에 몇 가지 질문을 연속해서 할 수도 있다. 질문에 대한 당신의 대답을 인스타그램에 올릴 수도 있다. (진짜 그렇게 올린다면 절대 잊지 말고 @jennakutcher로 태깅해 달라! 빨리 읽어 보고 싶다!)

무엇을 어떻게 하기로 하든, 그 질문들을 꼭 해 보자. 그 질문들은 강력하고 효과적이다. 그 질문 하나하나는 당신과 주변 모든 사람의 삶에서 새로운 가능성을 찾게 한다.

점프스타트를 위한 최종 목록

성공하거나 행복하거나 성취감을 느끼는 삶을 살기 위해 아침마다 정해진 일과를 따라야 한다고는 말하지 않겠다. 사실 나는 아침에 눈을 뜬 뒤 놀라운 삶을 살아가는 방법에 대한 명확한 5단계 과정을 따르고 있지 않아 지난 몇 년 동안 죄책감을 느끼며 살아왔다.

당신도 나 같은 사람인데 왜 당신은 두 시간 일찍 일어나 글을 쓰고 천천히 레몬 워터를 마시며 명상하고 본격적으로 일하기 전에 요가를 할 수 없는지 궁금하다면 숨을 한번 깊이 들이마시자. (당신은 나 같은 사람이 아니고, 해 뜰 무렵의 고요한 순간을 무척 좋아한다면 계속 그렇게 하자. 일찍 일어나는 새가 벌레를 잡는다는 말이 있다!) 잠에서 깨면 침대에서 나와 휴대전화를 찾아들고 간밤에 무슨 일이 있었는지 10분 동안 화면을 스크롤하며 찾아보다가 이미 차갑게 식어 버린 커피가 가득 담겨 넘칠 듯한 머그잔을 들고 허둥지둥 집을 나서는 사람들도 있을 수 있다. 그런 사람들에겐 또 다른 면이 있을지도 모른다.

그리고 습관을 평생 체계적으로 유지하고 또 매일매일 상황에 따라 유연하게 선택하기를 갈망하는 사람들도 있을 수 있다. 또 나머지 사람들에겐 더 간단한 계획이 있을지도 모른다. 그들은 정해진 일과를 고수하거나 건너뛴다고 해서 운명이 좌우되지는 않는다고 생각하며 해방감을 느낄 사람들이다. 어쩌면 24시간 동안 우리는 여러 번 시작할 수 있고, 당신이 어디에 있든 하루를 더욱 원기 왕성하게 시작할 기회가 항상 있다고 생각하는 것이 당신의 장점일 수 있다.

감정, 시간, 이유에 상관없이 활기차게 시작할 수 있는 이러한 점프스타트(차 배터리가 방전되었을 때 다른 차의 배터리에 연결하여 시동을 건다는 뜻으로, 다른 사람의 도움을 받아 더욱 빠르게 시작한다는 의미-옮긴이)는 모두 훌륭한 첫 번째 단계다. 무엇을 언제 택해야 할지 어떻게 알까? 자신에게 질문하면 된다. 지금쯤이면 어떤 질문인지 알 것이다. "정말 잘 지내고 있나요?"

기억해 두자. 당신의 내면에는 네온사인이 있어서 당신을 안내하고 자극하며, 무엇이 주목할 만한 가치가 있는지 알려 준다. 우리 감정은 눈부시게 깜박이는 화살 같아서, 우리가 원한다면 다음에 해야 할 일을 우리에게 안내한다.

이것은 일상적인 루틴이 아니라 리듬이다. 감정을 찾아 주고 그 감정을 꿰뚫어 보게 한다. 정보를 준 뒤 그 정보를 토대로 앞으로 나아가게 한다. 직관을 활용해서 행동에 옮기게 한다.

이것은 24시간 이내에 더 나아지도록 달성해야 하는 빠른 일 처리 목록이 아니다. 언제든지 기분이 좋아지도록 시도할 수 있는 최종 목록이다.

만약 지금 당신이

초조하다는 느낌이 들면: 휴대전화를 다른 방에서 충전하세요. 기분이 아직 그대로인가요? 휴대전화가 보이지 않도록, 생각나지 않도록 서랍이나 찬장 속에서 충전하세요.

나태해졌다는 느낌이 들면: 밖으로 나가세요. 10분 만이라도 좋아요. 날씨를 느껴 보고 소리를 듣고 냄새를 맡아 보세요. (기분 좋은 냄새이기를 바라요!) 바깥세상 일부가 되어 보세요.

너무 지쳤다는 느낌이 들면: 큰맘 먹고 품질 좋은 베개와 커튼을 장만하세요. 엄마가 되고 나서 중요한 사실을 배웠어요. 방을 어둡게 하고 백색소음을 약하게 틀어 놓으면 푹 잘 수 있어요.

자신 없다는 느낌이 들면: 내면에 있는 못된 여자가 부정적인 목소리를 높일 때마다 그 여자의 생각을 바로잡으세요. 힘들겠지만 당신이 사랑하는 사람들에게 자신을 믿으라고 말해 주듯이 그 여자도 생각을 바꾸도록 이끌어 보세요.

외롭다는 느낌이 들면: 세 사람에게 문자를 보내 연락하세요. 어떻게 시작해야 할지 길잡이가 필요하다면 이렇게 시작하세요. "답장할 필요는 없어. 그냥 생각나서 연락해 봤어." 격려하는 말이나 재미있는 GIF 파일, 옛 추억 무엇이든 보내 보세요.

활기 없다는 느낌이 들면: 책을 더 읽으세요! 나는 당신이 이 책을 골라서 여기까지 읽었다니 무척 기뻐요! 어떤 책이든 매일 10페이지씩 읽는 습관을 들이세요. 그렇게 하면 당신은 변할 수 있다고 자신 있게 말할 수 있어요.

무력하다는 느낌이 들면: 개인적인 발전 기회를 일부러 피해 다니지 말고 그걸 향해 달려가세요. 맹세하건대, 지나친 긍정성이 오히려 해로울 수 있다는 말은 사실이 아니에요. 자립심을 가지면 최고의 당신이 되는 방법을 더 많이 배울 수 있어요.

소셜미디어에 지나치게 빠져 있다는 느낌이 들면: 소셜미디어 이용 시간을 더 줄이세요. 미안해할 필요가 전혀 없어요. 장담하지만, 지금 당신의 게시물을 보고 있을 사람은 아무도 없어요. 게시물로 만들어 공유해야 한다며 불안해하지 않고 순간을 즐기면 무척 즐거워요. 필요하다면 앱을 삭제하세요.

멍하다는 생각이 들면: 방에 들어가기 전에 두 다리에 힘을 주고 서 보세요. 바닥에 닿은 두 발을 느껴 보세요. 아니면 문을 열고 들어가는 순간 지금 어디에 있는지 집중하세요.

혼란스럽다는 생각이 들면: 당신의 목표로 더 가까이 다가가게 할 일을 분명히 정하세요. 그렇게 할 수 없으면 원하는 최종 결과를 적어 보세요. 먼저 시작할 수 있는 작은 조치 사항 목록을 작성해서 그 결과를 얻으려면 무엇이 필요한지 거꾸로 분석해 보세요.

주눅 든다는 생각이 들면: 시간 내서 이야기를 다시 써 보세요. 네, 진심이에요! 자리를 잡고 앉아 써 보세요! 아마 자신에 대한 믿음을 뒷받침하지 않는 이야기를 반복해서 쓸 가능성이 클 거예요. 당신에게 성취와 성공이란 어떤 모습인지 펜을 잡고 자세히 적어 보세요.

너무 힘들어 감당할 수 없다는 느낌이 들면: 머리 비우기(brain dump)라는 걸 해 보세요. 머릿속에 있는 생각들을 모두 적어 보세요. 타깃에서 사야 할 물건이든, 점점 다가오는 마감일이든 뭐든 좋아요. 다음으로는 머릿속에 있는 그 생각들을 놓아 버리세요! 그래도 괜찮아요. 그 생각들은 사라지지 않아요. 이제 더는 그 생각들을 머릿속에 넣고 다닐 필요가 없어요.

배우자 혹은 애인과의 사이가 예전 같지 않다는 생각이 들면: 방해받거나 중단하지 말고 5분 동안 상대방의 하루가 어땠는지 대화하는 습관을 들이세요. 상대방을 문가에서 맞이하고 다음 일을 하기 전에 상대방의 말에 먼저 귀를 기울이세요.

냉소적으로 변했다는 생각이 들면: 잠들기 전에 매일 감사하는 것들을 차분하게 생각해 보세요. 사소한 것도 괜찮고 별로 중요하지 않다고 생각되어도 상관없어요. 일상에 감사하도록 뇌를 훈련하면 당신의 관점을 전체적으로 바꿀 수 있어요.

막다른 곳에 다다랐다는 느낌이 들면: 기록하세요. 당신이 얼마나 멀리 왔는지, 무엇을 성취했는지 잊어버리기 쉬워요. 종이에 목표를 더 적어 놓든, 하루에 한 줄씩 당신이 한 일을 적어 놓든 삶을 기록하세요. 굳이 글로 적지 않아도 전부 기억하리라 생각할 거예요. 하지만 나중에 가면 기억이 흐릿해지고, 오늘 당신을 이 자리에 있게 한 긍정적인 행동의 순간들을 적어 놓았더라면 하며 후회한다고 나는 분명히 말할 수 있어요.

기분이 좀 안 좋다는 느낌이 들면: 물을 더 많이 마셔 보세요. 진심이에요! 컵에 물을 가득 채우고 (안 돼요, 차가운 커피는 제외하세요!) 지금 당장! 움직이세요.

무기력하다는 느낌이 들면: 일어나서 몸을 움직이세요. 스트레칭을 하세요. 몸을 털어 보세요. 신경 쓰지 못했던 몸 구석구석에 숨을 불어넣으세요. 지금 어디에 있든 영혼의 사바사나 요가를 간단하게라도 할 이유를 만들어 보세요.

거절당했다는 느낌이 들면: 당신만의 생각에서 벗어나 도움이 필요한 사람들을 도우세요. 근처에서 자원봉사를 하든 전 세계적으로 중요한 대의명분을 찾든 다른 사람들을 돕는 위치에 있으면 관점을 바꾸고 감사할 수 있어요.

고립되었다는 느낌이 들면: 커뮤니티에 가입하세요. 페이스북 그룹도 좋고 지역 엄마들 모임도 괜찮아요. 적극적으로 활동하면 삶의 다른 영역에서도 활발하게 활동할 수 있어요. 변화를 가져오고 소속감을 느낄 수 있는 곳에 들어가세요!

기분이 정말 어떤지 느낄 준비가 되면: 목표 추구자(Goal Digger) 팟캐스트를 틀고 내 목소리를 들어 보세요! 이 책의 메시지와 주제를 계속 강조하겠다고 약속해요. 꾸미는 듯한 가식적인 목소리도 내지 않고 삶의 교훈도 계속 나누겠다고 약속해요.

감사의 글

거짓말하지 않겠다. 이 부분은 막판까지 미뤘다. 감사를 표하는 일은 솔직히 벅찬 데다 감사해야 할 사람을 깜박 잊고 그냥 넘어갈 확률은 아주 높다. 나의 일을 지지하고 내가 사랑하는 일을 할 수 있게 해 준 그 수많은 사람에게 어떻게 일일이 다 감사할 수 있을까? 도저히 불가능하겠지만 최대한 노력하겠다.

책을 쓰는 작업은 아기를 출산해 이 세상에 내놓는 일과 상당히 비슷하다고 들은 적이 있다. 이제 난 그 두 가지를 다 해 봤으니 그건 맞는 말이라고 해야겠다. 책을 쓰는 작업은 시간과 에너지가 필요하고 성장해야 하며 능력을 최대한 발휘해야 하는 과정이다. 마치 새로운 숨결, 새로운 생명을 세상에 선보이기 전에는 그 일을 할 수 있다는 사실을 전혀 몰랐듯이.

둘째 딸이 배 속에서 꼬물거리며 크는 동안 이 책을 썼고, 출산을 불과 며칠 앞두고 최종 원고를 제출했으므로 나는 완전히 새로운 여성이자 (여러 면에서!) 아주 자랑스러운 엄마로서 이 부분을 마감하는 느낌이다. 출산 때 호흡을 잘 조절해 고통을 이겨 내라고, 조금 더 힘을 주라고 말하며 나를 도왔던 사람들이 내 곁에 있었던 것처럼 내겐 이 기나긴 여정 내내 손을 잡아 주고 옆에서 같이 땀을 흘려 준 놀라운 사람들이 있었다.

10년 이상 내 곁을 지키며 변화무쌍한 나를 있는 모습 그대로 사랑해 준 남자에게 먼저 감사해야겠다. 드루, 당신은 가장 친한 친구이자 파트너이고 최고의 팀 동료야. 당신이 매일 나를 따라다니며 함께하지 않았다면 난 거짓말 안 보태고 남자친구 하나 없는 철없는 대학생처럼 살았을 거야.

내 엉뚱하고 말이 안 되는 아이디어들을 진지하게 들어 주고 "이젠 책을 써야겠어"라고 선언했을 때 의문을 제기하지 않은 데다 그 과정 내내 나와 우리 가족의 든든한 버팀목이 되어 준 모습을 보면 당신이라는 남자에 대해 많은 사실을 알 수 있어. 우리 둘이서 〈나 홀로 집에(Home Alone)〉를 볼 때 당신에게 키스하길 정말 잘했어!

책을 쓰는 동안 배 속의 아이와 나는 치킨 너겟, 코코는 맥앤치즈로 끼니를 때웠다고 잔소리하지 않아서 고마워. 내가 조금 힘들어할 때 이 모든 일이 가치 있을 거라고 다시 한번 강조하며 이 비전 실현에 한 줄기 빛이 되어 줘서 고마워. (자주 있는 일이긴 한데) 팬케이크를 만들 때마다 눈물을 글썽글썽하고 있으면 당신은 내가 바보 같다고 생각한다는 걸 알고 있어. 하지만 눈에는 눈물이 가득한데 미소 짓고 있다면, 그건 우리가 마음속으로 그렸던 인생의 한 장면을 구현하고 있다는 걸 우리가 알고 있기 때문이고, 우리가 살아가고 있는 인생에 깨어 있기 때문이야. 당신이 내게 어떤 의미인지 요약해서 설명할 수는 없지만, 매일 밤 잠들기 전에 꼭 노력할 거야. 최선을 다해서 당신에게 다시 알려 주고 확실히 말해 주고 당신의 꿈을 추구하도록 응원할 거야. 평생 온 힘을 다해 당신을 사랑하겠다고 약속할게. 사람의 한평생은 그다지 길지 않기 때문이야.

코코야, 엄마를 부르는 이름이 여러 개 있는데, 네 엄마라고 불리면 엄마는 이 지구상에서 가장 기뻐하는 사람이 된단다. 엄마가 이 책을 쓰는 동안 너는 성장하고 발전하고 굉장히 변했단다. 엄마는 조그만 소녀인 널 사랑하고, 네가 어떤 사람으로 성장하든 계속 사랑할 거야. 엄마가 일할 때 응원해 줘서 고마워. 엄마가 글을 쓰는 동안 우리 둘이 같이 앉을 수 있게 컴퓨터 화면 한쪽에 <아기 상어>를 틀게 해 줘서 고마워. 또 나만큼 책을 좋아해서 고마워. 엄마는 언젠가 이 글을 읽고 있을 네 비전을 소중히 간직했고, 그날이 올 때까지 매 순간을 즐길 거야. 기다리는 일은 항상 가치가 있다고 넌 엄마에게 가르쳐 줬어. 넌 내게 가장 큰 영감을 불어넣는 사람이고, 내 인생의 빛이란다. 엄마의 비전에 보였던 키득키득 웃는 꼬마 아가씨이고, 폭풍이 지나간 후 피어오른 내 무지개란다.

나중에 퀸 루이스라는 이름을 지어 준 내 배 속의 아가야, 넌 엄마가 이 꿈을 이루는 데 필요한 추진력을 주었어. 이 책을 완성하는 계획에서 너는 내 목적이었단다. 이 과정의 매우 많은 부분이 네 덕분에 펼쳐졌단다. 너는 항상 내 꿈이었고, 널 만나길 기대하면서 이 책을 썼단다. 이 과정을 거치면서 내 심장 박동이 너처럼 더 강해졌다고 생각하고 싶단다. 이 일을 끝낼 최종 마감일을 알려 줘서 고마워. 이 모든 과정에서 그야말로 내 충실한 조수가 되어 줘서 고마워. 다음 책을 쓸 때쯤이면 네가 날 변하게 하고 영감을 주고 가르쳐 준 모든 방법에 관한 이야기가 많이 만들어져 있을 거야.

우리 가족에게, 이런 세상에! 여러분을 모두 소개하는 건 아무리 노력해도 불가능해요. 가족 채팅방에서 매일같이 즐거운 일상 얘기를 하며 우리를 미소 짓게 하고, 또 한 걸음씩 나아갈 때마다 칭찬하고 응원해 주는 가족이 있다는 게 얼마나 보기 드문 일인지 잘 알고 있어요. 여러분 모두 제 이야기에 없어서는 안 될 부분이고, 여러분이 있어서 동기부여가 많이 되고 있어요. 엄마 아빠, 전 그 육아서를 기다리고 있어요. 제가 전에 꼭 써 달라고 애원한 책이요. 어쨌든 두 분은 자립심 강하고 자신감이 넘치며 자기 주도적인 데다 서로를 진심으로 사랑하는 (또 최고의 파트너를 선택할 줄 알고 두 분께 아주 귀여운 손주들을 보게 하는 재주도 있는) 자녀 셋을 키우셨잖아요. 팬케이크 비전을 보고 나서 우리 가족 모두가 사는 근처로 이사한 것도 감사해요. 즉흥적으로 밤에 어울려 놀고 피자 파티를 하고 호숫가에서 주말을 보내는 삶, 저는 이제 그렇게 살지 못하는 삶은 상상할 수 없기 때문이에요. 여러분 모두를 정말 사랑해요.

책 쓰기라는 모험에서 바랐던 가장 큰 소원 중 하나는 그 과정 동안 내 가치를 실현하는 일이었다. 나는 행동으로 보여 주고 싶었고, 이 책에 쓴 내용을 충실하게 지키며 인생을 살고 싶었다. 그 과정이 재미와 생명력을 전해 주길 원했고, 고맙게도 여러 명의 여성을 모을 수 있었다. 그들은 이 책의 미션을 중심으로 힘을 합쳤을 뿐 아니라, 그 과정의 단계마다 우리 삶을 일보다 우선하도록 확실히 했다. 책을 쓰는 과정은 보기만큼 정말 기분이 좋았다!

놀라운 능력을 갖춘 조언자들인 브루클린과 에린에게, 진심으로 말하는데 여러분 없이 이 과정을 마친다는 걸 상상도 할 수 없어요! 두 사람이 내 옆에 없으면 절대 책을 쓰고 싶지 않아요. 이 과정을 훨씬 덜 고통스럽고 더욱 재미있게 만들어 줘서 고마워요!

브루클린, 링크드인 덕분에 당신을 알게 되어서 정말 고마워요. 당신을 내 팟캐스트 프로듀서로 채용하지 않아서 다행이에요! 전 당신에게서 정확히 뭐라 꼬집을 수 없는 무엇인가를 봤어요. 하지만 전 그걸 믿었고 또 그렇게 해서 고마워요. 제 구글 문서를 공유한 사람은 당신뿐이에요. 당신은 제가 책 쓰는 작업을 누구에게도 말하지 않고 비밀로 하고 싶다는 생각을 비웃지 않았죠. 당신은 제 부조종사이자, 우리 둘은 서로 음양 관계에 있어요. 당신은 새로운 관점을 제시해서 저를 끊임없이 균형 잡게 했어요. 무척 사랑해요, 브루클린.

에린, 당신은 제 책 요정으로 등장했어요. (몇 년 동안 난 당신에게 "아뇨, 전 준비되지 않았어요!"라며 사양했죠.) 당신은 이 여정에서 대단히 중요한 시기에 합류해 우리를 격려하고 깨닫게 했고, 영원한 기쁨을 제시하여 이 과정의 힘든 부분들을 극복하게 했어요. 당신의 음성메시지를 확인하며 저는 계속 앞으로 나아갔고, 당신이 잡은 구성 방식을 보자 내 심장이 쿵쿵 뛰었어요. 당신이 추가한 내용은 설명할 수는 없지만 느낄 수 있는 방식으로 이 책의 내용을 풍성하게 했어요.

마가렛 라일리 킹(Margaret Riley King), 당신 이메일은 제 지메일 '만약 내가 책을 쓴다면' 폴더에 몇 년 동안 저장해 두다가 나중에 읽었어요. 이 우주가 아주 적절한 시기에 우릴 서로 엮어 줘서 감사해요. 당신은 에이전트 그 이상이에요. (게다가 무척 뛰어난 능력자이기도 해요!) 당신은 친구이자 선지자이고, 무시할 수 없는 힘이자 중요한 이야기를 옹호하는 사람이죠. 편집자인 캐리 손튼(Carrie Thornton), 저는 당신을 처음 본 순간부터 좋아했어요! 이 책, 전달하려는 메시지, 시기 결정 등에 힘을 실어 주셔서 고마워요! 당신의 재능이 이 책을 더없이 새로운 수준으로 끌어올렸어요! 이 여정을 두 분과 함께할 수 있어서 무척 감사해요. 그리고 이 책 관련 작업 이상으로 우리는 삶을 경험했고 책에 담긴 내용대로 따르며 산다는 말이 어떤 모습인지 알 수 있었어요.

데이 스트리트(Dey Street)의 모든 팀원 여러분, 탁월한 지식인과 재능 있는 작가, 열정적이고 창의적인 사람들과 감정을 우선시하는 사람들이 모인 곳에 저를 받아들여 주셔서 고마워요. 출판업계, 또 그 이상으로 여러분이 만들어 가는 유산에 저도 참여할 수 있어서 매우 영광이에요. 21세기 들어 여러분과 하퍼콜린스(HarperCollins) 출판사가 지지하고 있는 수많은 목소리에 저도 동참해서 진심으로 감사드려요.

재능이 넘치고 열정적인 여성 팀 여러분, 여러분은 늘 제 곁을 지켰고 세상에 봉사하겠다는 우리의 미션을 실행하기 위해 하루도 빠짐없이 저와 함께 일했어요. 여러분 없이는 이 일을 할 수 없었어요. 우리가 하는 일을 하려면 모두 힘을 합쳐 노력해야 해요. 저는 여러분과 함께 일할 수 있어서 내 행운의 별들에 매일 감사드리고 있어요. 이 책을 쓰기 위해 '책의 나라'로 며칠 가 있는 동안 내 자리를 지키고 일을 처리해 줘서 고마워요. 임신 중에 자꾸 깜박하지 않으려 힘들게 애쓰면서 내 일도 하고 책도 쓰느라 고생했는데 정신 바짝 차리게 해 줘서 고마워요. (그런데 임신 중에 건망증이 온다는 건 진짜예요, 맹세해요!)

내 브랜드와 사업의 각 측면은 모두 해당 업무를 수행 중인 여성 직원이 도와주고 있으며, 이 책은 수년간 우리가 함께 구축한 그 모든 일(그리고 구축한 방식)을 축하하는 결과물이다. 이 브랜드 내에서 우리가 만들어 낸 가족 같은 분위기를 아무도 잘 이해하지 못할 것이다. 하지만 줌(Zoom) 회의를 종료하며 모두 "사랑해"라고 외칠 때마다 나는 미소를 짓는다. 그 말이 진심이라는 걸 우리 모두 안다.

여기서 하느님께 진심으로 감사드리지 않으면 난 무심한 사람이다. 나는 우연을 정말 믿지 않는다. 모든 일에는 다 이유가 있다고 믿으며 살아간다. 신앙심이 있으므로 그렇게 할 수 있다. 나는 다섯 살 때 가졌던, 하느님께서 주신 그 자신감을 표현할 때가 많다. 지금 하는 방식대로 뭔가를 만들어 내고 또 있어야 할 자리에 나타나려면, 나는 특별한 목적을 실현하고 신성한 소명에 답하며 내 일을 찬양의 한 가지 방식으로 활용하기 위해 만들었다고 믿어야 하기 때문이다. 신앙심을 실천하고 정의하는 방식은 세월이 흐르면서 변화하고 진화했지만(앞으로도 계속 그렇게 되리라 예상한다), 나는 하느님께서 내 인생 내내, 특히 이 책에서 밝힌 여정 내내 행하신 역할에 깊이 감사드린다! 주님, 주님께서 쓰신 제 이야기를 전할 기회를 주셔서 감사합니다. 이 책이 주님의 영광을 위해 사용되기를 기도합니다. 내 일 관련이든, 단정치 못한 내 모습이든, 미소 지을 때 입술에 생기는 잔주름이든 누군가 내게 왜 그 모습인지 질문하면 나는 지금도 "하느님께서 절 그렇게 만드셨기 때문이죠"라고 답한다.

그리고 끈끈하게 연결된 여성 커뮤니티에 감사드린다. 그들은 나를 둘러싸고 영감을 주고 응원해 준다. 고마워요. 이 책에 언급된 모든 여성은 그들이 내 인생에 나타난 방식 때문에 이 책에 실렸다. 한때 나처럼 옷을 입고 추리닝 바지 차림으로 내 생일을 축하하려고 놀러 간 대학 룸메이트들에서부터 갑자기 우유가 떨어졌을 때 마당에서 자신의 우유를 우리 집 달걀과 교환하여 내 평생의 비전을 실현해 준 이웃에 이르기까지, 꿈을 추구하고 즐기라며 영감을 주는 사업가 친구들에서부터 내 기분이 우울할 때 날 찾아와 브라우니를 먹으며 우리 집 현관에 앉아 기다리던 친구들에 이르기까지. 내가 끊임없이 보내는 음성메시지를 미워하지 않고 자신의 진정한 모습을 보여 주길 두려워하지 않는 맹렬한 여성들과 함께 인생을 살아갈 수 있어서 매우 감사하다.

이 책을 쓰는 동안 많이 배웠다. 내가 세상에 나타나는 모든 방식과 나를 지원하는 팀이 있듯이, 이 책에도 편집자, 홍보 담당자, 마케팅 전문가, 디자이너, 영업 담당자 그리고 이 과정의 보이지 않는 이면에 있었던 모든 사람으로 구성된 팀이 있다. 그들은 이 책이 머릿속 아이디어에 그치지 않고, 당신 손에 들어가 당신 삶에 맞아들여지도록 진심으로 도와준 사람들이다. 정말 기적 같은 일이다.

마지막으로 이 책의 독자인 당신에게 감사드려요. 팬케이크와 페르시아 카펫이 등장하는 찬란한 비전을 봤을 때, 독자와 청취자들로 구성된 커뮤니티가 그렇게 용감하고 진실하고 좋을지 상상할 수 없었어요. 당신 덕분에 저는 배울 수 있어요. 당신 덕분에 저는 이끌어 갈 수 있어요. 당신 덕분에 저는 살아갈 수 있어요.

저는 정말 잘 지내냐고요? 무척 당당하게 살면서 감사하며 지낸답니다.

주석

1장 마이크 아저씨의 물통 도우미: 감정을 수용하는 일에 대하여

1. 라라 필딩(Lara Fielding), "진정한 자아의 소리: 감정의 목적(Listening to Your Authentic Self: The Purpose of Emotions)", Huffpost (blog), October 20, 2015, https://www.huffpost.com/entry/finding-your-authentic-pu_b_8342280.

2장 황금 수갑: 일을 끊어 내는 법에 대하여

1. 니콜라스 콜(Nicolas Cole), "직장이 싫어도 그만두지 못하는 9가지 슬픈 이유(9 Sad Reasons People Stay in Jobs They Don't Like (Even Though They Always Talk About Leaving))", Inc., October 21, 2016, https://www.inc.com/nicolas-cole/9-sad-reasons-people-stay-in-jobs-they-dont-like-even-though-they-always-talk-ab.html.

3장 코팅기에 걸린 꿈: 꿈을 말하는 일에 대하여

1. 에이미 블라쉬카(Amy Blaschka), "크게 성공하고 싶다면 작게 시작하세요(Want to Make Big progress? Science Says to Start Small)", Forbes, November 12, 2019, https://www.forbes.com/sites/amyblaschka/2019/11/12/want-to-make-big-progress-science-says-to-start-small/?sh=10961f72594e.

4장 팬지꽃이 들려준 이야기: 취미·창의성에 대하여

1. 페르난도 알폰소 III(Fernando Alfonso III), "코로나 19 대유행 기간, 잃어버린 취미를 다시 찾는 사람들(The Long Lost Hobbies People Around the World Are Revisiting During the Coronavirus Pandemic)", CNN, April 5, 2020, https://www.cnn.com/2020/04/05/world/old-hobbies-quarantine -coronavirus-wellness-trnd/index.html.

2. 크리스틴 웡(Kristen Wong), "어른들의 삶에 놀이를 더 추가하는 법(How to Add More Play to Your Grown-Up Life, Even Now)", New York Times, August 17, 2020, https://www.nytimes.com/2020/08/14/smarter-living/adults-play-work-life-balance.html.

3. 미하이 칙센트미하이(Mihaly Csikszentmihalyi), "몰입(Flow: The Psychology of Optimal Experience)", (New York: Harper perennial Modern Classics, 2008).

5장 베이비 샤워 초대장: 변화에 대하여

1. 로빈 힐만텔(Robin Hilmantel), "아이나 가르텐: 난 목표를 별로 좋아하지 않아요(Ina Garten: I Don't Believe in Making Goals)", Time.com, February 4, 2016, https://time.com/4198968/ina-garten-making-goals/.

2. 제나 커처(Jenna Kutcher), 마야 샹카 박사(Dr. Maya Shankar) 인터뷰, "인지신경과학을 활용한 변화 탐색(Navigating Change with Help from Cognitive Neuroscience)", The Goal Digger podcast, podcast audio, episode 479, July 19, 2021, https://jennakutcherblog.com/maya/.

6장 상처투성이 전쟁터: 몸의 이야기에 대하여

1. 캐슬린 레넌(Kathleen Lennon), "신체에 대한 페미니스트의 관점(Feminist Perspectives on the Body)", Stanford Encyclopedia of Philosophy, Fall 2019 Edition, August 2, 2019, https://plato.stanford.edu/archives/fall2019/entries/feminist-body/.

7장 코코와 토요일의 팬케이크: 꿈의 실현에 대하여

1. 에이미 모린(Amy Morin), "비전 보드가 효과 없는 이유(Why Vision Boards Don't Work (and What You Should Do Instead))", Inc., November 16, 2018, https://www.inc.com/amy-morin/science-says-your-vision-board-actually-decreases-chances-of-living-your-dreams-heres-what-to-do-instead.html.

8장 전업주부 아빠 드루: 함께하는 꿈에 대하여

1. 테리 가스파드(Terry Gaspard), "공통된 의미로 결혼 생활을 풍요롭게 하는 방법(Enriching Your Marriage by Creating Shared Meaning)", Gottman Institute, November

30, 2017, https://www.gottman.com/blog/enriching-marriage-creating-shared-meaning/.

9장 타코벨에서 만난 친구: 우정에 대하여

1. 루이즈 C. 호클리(Louise C. Hawkley), 존 T. 캐시아포(John T. Cacioppo), "외로움의 중요성(Loneliness Matters): A Theoretical and Empirical Review of Consequences and Mechanisms", Annals of Behavioral Medicine 40, no. 2 (2010): 218-27, https://doi.org/10.1007/s12160-010-9210-8.

2. 마리 하트웰-워커(Marie Hartwell-Walker), "친구가 얼마나 필요한가요?(How Many Friends Do You Need?)", PsychCentral, May 17, 2016, https://psychcentral.com/lib/how-many-friends-do-you-need#1.

10장 케이틀린의 이메일: 도움을 받는 일에 대하여

1. 줄리 행크스(Dr. Julie Hanks), "도움을 요청하는 일의 중요성(The Importance of Asking for Help)", HealthyWay (blog), January 27, 2016, https://www.healthyway.com/content/the-importance-of-asking-for-help/.

11장 샘록모텔의 다이빙보드: 경험에 대하여

1. 마일스 로트(Miles Rote), "여행과 행복의 과학(The Science of Travel & Happiness)", Under 30 Experiences (blog), October 1, 2019, https://www.under30experiences.com/blog/the-science-of-travel-happiness.

2. 상동

14장 미네소타의 재주꾼: 재능 발휘에 대하여

1. "웬디 콥(Wendy Kopp)", Wikipedia, last modified November 27, 2021, https://en.wikipedia.org/wiki/Wendy_kopp.

2. "위노나 라듀크(Winona LaDuke)", National Women's History Museum (blog), April 2021, https://www.womenshistory.org/education-resources/biographies/winona-laduke.

3. "로지 리베터(Rosie the Riveter)", History.com, April 23, 2010, https://www.history.com/topics/world-war-ii/rosie-the-riveter.

15장 비싼 마스터마인드 코스: 돈, 시간, 에너지에 대하여

1. 클레어 스턴(Claire Stern), "아메리카 페레라가 처음 받은 급여로 한 일(This Is What America Ferrera Did with Her First Big Paycheck)", Instyle.com, May 5, 2019, https://

www.instyle.com/news/america-ferrera-first-paycheck-money-talks.

16장 사과 과수원에서 흘린 눈물: 한계, 번아웃에 대하여

1. 잭 켈리(Jack Kelly), "근로자들이 번아웃에 시달리는 비율이 우려할 만한 수준으
로 상승(Indeed Study Shows That Worker Burnout Is at Frighteningly High Levels)", Forbes,
April 5, 2021, https://www.forbes.com/sites/jackkelly/2021/04/05/indeed-
study-shows-that-worker-burnout-is-at-frighteningly-high-levels-here-is-what-
you-need-to-do-now/?sh=2b0b04ea23bb.

17장 영혼의 사바사나 요가: 휴식에 대하여

1. 한나 심슨(Hannah Simpson), "미국인은 왜 휴가를 싫어하는가?(What Does America
Have Against Vacation?)", Washington Post, August 28, 2019, https://www.
washingtonpost.com/travel/2019/08/28/what-does-america-have-against-
vacation.

옮긴이 서은경

이화여자대학교 영어영문학과를 졸업했으며 뉴욕주립대학교 버펄로 캠퍼스에서
ELI 과정을 마쳤다. 졸업 후 금융회사에서 국제정산, 정보기획, 신사업 개발업무를 담
당했다. 바른번역의 글밥아카데미 출판번역 과정을 수료하고 번역가로 활동 중이다.
원문의 의도를 최대한 살려 정확하고 깔끔하게 번역하는 전문 출판번역가가 되려고
노력하고 있다. 옮긴 책으로는 『아이의 진짜 마음도 모르고 혼내고 말았다』, 『미소를
잃어버린 소녀』, 『캔터빌의 유령』이 있다.

정말 잘 지내고 있나요?

초판 1쇄 발행 2023년 6월 1일

지은이 제나 커처
옮긴이 서은경

발행인 이정훈 **본부장** 황종운
콘텐츠개발총괄 김남연 **편집** 박장호
마케팅 최준혁 **교정교열** 박장호
디자인 thiscover

브랜드 온워드
주소 서울 마포구 월드컵로13길 19-14, 101호

발행처 (주)웅진북센
출판신고 2019년 9월 4일 제406-2019-000097호
문의전화 02-332-3391
팩스 02-332-3392

한국어판 출판권 ⓒ웅진북센, 2023
ISBN 979-11-6997-472-1 (03190)

*온워드는 (주)웅진북센의 단행본 브랜드입니다.
*책값은 뒤표지에 있습니다.
*잘못된 책은 구입하신 곳에서 바꾸어 드립니다.